精神的流浪

——丁東自述

丁東 著

目錄

精神的流浪

序

另一種學術工作

　　我和丁東是二十年的老朋友了,他要出版一本回憶錄,讓我寫幾句,我不敢推辭,我主要想説一説他這些年的學術工作。

　　二十年前,我在太原和丁東相識,期間經歷過許多小事,也有一些大事。無論大小,丁東兄都當得起率真坦蕩、剛直不阿的評價,我們雖然是老朋友,我從沒有當面説過他的好話,也從沒有在文章裏對他有一句讚辭,但我在內心始終這樣看他,看他的學術工作。

　　丁東最早在山西省委調研室工作,我們相識的時候,他剛剛離開機關,到當時在國內很有名的《晉陽學刊》做編輯,那時我剛從晉中師專畢業,因為我們都對文學有濃厚興趣,最後成為相知甚深的朋友。他大我十歲,長在京城,而我只是一個小城來的青年,但他始終以平輩待我,關心我,愛護我。我們是君子之交,不是酒肉朋友,如果是酒肉朋友,他離開太原已十年了,但我們的聯繫和交往不但沒有中斷,反而越來越深。人生得一知己足矣,和丁東交往共事,我常有這種感覺。

　　上世紀八十年代,丁東的主要學術工作是文學評論,期間也有一些關於電影和藝術的評論。他當時寫作

的風格就以敏感、尖銳見長，不過上世紀八十年代，不是一個學術的時代，而是一個激情和思想的時代，丁東這一時期的學術工作，雖然表現出了思想的鋒芒，但主要還是關於文學方面的言論。

上世紀九十年代後，作為知青的丁東，提前選擇了退休的方式回到了北京，他的學術工作也由文學而歷史，加上他以民間姿態參預的出版工作，受到同行和朋友們的尊敬。

丁東是歷史專業出身，他由文學而歷史的經歷其實是一個自然的過程，但他又不同於一般歷史系出身的學者，他的主要傾向始終是現實關懷和社會正義，他的所有學術工作，都保持著對現實的熱情。

他較早對中國當代民間思想產生興趣並進行了研究，對被歷史遺忘的思想史事件和人物進行了較為系統的挖掘，特別是對顧准、遇羅克、王申酉等人的研究以及他們著作的發現整理和出版，丁東的學術工作都是獨特的，如果沒有他的這些工作，中國當代民間思想的研究無法深入進行，這些基礎性的學術工作，雖然並不彰顯，有時甚至是默默無聞的，但這些工作的意義卻是極其重要的。

丁東沒有寫過專業的學術著作，他寫的多是論文和隨筆，在他已出版的這些學術隨筆中，材料和見識讀者自有公論。他近年把學術工作的主要興趣集中在口述歷史方面，他在這方面做了大量的學術工作，除了組織和出版方面的工作外，他還獨立開展了李銳的口述自傳，這一學術工作的重要性，將隨時間的推移顯出它的重要意義。

丁東對於「文革」史的研究也有長年的學術積累，雖然目前他只完成了一些論文，但這些論文在學術上都有開創之功，比如他關於

「文革」中的特殊現象「寫作組」的研究以及「文革」後「三種人」的評價，都是非常獨特的一家之言。

丁東從不以學者自居，也從不在意別人如何看他的學術工作，他只是努力做事，做別人不願意做的事，做別人做不了的事。

丁東是一個粗中有細的人。粗，表現在生活上，比如他從不在意生活中的細節和修養，始終是簡單率真，他也從不在意自己的言談和儀表，有時給人一付落魄書生的樣子，但他做事的考慮周全和效率卻又是非常細緻的。李慎之先生去世後，學界對他的紀念工作，如果沒有丁東的細心和努力，就不會有成文的紀念文集留給後世。

文人相輕，自古皆然。但這一毛病，在丁東身上卻一點兒也看不到。在同輩學界朋友中，我很少見到像丁東這樣熱情稱讚同行朋友的學術成就，並極力推薦社會認可的，像吳思、秦暉、楊奎松、茅海建、高華、朱學勤、劉軍寧、李輝等等的學術成就，丁東都曾有逢人說項的表現。對徐曉的散文、章詒和的散文、胡發雲的小說、沈容的回憶文章，丁東不但到處說好，而且在出版方面提供方便。對何家棟、何方等前輩學者的研究工作，都做出過非常中肯的評價。對於當時還不知名的學者如智效民、傅國湧、趙誠等，他都為他們的著作出版盡過力。如果不是對自己的學術定位和學術方向有極大的自信，不可能有這樣的作為。像丁東這樣有胸懷而又樂於助人的，在近年的學界裏真是太少了，他雖然不在大學裏，做伯樂的機會極少，但只要發現了新人，他的興奮超過了自己的成功。

關於丁東，想說的話還很多，但給朋友說好話，也很為難。我們都是比較低調的人，願意多做事，少說話。在過渡時期，大家只能做一些鋪路的學術工作，我們鋪路，後人行走，也是非常重要的事。

謝泳

2006年1月14日於太原

文革風暴

文革那年，我15歲，正在北京師大一附中讀初中二年級。

文革前的我，學業一直順利。小學考上了北京第一實驗小學，即原來的師大附小，中學考上了師大一附中，都是名門高校。那時雖然也開始講思想革命化，但學校裏還是功課好的學生吃香。從家庭到學校，對我似乎只有一種要求，那就是把功課學好，將來要考上名牌大學，以後當科學家或者工程師。從我來説，似乎也有這種能力。小學的時候，在教學競賽裏就得過兩次獎，一篇作文，也上了學校鉛印的小冊子。

文革的風暴，過早地把我們這一代捲進了政治旋渦。

1966年6月1日，聶元梓等7人的大字報公開發表。學校開始停課。當時還是貪玩的年紀，不上課覺得很興奮。又過了幾天，廣播了北京女一中高三四班為廢除舊的升學制度給黨中央、毛主席的一封信。我當時還不

1968年，和師大一附中同學石文合影

1968年，和師大一附中同學柳振、
周燕銘在天安門

可能理解這些變化可能在多大程度了改
變自己的人生軌跡，對於突如其來的風
暴即感到新鮮，也感到意外。學校裏一
些高年級的學生先是在禮堂貼出批判彭
真的大字報，接著火燒到校領導的頭
上。校領導班子先是拋出一位名叫鄭炎
的副校長，但這根本滿足不了學生的革
命胃口，很快整個校領導班子都成了革
命對象。當時，北京的中學由團中央派
工作組。第一個工作組的組長是從農村
四清工作隊趕回來的，還不太適應學校
的氣氛。所以一進校亮相就被喝了倒
彩。接著又組成以團中央某部長為組長
的第二個工作組。這個工作組最引人注
目的一點就是，吸收了當時還在學校讀
高一的劉少奇的女兒劉平平等五個學生
為組員，並任命劉平平為文革主任。我
雖然只是一個旁觀者，但已經感受到高
幹子女的特殊地位。如果說，文革前學
生中誰學習成績好誰受尊敬，或者誰體
育運動出色誰引人注目，那麼，文革開
始後，衡量三六九等的尺度就剩家庭出
身這一條了。當時，革命幹部、革命軍

人、革命烈士、工人、貧下中農這五種
家庭出身叫「紅五類」，實際上工人、
貧下中農子女也不過是陪襯而已，最紅
的還是高幹子女。我們那所中學，建於
20世紀初，歷史悠久，名氣較大，離
中南海又不遠，所以光中央領導人的子
女就有好幾個在這裏念書，爹娘是部
級、司級的更是不計其數。文革開始
後，高幹子女先得上層消息，顯得格外
活躍，一派要接班的架式。我自己從小
學到初中，考學一直順利，經濟上比上
不足，比下有餘，所以精神上沒受過什
麼委屈。文革開始後，強調家庭出身，
我一下子就感到矮了一等。我父親丁可
是民主建國會的普通幹部，母親胡秀珊
是北京31中學的實驗室管理員，按當
時的成份劃分算職員，即非趾高氣揚的
紅五類，也非任人訓斥辱罵黑五類。雖
然沒有挨整，但內心的深處猛然感到一
陣壓抑。

父親是民主建國會的普通幹部，
母親是31中學的實驗室管理員

　　我們學校的第一批紅衛兵基本上
都是高幹子弟，「八一八」登上觀禮台
接受老人家檢閱的非他們莫屬。接著，

他們大開武戒，把學校的領導和一些有歷史問題教師打入勞改隊，剃了陰陽頭，說罵就罵，說打就打，校長書記們都被整得狼狽不堪，記得有一次看見學校的一位女書記被剃了光頭，成了小尼姑的模樣。而從街道上抓來的黑五類，更是被打得頭破血流。自己當時看到這種場面，內心並沒有升起一種人道主義的同情與悲憫，而是一種輪不上自己充當革命主力的失落感。現在反思，這也沒有什麼奇怪，自己當時一共所受的八年教育裏，沒有多少人文主義的內容，越來越多的只是鬥爭、鬥爭、鬥爭，是對敵人要向嚴冬般冷酷無情。喝著狼奶長大，很容易失去人性。所以，我和那些在「紅八月」裏當過兇手的學生的區別，不是人性覺悟的高和低，而是打人資格的有和無。

那是一個爭相革命的年代，在學校裏，輪不上我「革命」，我就在宿舍院裏參加「革命」，跟著年紀大一點的學生，油印《通告》，要求全樓居民主動交出「四舊」。我們那個院裏，不過100來戶人家，交上來的「四舊」就堆了少年之家的一整屋子。光是書籍，就不下萬冊。有外文書，也有古書，包括成套的二十四史。院裏住的都是民主黨派成員，他們經歷了反右之後，已經是驚弓之鳥；這次運動來頭更大，全樓彌漫著一種朝不保夕的氣氛。大家巴不得主動交出一點「四舊」過關，也顧不上心疼書籍的價值了。

但革命的風暴很快就越過了文鬥這個層次。宿舍裏一些人開始被趕出京城，遣送原籍。院裏有一個從小在一起玩的朋友叫粟天延，天賦很高，知識面也很廣。我不知道他父母是幹什麼的，只見他在爺爺家生活。他爺爺家掛著一張照片，是八一南昌起義的合影，裏面有周恩來、朱德，也有他的爺爺粟豐。我不瞭解他爺爺的歷史，只知道起

義失敗後幾經波折，成了民主人士。但在1966年的夏天，已經過了花甲之年的粟老先生被當作地主，遣送廣西老家，很快就被折騰死了。從此我再也沒有和粟天延見過面。

那一陣，許多人家都在夜深人靜的時候，銷毀各種容易招來麻煩的東西。有一家從抽水馬桶銷毀東西，把全樓的下水道堵了，糞便都溢了出來。

不久風暴就刮到我家。我祖父是城市貧民，成分沒什麼問題；但外公家比較富裕。外公去世很早，外婆一直和我們生活在一起。她是家庭婦女，所以多年無所謂成分可言，文革開始後，到處劃成分。一個堂舅來信說，在我外祖母名下有二畝墳田。我父親是一個膽小怕事的人，一接到信，慌忙到同住一院的機關領導家裏彙報，問是否要把外祖母趕回原籍。還好那位領導的妻子是一個善良婦女，她從旁攔住：二畝田算什麼地主？老太太都80多歲了，趕回去不被紅衛兵打死，路上也難保性命。外婆沒走，也就沒事。雖然虛驚一場，後來還是活到90歲，得以善終。我母親現在說起那位領導的妻子，直誇她真是好人。

接著，有一天我從學校回家，正趕上一個中專學校的紅衛兵來我們這片宿舍抄家，院裏不知誰看我家不順眼，唆使紅衛兵闖進我家翻起來。家裏人都慌了神。還好父親的機關聞訊，趕來證明我家既不是當權派，也沒有歷史問題。紅衛兵又把已經裝了車要抄走的東西送回來。我父親為了表示支持紅衛兵革命，只好主動把一些有封資修嫌疑的東西讓紅衛兵拿走，其中有我姨的兩件首飾，是前些時她害怕抄家，存在我家裏的。

說到我這個姨，是我家在北京唯一的親戚，她和我母親是姨表姐妹。50年代初從上海調到中國外文書店工作。由我母親做媒，和一個電機工程師結了婚。姨父姓張，我小時候見過，沒有別的印象，只記得他在家裏裝的吊燈很特別。後來，他就被抓走了，也不知道是勞改還是勞教。我姨原先一直守著，直到文革前，壓力越來越大，只好和他離婚，一個人搬進了書店的單身宿舍。後來才知道，姨父其實什麼問題也沒有，就是因為母親是日本人，便受到無端懷疑，先抓起來，後找罪名，反革命夠不上，就打成壞分子，一關就是多少年。放出來之後，家也沒了，最後死在福利院。我姨聽說後，大哭了一場，說這一輩子對不起他。

我母親又總是說，對不住她這位表姐。過去是後悔不該給她做媒，現在是後悔不該把她的首飾交出去。可這些悲劇，當時我根本不理解。心裏最盼望的就是，怎麼得到去革別人的命的資格。

後來破四舊的風暴過去了，就開始了大串連。我和兩個同學從北京到武漢、桂林、湛江、廣州、井岡山轉了一圈，其中從廣州到井岡山是步行，回來已是冬天。到家後，才知道我母親作為中學教職員工，也到武漢串連，實際上是串親戚，到舅舅家住了半個月。

到了1967年，學生們大多串連歸來，學校通知要復課鬧革命。先是進駐了一批通信兵司令部的幹部，主持軍訓。後來又進駐了工宣隊。同學當中，也出了不同的思潮和組織。同班的劉洪生、周紹元、陳小文、張光明四個同學已經開始對當時的主流路線發生懷疑，由中央文革而林彪，最後乾脆懷疑到毛澤東和文化大革命。當時他們成立了一個小組織，寫了文章，直到把教室裏的毛澤東像貼上房頂，終於

東窗事發，被抄家逮捕。我當時思想很正統，支配頭腦的是摻著宗派情緒的愚忠。因為自己參加的組織和這幾個同學的組織有磨擦，所以寫了長達萬言的批判文章，批判這幾個同學的「反動思想」。當時文章是怎麼寫的已經想不起來了，反正是刻意模仿戚本禹、姚文元那種大帽子唬人，以勢壓人的筆法和攻其一點，不及其餘的霸道邏輯，感覺是這下子總算是走上革命前線。現在想起來，既十分內疚，又可悲可笑。那幾個同學其實是最早的反抗者，被關押了半年多，吃了不少皮肉之苦，才放出來上山下鄉。

我因為能寫兩筆文章，被吸收到學校革委辦小報。平時住在學校，有時星期天都不回家。小報的內容無非是跟著當時隔一段就由兩報一刊發表的所謂最新最高指示唱高調。哪天上級預報要發表最新指示，馬上守在收音機前，邊聽新聞聯播邊記錄。大多數師生，列隊上街慶祝。我們則是按照宣傳毛澤東思想不過夜的原則，守在油印機前，連夜印刷。老人家說的是什麼意思，那些片言隻語後面有什麼背景，當時既不可能知道，也沒有能力去想。只是懷著一種盲目，還以為幹著多麼高尚的事業。如果說革命也能讓青少年上癮，當時上的就是這種癮。當然也不是沒有一點收穫，一點編輯業務的初步知識，就是在那時學下的。

文革年代是以階級鬥爭為綱登峰造極的年代。法西斯式的野蠻暴行在20世紀的中國竟然重演。對於老三屆這一代人來說，絕大多數當時在個人崇拜的社會心理氛圍當中都隨了大流，其中不少人充當了階級鬥爭的工具，批過人，整過人，甚至打過人。這當然值得反思。在現實生活中，有的人迴避這段歷史。這是有原因的。比如有些人當

過群眾組織的頭頭，後來又受到一種非歷史態度的對待，在個人發展的道路上遇到重重障礙，他們當然希望儘量地迴避，哪有心情去公開地反思？再比如，有些老紅衛兵，過去總愛吹噓自己當年如何過五關、斬六將，現在又強調自己受迫害，走麥城。他們按照不同時期的要求不斷改變自己文革年代的形象，這是為著在今天獲得更加有利的社會地位。這些情況的出現都不足為奇。還有一些老三屆感到委曲，覺得輿論對他們不公正。的確，這一代人，在文革發生的年代還是不到二十歲的青年，他們即不是文革的發動者，也不是文革的決策者。文革的真正發動者和決策者是老人而不是青年。在一些受害者的口中和筆下，文革往往被簡化為紅衛兵的暴行。從現象上看，也許這不無根據，但從實質看，這就放過了文革真正的始作俑者。某些青年人即使在文革中風雲一時，說到底，他們不過是充當高層執政者的工具而已。如果不能按歷史的本來面貌公正地追究責任，反思文革就失去了基本的前提。「青春無悔」的聲音，從某種意義上講，可能正是對某種不公正的輿論的情緒宣洩。

當然，問題還不是這麼簡單。即使弄清了文革發動者和領導者的責任，我們老三屆這一代對自己的歷史也是需要進一步反思的。十幾年前這一代人曾經嘲笑老一代死抱僵化的傳統不放。如果這一代人今天也死抱著「青春無悔」的心態不放，自己也將很快成為新一代人眼中的唐吉訶德。可悔的應該是造就這一代人的政治文化，無悔的是這一代人正好是這種文化的掘墓人。

當然，我也不贊成把「紅衛兵思維」、「紅衛兵心態」泛化，當作嘲笑每一代青年人的口實。即便是這一代裏當過紅衛兵或造反派的

文革積極參加者，他們身上也還是有一些可貴的東西，是需要挖掘出來，加以發揚的。我們這一代，經歷了從馴服工具到盲目造反，再到大膽懷疑，獨立思考的轉變過程。正因為這個過程是從這一代人身上發生和完成，所以我們在從傳統社會走上現代社會的進程中成為承上啟下、繼往開來的一代。為了說明這個進程，我想先追溯到紅衛兵誕生之初。

現在，紅衛兵已經被泛化為一代人的符號，其實紅衛兵也有狹義和廣義之分。在最狹窄的意義上，紅衛兵是指北京清華附中等校的一批中學生。他們在1966年夏成立了名為紅衛兵的小團體，得到了毛澤東本人的直接支持。他們的代表作便是「三論革命造反精神」。這三篇文章當時上了中共中央主辦的《紅旗》雜誌。這些紅衛兵又稱老紅衛兵。1966年夏天的破四舊主要是他們幹的，當然這種摧毀文明的蠢事得到了林彪代表毛澤東的支持。老紅衛兵多數是高級幹部子女。當時有一個對聯：老子英雄兒好漢，老子反動兒混蛋。這成為老紅衛兵的組織綱領。這種思潮的發生，也不是這些年青學生所創造。在升學等方面作為成份論的「階級路線」，在五十年代已經開始，到紅衛兵運動落潮後尚未結束。整個文化革命期間，招工、招生、入伍、入學、提幹等方面無不是重家庭出身、社會關係，輕本人才能。只不過老紅衛兵的對聯把血統論表達得更加露骨罷了。但老紅衛兵的好景並不長，原因一是他們的盲動很容易過火，為政權所不容忍，更主要的原因是他們的父母很快成為走資派，他們自己也從紅五類變成了黑五類，地位的突然變化，使他們很自然地轉向文化大革命的對立面。於是，以西糾、聯動炮打中央文革被抓為標誌，老紅衛兵退出了政治舞臺。

繼老紅衛兵之後，出現了造反派。他們在文革初期曾受工作組壓制，有的被打成反動學生、反革命。毛澤東批判劉少奇的「資產階級反動路線」以後，這些青年學生被解放。其中比較有名的是清華井岡山紅衛兵等組織。他們成為毛澤東利用的第二梯隊。他們的造反行為不是破四舊，而是指向一批犯了「路線錯誤」的領導幹部，當時所謂「劉少奇資產階級司令部」。但由於造反中觀點不一，權力再分配中瓜分不勻，造反派內部很快發生分裂，以致彼此間展開武鬥。劉少奇被打倒以後，這些造反派紅衛兵也成為不安定因素。以工宣隊、軍宣隊進駐清華、北大為標誌，這一批紅衛兵也被趕出了政治舞臺。

自發的紅衛兵退出了政治舞臺，紅衛兵的名稱還在。一度，紅衛兵取代了共青團，紅小兵取代了少先隊。但自各地革委會成立之後，政權已經從體制上修復。名為紅衛兵的青少年組織已經不具有文革初期那種造反的性質了。

現在，人們把紅衛兵當成愚昧、血腥的符號，主要是指老紅衛兵的破四舊、打老師和造反派批鬥老幹部。其實，這種愚昧和血腥在文革前歷次政治運動中都有，並非紅衛兵首創。如果說中國也產生過納粹式的「衝鋒隊」，並非自文革始，自紅衛兵始。紅衛兵、造反派和以前歷次運動的不同點僅僅在於，以前搞運動整人，破壞生產力的行為來自政權組織本身。而紅衛兵和造反派雖然一度為毛澤東所支持和利用，但他們的組織卻具有自發性，游離於體制之外。所以，文革前歷次運動中整錯人的幹部照樣得以重用，而文革中的紅衛兵和造反派下場都很不妙。但也正因為這一代青年最先吞食盲從的苦果，命運本身就促使他們選擇懷疑。這便是盲目造反和走向懷疑之間的邏輯聯繫。

　　造反作為一種破壞性思維和行為，現在已經為人們所唾棄。中國幾千年歷史上發生過的無數農民造反，曾被推崇為歷史發展的動力，現在也已為歷史學家所懷疑。文革中的造反本不同於歷史上的農民造反。因為歷史上農民造反是要打倒皇帝做皇帝；文革中的造反是一種奉命造反，是為捍衛毛主席、毛澤東思想和毛主席的革命路線而造反。這種造反本身就是一種被利用，雖然造反過程也有自身的利益衝動。現代的懷疑精神與造反這種定於一尊、你下我上、你死我活的思維方式不同，它是要從一元走向多元，從輿論一律走向百家爭鳴，從你死我活走向相容並包。但從馴服與盲從到達懷疑與覺醒，造反恰恰成為這一代人中的覺醒者的精神過渡。文化大革命的動盪產生了這樣幾點值得注意的後果：

　　一是政治資訊的擴散打破了高層的神秘性。文革前流行的是馴服工具論，一切聽從黨安排。每個單位，對支部書記都崇拜。維持這種格局所依賴的乃是上智下愚，是民眾對國家大事的不知情。比如三年災荒，上面說是天災，就以為是天災，說是蘇修刁難，就以為是蘇修刁難。其實那幾年風調雨順，災荒的真實原因就是大躍進造成的經濟失調。上面也不想讓下面知道，老百姓受到宣傳的蠱惑，也就信以為真。文革開始後，毛澤東號召你們要關心國家大事，要自下而上地揭露陰暗面，當然有他的目的。但在此過程中，大量以往被嚴密封鎖的資訊，通過大字報、傳單和紅衛兵小報披露出來，使得人們瞭解到許多以往被掩蓋的真相。人們之所以盲目崇拜大大小小的書記，是因為不瞭解他們的真相。瞭解了真相以後，他們就不再神聖。文革前期，大大小小的神破碎了，只剩下毛澤東一個神，八億人只崇拜毛澤東一

個人。從對大大小小書記的崇拜，到對毛澤東一個人的崇拜，雖然都是崇拜，但畢竟是走出崇拜的一個中間環節。等到林彪沉沙折戟之後，毛澤東身上神聖的光圈也失去了。中國人喪失了近二十年的獨立思考精神，從這時開始重新萌生。而當時老三屆正處在求知欲最強的青年時代，他們經歷了最狂熱的崇拜，一旦崇拜崩潰，便渴望徹底的覺醒。

二是命運的波折打破了信仰的盲目性完整性。對於在「一切聽從黨安排」，「毛主席揮手我前進」等口號中走向社會的這一代人來說，他們在文革一開始確實是聽從黨安排，毛主席召喚的。號召紅衛兵造反的，不是別人，是毛澤東。明明是讓天真單純的青年充當政治鬥爭的工具，卻要捧為革命闖將，衝垮了對手，又發現年青人也很礙事，於是兔死狗烹；號召知青上山下鄉的，也是毛澤東。明明是出現了就業困難，卻說成是接受再教育，廣闊天地大有作為。下農村很容易，再想回城就得過五關斬六將了。現實是最好的教師。書本固然可以教人思考，現實更能讓人不得不懷疑，不得不思考。這一代人中出現了一批懷疑者，思考者，正是一種必然。

三是體制外的經歷使他們的性格中出現了難以磨滅的自發性。文革是毛澤東發動的。紅衛兵是在盲目的熱情中始被利用，終被拋棄，這都是事實。但有一點值得注意，毛澤東為了達到他的目的，在文革中採取了天下大亂的辦法，紅衛兵、造反派，一度在體制外活動。在1966年秋到1967年，紅衛兵、造反兵團一類的組織可以自發成立，小報可以隨便辦，用不著誰批准。雖然後來不少組織或報紙被中央文革點名，頃刻陷入滅頂之災，但大量的自發組織和報刊畢竟活動了一年

左右的時間。這在毛澤東統治的二十七年間，是一段絕無僅有的體制相對失控的空隙。對於這一段體制失控的空隙，過去一直缺乏單獨研究，而是把整個文革捆在一起。人們喜歡說時勢造英雄。不錯，狂熱的年代是造就了打、砸、搶的流氓。但體制的相對失控，也造就社會自組織的萌芽。文革初期雖然只是相對的小失控，而且這些紅衛兵小報和兩報一刊基本上是一個調子，有獨立思考內容的很少，但這種活動方式使得一部分青年有了體制外活動的體驗，從而鍛煉了一代人的自組織能力。與文革前十七年畢業的學生相比，文革中紅衛兵的心理發生了極大的變化。文革前的教育是做一顆永不生銹的螺絲釘，文革中卻是天下者，我們的天下，國家者，我們的國家。一開始是一些高級幹部的子女躍躍欲試要接班，接著一大批原來不出名的青年人登上了社會政治舞臺。這裏面當然有幼稚、狂熱、野心、權欲，但馴服工具論，螺絲釘精神，從此也永遠地失去了魅力。現在，人們較多地注意這種變化造成的破壞性。但是，我要反問，文革前那種精神格局，與民可使由之，不可使知之，上智而下愚的古代有何根本區別？現代社會是大眾知情、大眾參與的社會。中國社會一直沒有進入這樣一種現代格局。文革的發動者，未必真心願意造就一個新格局，但事實上文革卻成為舊格局崩潰的一個契機。

　　上述幾個方面，最重要的是現實對人的教育。因為當時官方的意識形態已經失去了自洽性，青年人當然要尋找新的精神家園。文化的匱乏非但不會使這種尋找的衝動減弱，有時反而使這種衝動更加強烈。越是禁書，人們越想讀。在知青當中，官方規範之外的讀書活動實際上一直不曾停止。

當然，對於我們這一代人來説，文化的先天不足造成了思考的侷限性。二十年國門的封閉，使我們無從瞭解當代世界的思想成果；傳統的斷裂，又使我們無從掌握民族文化的遺產。不論是中國的古代思想，還是西方的現代思想，我們都到了中年以後才有所接觸。我們這一代的先覺者，即使做出挑戰性的思考，所用的武器也往往仍然不超出馬恩列斯毛的思想和語言。能夠追溯到歐洲近代人文主義文化，已經很不容易了。北京的一些知青接觸到一些外國當代的思想文化，也是零星的。遠遠談不上系統性。但不管怎麼説，文革的經歷促使我們這一代走向獨立思考，畢竟是一個事實。五分加綿羊的教育模式，到我們這一代，劃上了句號。

上山下鄉

現在人們說起插隊，大多都是憶苦的口吻。我要說當時是自願去的，人們也許不信。

當時，插隊不是我最理想的選擇。最理想的選擇是參軍。但參軍要過政審體驗兩關。我的一個舅舅在臺灣，政審關過不去。插隊是毛主席的偉大號召。當時自己年青，一方面迷信毛主席的號召不會有錯，一方面確實不知道農村水深水淺，1968年底，主動報名到山西沁縣插隊。

出發前，我和一些同學商量，我們不要乘車，徒步考察，走到目的地。當時，響應的同學有20多個。但還沒有出發，一部分同學分進了工廠，另一部分同學有這樣那樣的困難，退出了長征隊。最後，只剩下我和文重萍、楊小平三個人。

文重萍比我高一年級，性格內向，但很有主見，也不怕吃苦。他父親是個手藝很好的川菜廚師，不知哪一段經歷被視為歷史問題，所以雖然家境十分貧寒，仍不能享受工

父親和妹妹到天安門送別

我和文重萍、楊小平途經大寨

人階級出身的待遇,沒有當兵的資格。楊小平是幹部子弟,父親曾出使瑞典。他文革初期被工作組打成反革命,平反後當了校革委副主任。由於父親被打成黑幫,所以參軍也沒份兒,只能和我們一起插隊。

我對走路並不發怵。大串連時從廣州曾走到井岡山。這時雖然不興串連了,但路上還是碰見了一隊天津到山西插隊的知青。與我們不同的是,他們有一名教師領隊,組織比我們嚴密。我們三個人,倒像是散兵遊勇,扛著一面紅旗,背著簡單的行李,每天大約步行7、80里。一路走,一路天南海北地聊,倒也浪漫。當時我滿腦子理想主義,懷著改天換地的雄心,路上走了26天,參觀了平山縣西柏坡和河北省的先進典型南滾龍溝,從冰上穿過了崗南水庫,在路上還聽到了武鬥的槍聲,後來又參觀了大寨,尤其是見到了陳永貴、賈進財,和他們分別握了手,真覺得他們是心目中的英雄,對大寨體現的人民公社一大二公,非常嚮往。託運

到村裏的箱子帶著父親送給我的一套
《中國農村的社會主義高潮》，當時
對《創業史》等小説表現的農業合作
化思想也十分信服。但到了沁縣農村
以後，在現實生活中，人民公社這條
通向大同理想的金橋，卻漸漸出現了
裂縫。

我和文重萍在虎頭山上

　　我們插隊的那個村，不知為什麼對
知青有一種防範。掌權的是一批文革中
上來的年青人，是縣武裝部扶植的民兵
先進典型，為首者在縣、社兩級革命委
員會中都有職務，權力意識極強，據説
知青還沒進村，就開了會，説北京一批
黑幫子女要到農村奪權，要提高警惕。
其實，我們村一起去的知青中幹部子女
很少，思想也比較正統，大多數人對接
受貧下中農再教育的説教都很相信，哪
能有什麼黑幫子女奪權之事？知青到了
村裏，除了幹活，就是排演文藝節目。
正好同學裏既有擅長編導的，也有擅長
表演的。幾下子在縣裏就出了名。於是
也就成了村裏向縣裏表功的法寶。不管
農忙農閒，只要縣裏有事，一律停工

在太行山上

排戲。雖然有的知青也有不同想法，但在突出政治的年代，誰又能對「宣傳毛澤東思想」說個不字呢？

剛一到農村，確實想在廣闊天地裏在有作為。當時，《紅旗》雜誌介紹了某地「小評論」的經驗，於是由我牽頭，幾個知青在村裏也辦了一個小評論的專欄。中國多年實行計劃經濟，生活日用品十分短缺，農村就更加短缺。村裏供銷社有點什麼緊俏商品，就開後門優先供應大隊幹部和他們的家屬。村裏的小學教師十分不滿，找到知青，我們就把這件事上了小評論。無權無勢的社員紛紛稱快，幹部們不高興，拿我們也沒辦法。現在想起來，這不過是輿論監督的小兒科而已。小學教師們有意見，他們也有文化，他們為什麼不作小評論，而讓知青出來說話？其實，他們是害怕打擊報復。在中國，公開批評領導的，很少有好下場。知青是外來戶，初生牛犢不怕虎。在北京見過大世面，才有膽子不把當地權貴放在眼裏。

小評論辦得正火，突然母親來電報，說父親病危。我父親60年代初下放山東一年，得了肝炎，後來轉為肝硬化。我插隊之後不久，他也隨機關到了湖北沙洋五七幹校。到那邊沒幾個月，就病了。70年冬天我回北京探親，也沒見到他。他從幹校來信，流露出要我在北京多呆幾天的意思，實際上已經病了，正在申請回京。我急著要回村里弄小評論，沒怎麼在意。不料回村才幾天，父親就被同事專程送了回來。我只好再趕回北京。父親在醫院的病床腹脹如鼓，說話都已經很吃力，拖了十幾天就去世了，死的時候52歲。別的我不記得，我只記當時正好發生朗諾推翻西哈努克的政變，他讓我給他說說最新的動向。

　　我父親原來供職於上海銀行，三反五反時受過一次小衝擊，雖然有驚無險，沒留下什麼尾巴，從此便一直謹小慎微，積極靠攏組織，對基層領導的話奉若神明。他的書法不錯，文革中凡有「最新最高指示」，他用蠅頭小楷抄下來，製成卡片。後來社會一度流傳各種未曾公開發表的毛主席手稿、講話，他也四處搜集，買不到的就抄，抄了不下幾百萬字，最後幾年的光陰幾乎都幹了這個，功夫下得真不小。但是，卻沒有留下他自己的任何見解。平時，我也沒從他嘴裏聽到過獨立思考的話。回想起來，他這一輩子，活得也真夠窩心的了。比起父親來，我現在寫文章還能說幾句屬於自己的話，真是一種幸運。後來，妹妹告訴我，他還是有一點想法的。想跟妹妹說，又說，可惜你懂事太遲了。

　　我們村一起插隊的20幾個同學，基本上都是北京師大一附中的學生。當時年紀最大的21歲，66屆高中畢業，年紀最小的14歲，70屆初中畢業。這些同學，現在大部分在北京生活。其中有一位前幾年已經去世，名叫李時民。老鬼出版了一本自傳體小說《血與鐵》，其中有一段談到有一位同學李世民與他交往的故事——

　　　　讀了《紅岩》後，身上的血滾燙滾燙，一群不怕死的靈魂總在身邊飄蕩。腦子裏整天考慮的是自己要處在許雲峰的那樣的環境下，會怎麼樣？會不會幹出賣同志的勾當？由於當時報紙、廣播、雜誌等充滿了對《紅岩》的讚頌，革命烈士受到了全社會的崇敬和緬懷。我浸泡其中，怕死怕疼的問題，對革命忠誠的問題總也迴避不了。

我以為只要能經住打，就可以躋身於《紅岩》裏的革命先烈行列。現在能忍十棒子，將來敵人給我兩拳頭也就算不了什麼了。好鐵必須經過錘煉，所謂錘煉，就是挨打，要有能忍受劇痛的能力。

　　車爾尼雪夫斯基的《怎麼辦》裏有個職業革命家拉赫美托夫，為鍛煉耐疼能力，睡在釘著密密麻麻釘子的床上，把全身刺得鮮血淋淋。他這個神經病般的舉動給我留下了深刻的印象。

　　於是決定請一個同學打我，練不怕疼。但誰能幹這事呢？范光義？他太正常，不愛幻想；張均滿？班團支書，嚴守學校紀律；梁天實？個子太小，一點沒勁兒。

　　在反覆的篩選中，我看中了李世民，他平時和我關係不錯。雖然面色菜黃，蝦米體形，老彎著腰，但體力在同學中也算中等，胳膊挺粗。他家境貧寒，穿得很破舊，衣服上老有補丁。可聰明，功課極好，在班上寡言少語，偶爾會突然冒出一兩句很莫名其妙的嘎話，令人目瞪口呆。有時愛犯神經，幹一些怪怪的舉動。如遲到了，他走進教室時，會挺著肚子，一本正經向老師敬個軍禮，惹得全班同學哄堂大笑。他少年老成，愛裝正經，裝成熟，一激動起來，滿口革命大道理，手舞足蹈，旁若無人。他執行這個任務很合適。

　　但李世民聽說後，死活不肯打。「我不願意讓自己的手染上同志的鮮血。」他一臉嚴肅。「根本不打破，你怕什麼？而且這對你也是個鍛煉。如果你是個特工人員，在跟敵

人聊天時，需要突然把敵人打昏，你能下得去手嗎？你必須要練敢下手，不能有絲毫惻隱之心。」

李世民沉思著說：「練不怕打，就要挨打，那練不怕死，就要死嗎？我覺得你的思想方法很有問題。」

「列寧的話你聽不聽？列寧非常喜歡《怎麼辦》這本書。書裏有個叫拉赫美托夫的，專門躺在釘了許多釘子的床上睡覺，把身體扎破……他難道思想方法有問題？列寧還特別肯定了拉赫美托夫。」

李世民沒詞兒了。

「打吧，別那麼小資產階級溫情主義。」

「就算你能挨打，未必就不當叛徒。如果你的神經系統有毛病，特遲鈍，怎麼打也不覺得疼。但敵人要是用別的法子，如把你活埋，你可能還經不住。」

「槍斃我沒法練，人只能死一次，但忍受刑罰卻可以練，人性都怕疼，我要把這怕疼的人性給修煉一下。真的，幫幫忙。你如果對我能下手打，那對敵人就能更狠地打。來吧，別那麼小資產階級了。」

「馬清波同志，你不要亂扣帽子。」李世民嚴肅地想了想：「哼，誰小資產階級？哼，好吧，我同意。」李世民的古怪勁上來了，很驕傲地點點頭，晃晃腦袋：

「你不許還手。」

「絕對不還。」

他學著拳擊運動員的樣子，在原地蹦著跳著，開始舒展筋骨，樣子滑稽。他動作不協調，兩腿歪歪扭扭。為了演習一下動作，他把拳頭收縮在肋下，一次一次地用力擊拳，向我表示他的拳不可輕視。他彎曲的身體手舞足蹈時，很像一隻袋鼠。

　　「打吧！」

　　他運足了氣，掄圓右臂，狠狠地打了我下巴一下，震得我太陽穴直疼。但不好意思喊疼，裝出無所謂的樣子。

　　李世民吸著冷氣，觀察著我的反應。

　　「再打，來，想像你在執行任務，打！」

　　他見我沒變臉，放了心，突然大喊一聲：「打倒美帝！」繃著臉，卯足了勁，又給我一下。這一下比頭一下更有勁，但他馬上嘶嘶地倒抽冷氣，使勁地甩著手，用嘴吮著手指頭：「呀，把手打疼了。」

　　我很怕抽耳光，常被父親抽得心驚肉跳，想再練出些對耳光的抗體。

　　「李世民同志，將來你遇見敵人或叛徒時，需要抽他耳光，一定要抽得准、抽得響、抽得狠。如果打得軟綿綿的，就表現不出革命者的威風，正義的威嚴。所以最好現在就練練。」

　　「唉呀，你事真多。」他猶豫著：「我手疼著呢。」

　　「打仗時，你怕疼就要被敵人給消滅了！就打兩下。」

　　他來回走著步，被我說動了。鍛煉鍛煉抽耳光的技巧，將來或許真有用得上的時候呢！他繃著臉，嘴角哆嗦著，揚

起胳膊，真像抽叛徒一樣地抽了我一耳光，但遠不如父親抽的質量好。李世民的體重比父親輕60斤。

「你應該帶著階級仇恨抽。沒一點仇恨，抽得不狠。」

「我和你沒仇，怎麼有仇恨呢？」

「好吧，讓我抽你一個嘴巴，就有仇恨了，完了你再打我。」我也很想拿他練練抽耳光。

「不，我不讓你打。你站好了，我再試試。」

於是他扭動著腰，伸長了手臂，傾盡全身之力掄了一大圓圈。

被打完後，很是自豪，憋抑在胸中的激情，宣洩了，身體也覺得舒服。革命烈士若知道我這麼想學習他們，肯定欣慰。

老鬼初中上的是師大一附中，李世民無疑就是李時民。不知怎麼，他把唐太宗的名字安到了這位一生也不出名的同學頭上。人死如燈滅。老鬼這段文字，恐怕是李時民留給社會的最多的一段記錄了。我不知道老鬼是否清楚，這位「考驗」他革命意志的同學，自己卻無辜地經受了幾乎一生的考驗。李時民在老鬼面前扮演了一次喜劇角色，後來卻品嘗了幾十年的悲劇苦果。

李時民念高中時，中國已經進入反修高潮，學校也開始思想革命化運動，每個人都要向組織交心，他當時交出了一本記錄了自己真實思想的日記，裏面不知有什麼不滿現實的話，被學校定為反動學生，記入檔案，從此，在政治上被編入另冊。他很聰明，數學天賦很好，在數學競賽中得過獎。聽說他父親是穆斯林教職人員。他背著政治黑

鍋下鄉後，不但招生、招工、入團、入黨都沒他的份兒，就是其他知青可以參加的宣傳隊、工作隊也與他無緣。收工之餘，下兩盤象棋，抽幾口水煙，就是他唯一的樂趣。掌握他檔案的幹部知道他沒有出路。普通社員的反映卻是：還是那漢子李時民能受苦。的確，要論出勤，知青裏誰也沒有他多。剛一下鄉時，我還迷信階級鬥爭的理論，有一次教訓他要老老實實接受再教育，想起來真是慚愧。他在村裏差不多待了十年，才病退回北京。他有心臟病，沒活到40幾歲，這一輩子幾乎沒活過幾天舒心日子。後來讀到王學泰寫的關於文革前「反動學生」苦難遭遇的文章，才第一次看到公開觸及到這塊歷史的傷疤。這個領域，傷害的人數雖然沒有反右、文革那麼多，但每個具體的受害者同樣悲慘。中國那些年的政治運動太多了，大運動或者整了大人物的運動有人關注，當事人也出來說了話。但一些非全局性的局部運動，往往被忽視，成為反思歷史的盲點。王學泰這篇文章，寫成之後，用了好幾年時間，轉了好些刊物，才發表出來。還有許多運動造成的冤案，連隻言片語也留不下來。

民以食為天。我的人生歷程中，吃過飽飯，也挨過餓，現在又進入了周圍許多城裏人為減肥而苦惱的年代。其中的變化，真是有如滄海桑田。

實行糧食統購統銷以前的光景，我年紀太小，記不清了。1958年食堂化我還有印象。三年困難時期，我正上小學，那時已經知道什麼叫餓，什麼叫饞。飯票、糧票揣在衣兜裏，哪頓吃二兩，哪頓吃三兩，都要精打細算。喝糊糊要把鍋劃得一乾二淨，最後還要把碗舔一遍。但當時對事情背後的原因不可能理解。加上在首都生活，到底還不是最苦的。

　　真正嚐到挨餓的滋味是上山下鄉以後。當地社員，一年才分300來斤原糧，文革中又被收了自留地，只好年年寅吃卯糧。知青算是受照顧的，國家保證讓每年吃到528斤原糧，每月平均44斤。但這44斤加工成米麵，就成了38、9斤，一天合不到1斤3兩。在今天，這也夠一個大肚漢吃的了，但當時沒有副食，蔬菜也很少，加上十七、八的年紀，又天天從事重體力勞動，春耕時每天勞動時間長達十五六個小時，真是餓得前心貼後心。社員家是先緊下地的人吃飽，看我們一天還是一斤三兩，直歎知青「西惶」。

　　插隊第二年冬天，我們一批知青從村裏抽出來參加整黨建黨、一打三反、農業學大寨工作隊，我和同村的知青張惠文，還有公社秘書老王、復員軍人老牛、中學教師老夏組成一個工作隊，進駐了本公社另一個大隊——輕城。那一年秋天，國務院開了一次北方農業會議，沁縣估產能達「綱要」，（平均畝產400斤）分管農業的縣革委會張副主任「光榮」地出席了這次會議。大話吹上去了，誰知這年冷得早，剛推廣的雜交高粱生長期又特別長，沒有完全成熟，早霜就下來了。實際平均畝產連300斤也達不到。縣裏領導不相信實際數字和估產有這麼大的差距，於是掀起了一次反對瞞產私分的風暴。有一個大隊，是畜牧業先進村，以往的習慣是飼料糧留得比較足。這次被抓了典型，大隊書記主任在全縣三幹會上當場宣佈逮捕，嚇得全縣大小幹部們風聲鶴唳，只好回去一遍又一遍地打場，一車又一車地交糧。農民眼看交罷公糧，只剩下百十斤口糧，都著了慌。當地農民特別老實，既不敢反抗，也沒有能力反抗，只好默默地忍受，以糠代糧，應付饑荒。這種變化，馬上在我們這些工作隊員的派飯上體現出來。雖

然，工作隊員按規定，吃一天地飯，交一斤三兩糧票，三毛錢，往常派飯農民也儘量給做一些好飯。但到了家家吃糠的時候，農民也顧不上許多了。我記得，那些天吃的糠窩窩，一拿起來就散，雙手捧著吃，粗糙得咽不下，只好用米湯往嗓子裏灌。過去上中學時吃過所謂憶苦飯，哪有這個難以下嚥？

當時，工作隊裏的轉業軍人老牛説，老百姓做飯有困難，我們不能自己開伙？軍隊裏自辦伙食天經地義。大家採納了他的意見，於是我們不再派飯，小鍋飯還吃得挺香。不知怎麼，公社知道了我們這個工作隊自己起伙的事，批評我們不和社員一起「三同」。所謂「三同」，本來也是一句空話，同吃可以到社員家裏吃，同住怎麼住？沒辦法，起了幾天伙，只好重新吃派飯。

好在不久沁縣徵過頭糧的事讓擔任地區副主任的李順達知道了。李順達到底是農民出身的老勞模，知道農民的疾苦。他發了話，説不管怎麼也得讓農民一年吃上300斤糧食，於是，徵的過頭糧又一馬車一馬車地從縣糧庫拉回來。這樣，我們工作隊員的派飯也不再有糠了。

其實，毛澤東早就在中央的會議上説過，不要怕農民瞞產私分。他為什麼要對糧食統購統銷，農民按計劃價格把糧食上繳國家是不是吃虧，他再明白不過了。但是，他同情農民瞞產私分的話，從來沒有當作最高指示傳達過。我當時手裏有一本紅衛兵印的《毛澤東思想萬歲》，還奇怪為什麼不讓基層幹部們學學這個講話呢？國家和農民到底是什麼關係，我這才算悟出了一點真相。

　　毛澤東去世以後，農村取消了人民公社，實行了包產到戶，後來結束了糧食統購統銷，糧票現在已經成了爭相收藏的文物。八十年代我回過一次插隊的村裏，原先的生產隊副隊長見到我時說，現在和你們在那時不一樣了，雖說還是沒錢花，吃是吃飽了。老百姓能吃上飽飯真是不容易。我已經多年不去農村。但從一些新聞媒體裏，時常還是看到一些地方的大小官員以強制手段折騰農民，不讓老百姓過太平日子，就感到一種切膚之痛。應該承認，我們還沒有從制度上解決切實保障普通老百姓基本權益的問題。

理想幻滅

紅衛兵運動落潮後，老三屆大部分都上山下鄉，成了知青。但他們在文革中形成的跨學校的社會聯繫，不會一下子中斷。冬天農閒，北京知青要回家探親，於是就又聚到了一起。和我同在沁縣插隊的魏光奇當時寫過一首詩：「聚散匆匆過古城，衣單不耐早春風。危中尚念山河碎，夢裏猶聞父老聲。笑對寒天迎解凍，靜熬長夜待黎明。山高水險須身健，鐵骨長驅步大同。」很貼切地表達了這些不願意放棄思考和求索的知青回北京相聚時的心情。

知青相聚，人以群分，喜歡探討問題的不免串在一起，形成沙龍。當時北京有幾個沙龍我無法統計。我只接觸過黃以平家的沙龍。黃以平是北京101中的畢業生，到河南下過鄉，但沒轉戶口。她父親黃秉維是地理學家，中國科學院學部委員，文革中未受大的衝擊，保留著寬敞的住房。黃是個組織型的人物，善於社交，人緣很好，三教九流都願

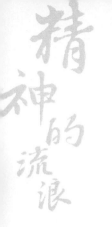

意和她來往，所以家裏就成了沙龍。介紹我認識黃以平的是同在沁縣插隊的楊志栓。在她那裏，我讀到了郭路生的詩，孟繁華和同學的通信，還有一些知青辦的油印刊物。這個孟繁華和文學所的孟繁華不是一個人，年紀稍大一些，文革中是北京地質學院學生，當時寫過一篇文章，受到毛澤東重視，後分配到《人民日報》，文革中挨過整，在經濟改革中進過智囊班子，思想比較深邃。還有一次在黃家見到給林彪貼過大字報的伊林、滌西，印象中伊林誇誇其談，對史達林的《論反對派》比較熟悉，而滌西不多言，印象反而較好。後來才知道，在這個沙龍裏，發生過一些產生深遠影響的辯論。比如張木生改革農村體制的主張就是在這個沙龍裏發表的。當時有的知青不同意他的觀點，在沙龍裏和他辯論，還暗中報告當局，使張木生倒了大楣。90年代研究文革中的民間思想才見過他，當時並不知道他對農村體制形成了一套自己的觀點。

1969年秋知青在長勝村

1970年冬同村知青在北海公園

這種沙龍的存在，當局很不高興。黃以平就受過威脅和警告。多少年過去，回頭再看，那個沙龍正是一片孕育新思潮的小小溫床。社會儘管專制，青年人仍有精神的渴望，思想是人的本性，愚民政策，終究會引起各種方式的反抗。

同村知青再相聚

插隊到了第三年，精神上已經感到非常苦悶。尤其是林彪事件之後，現代迷信的神話已經崩潰。我和在沁縣李家溝插隊的同學盧叔寧，就商議要出去看看祖國的大好河山。

我們當時都很窮，生產隊裏本來分值不高，還掛到賬上不能兌現。父親去世後，母親靠每月60多元工資，負擔外婆和妹妹的生活。自己已經20歲了，哪好意思向母親伸手。本來，我想和盧叔寧一路瀏覽大好河山，一面縱論天下風雲，但沒想到出師不利。關於這次旅行，我編《老插話當年》時，請盧叔寧寫了一篇回憶文章，現在把它轉抄到這裏──〈「南國」之行〉

1991年，我和文重萍重回長勝村看望房東

　　列車緩緩地行駛著，那有節奏的「噹啷」聲，此刻猶如動聽的催眠曲，然而我卻沒有一點睡意。躺在以煤炭作床褥的貨車廂裏，望著綴滿星辰的夜空，領略著徐徐夜風的撫慰，舒展酸疲不堪的四肢，在只有星星才可以察覺的微笑中，我開始細細品味一天來的經歷。

　　天未明，農民還在酣睡中，我和丁東就從各自插隊的村裏來到縣城，開始我們籌措盼望已久的冒險行程。先乘搭一個熟人的卡車來到長治市，然後買了兩張不足價的票登上了往鄭州的列車。一路上心如揣兔，好在車過了新鄉，離鄭州已不遠了。正暗自慶幸，忽一乘警立在我們面前。看著我們慌亂的神情、聽著我們囁嚅的話語，他已明白了幾分。未及多問便隨手翻檢起我們簡陋的行囊來，並從中抽出一封信細細讀著。我的心一下子提到了嗓子眼，生怕裏面有什麼違禁之言。「南國之行？」這位看來肚中墨水有限然而還算和氣的乘警突然開口了。原來這是一封未及發出的家信，裏面簡述了我們此行的目的和安排。

　　「為什麼不在農村抓革命促生產，接受再教育？南國之行！遊山玩水！……」我們自然是不敢有所辯地恭順地聽訓點頭，當我們提到每個工分只有幾分錢一年不夠糊口還要家裏倒貼，所以……時，他似乎已聽多了而且相信，所以一到鄭州就讓我們下了車。

　　一邊感念和慶幸碰到了好人，一邊大笑著學著他「南國之行」的口音，我們認錯而不改地又登上了另一列南行的

車，繼續「南國之行」了。這一次則很不幸，車未行多久，剛剛拐頭向東，我們就被列車員毫不客氣地在一個無名小站攆了下去。沮喪之餘，我們便以「我們總是在向前，總是在向目的地靠近，只要不氣餒不回頭，目的總可以達到的」來自慰自勵。「坐不成車就走！想當初我和文重萍、楊小平不就是背著行李從北京徒步走到山西插隊的嗎，那還是酷寒的冬天哩！」丁東的話更堅定我們的心志。於是邁開腿便走，餓了啃幾口自備的乾糧，喝了向沿途村民討幾口水。已不知走了有多遠，只是兩腿越來越重像灌了鉛但我們仍不願歇下，好像在與一列列飛馳而過的火車賭氣。當我們發現路邊一個清澈的小水塘時，終於禁不住它清涼的誘惑，見四下無人，便脫下衣褲跳了下去暢遊起來。遊去了炎夏的熱汗，除盡了一路的風塵，還洗掉了疲勞。載一身清爽我們又上路了。天將暗未暗時，來到一個小站，那裏停著一列貨車，正有人在向上爬。兩人猶豫商量了一下也跟著爬了上去。向先到的「乘客」一打聽，知道開往蚌埠的，路線雖略有異，但方向對頭，我們便安然地和那些扒車慣客聊著，邊等著車開。就這樣想著、憶著，我彷彿第一次發現夜空是那樣的美和神秘。它像無邊無際的黑幕包融一切，星星便是點綴其間的明珠，它又像風浪初歇的浩瀚的大海。深邃難測，蛙叫蟲鳴，便是伴其入眠的小夜曲。畢竟是很疲勞了，畢竟夜已經很深了，夜風終於輕輕拂合了我的雙眼，很快我便進入了很酣很美的夢鄉：故鄉，闊別的故鄉，那多情的水、清秀的

山，我願像擁抱這夜一樣擁抱你，雖然我的兩臂因疲憊而無力，但心是激跳的，血是熱沸的。

「什麼人？」「下車！」「跟我走！」聲聲暴喝，道道閃電（強度電筒光）驚醒了我的夢，在這似醒非醒、似夢非夢的恍惚中，一種下意識的恐慌，令我們一下子竄起，顧不得車高夜暗，甚至不知道車已停否就急向下跳去。爬起來茫然地疾跑，不幾步就狠狠地摔倒了，原來是一個石鋪的陡坡，眼鏡被甩得老遠，我急急地摸索著，嘴裏喃喃如夢囈，待尋到眼鏡，幾個人已橫在我的面前，就這樣不明所以地平生第一次作了不知什麼人的俘虜，便乖乖地跟著他們，心裏念著丁東，但已是無可奈何了。來到一間小屋，不一會兒，又帶進來一個人，竟是失落的丁東：挎包套在脖胸前，臉上是一抹抹的黑道，茫然無措的神情，彷彿還在夢中。我不禁「撲哧」笑出了聲。因為我的尊容大抵也就如此吧。經過莫名其妙的審問，大概他們也不知如何開發我們這無罪的俘虜吧，便提議到一個「管吃、管住、管送」的地方去，天真如癡的我們懷著對社會主義待民如子的感激，未加深思地跟著他們去那桃源式的聖地了，待得一踏進那個地方，一股污雜的穢氣襲鼻而來，蓬頭垢面的各色人等迎面橫陳，我的頭「嗡」了一下，如墜跌深淵，但已悔之無及，就是煉獄，也只能硬著頭皮直面正視了。

經過照例的盤問和較前幾次更徹底的檢查，我們僅有的二十幾元錢終於藏匿不住而被「代為保管」「待後處置」

了。他們也暫時相信了我們的無辜。但至今還記得給我們的評價：你們是什麼人？學生不像學生、工人不像工人、農民不像農民、幹部不像幹部。這四不像的評價是何等貼切啊！千千萬萬個上山下鄉知青不就是以這「四不像」的社會身份，在「接受再教育」的金字大旗下，歷經坎坷與磨難嗎？不也正是這「四不像」的特殊境遇使我們在度盡劫波之後，錘煉成為既葆有學生的激情與純真，又具有工人的正直與胸懷，既學有農民的樸實與執著，又兼有幹部的成熟與老練嗎！

到這個時候，我們才知道，這裏是商丘（我和丁車後嫻稱為「傷囚」）市的收容所，專收容社會上無業浪兒或為當時社會的所不容的「黑工」、「黑販」，也是小偷流氓等低檔犯人的過渡棲身之處。到這時我們也才知道，不久前這裏曾發生一起由兩個年輕人主謀的銀行搶掠案。看來我們是作為嫌疑犯自投其網的。直到縣知青辦來電證實了我們的身份後，他們的態度才稍見寬和，但仍需像其他人一樣，分期分批逐段「遣送」。

這於我們精神上的打擊實在是太大了，不只「南國之行」成了泡影，還要挨過難以預計時日的「准囚徒」生活。蜷縮在潮濕的地上，只覺得頭暈目眩，虛火直上，病倒的預感令人駭然。我在心中命令自己冷靜下來，想到這幾年國亂家破，理想茫茫，前途未卜，插隊的艱辛，出身的包袱又不禁黯然神傷。我們這一代人莫非真如孟子云：天將降大任於斯人也，必先苦其心志，勞其筋骨，餓其體膚……嗎？想到

這兒便漸漸地安然了，並慢慢地睡去，自然不再有美的夢，但惡倒夢也沒有來糾纏，這是真的。

醒來有剎那的驚異，但不久也就釋然。周圍是衣衫襤褸、目光呆滯的各色人等，都急急地向一處湧去，到開飯的時間了，我和丁東急爬起來擠入那行列，領到一塊硬如土坯的紅麵糕和一碗玉米麵糊糊。初吃幾難下嚥，不幾日便甘之如飴，味美得很，不禁歎謂「饑餓是最好的佐料」的民諺之絕妙。就是這「美味」每天只有兩頓共七兩，我們本不強健的身體便日見其弱，以至到後來，每從地上立起一直身，便眼冒金星一片昏黑，須停立許久方敢邁步，後來讀到張賢亮在《綠化樹》中對饑餓的描寫，便覺真切得很。

除了兩頓之盼，這裏是沒有時間概念的。我們開始接近同室的「天涯淪落人」，並在和他們交談中，認識了不曾瞭解的生活的另一面。那是在商丘，有一天我和丁東正在玩自製的土棋。一個人走過來，怯怯地坐在我們對面，他膚色慘白，眉宇間透出文靜和俏秀，有點像孱弱的女孩子，只是瘦，活脫似「包身工」裏的蘆柴棒。「你們和我們不一樣」，他的第一句話就使我們驚異於他的觀察力和判斷力。接著便談起自己的身世：他是天津知青，不到16歲便到陝西插隊，那裏又窮又僻，整日勞作也不得溫飽，因為弱小又太老實，常常的受人欺凌。別的知青還可以跑回家，得到點溫飽，可他是後母，悍厲而無情，回到天津連家門也不讓進，只有異母的弟弟偷偷地送他一點吃的。

無家可歸，衣食無靠，又不願去偷去騙去搶，便只能外出要飯，因此這收容所經常光顧，只可惜不能長住，送回陝西又仍然跑出來。一番話勾出了我們的淚水。而他卻木木的，白白的臉上沒有愁苦，像是在敘說別人的故事。又使我們想起那自早已說倦，別人也已聽厭的祥林嫂。當談到乞討的經驗時，那話語中才隱隱含著憤怨。因無衣蔽寒，他夏討北、冬討南，晚上睡在草垛裏。他說，要飯在農村比在城市好討而且安全，向窮人討比向富人討容易，最起碼不會遭到斥罵和白眼，而且衣著不能太髒太爛，穿得稍微整潔些反而好討些。（孰不知中國人的以衣冠看人，竟在乞丐中亦如。悲夫！）一次一個好心人給了他一套較好的衣服，沒幾天竟被同行偷去了。此時我們才注意到，他的衣服雖然襤褸，星綴著補丁，但乾淨整潔，像他這個社會的不幸兒雖處污水濁塵中卻盡力保持心的純淨一樣。也許他渴望得到人的同情和溫暖吧，也許他認為我們還算是個好人吧，在以後的幾天裏，他一直和我們在一起。到分手的那一天，要被送往下一站新鄉了，我們把原準備記「南國之行」的日記本送給了他，丁東還在上面題了「願你有新的生活」幾個字，寄託了我們全部的希望和無奈，還給了他幾斤沒有被搜走的全國糧票。他的眼裏含滿了淚水，那本已麻木的神情竟顯出無可名狀的淒切，使我們永生難忘。寫到此處，淚又一次潤出。我們可憐的小兄弟，不知可活到了今天？不知我們那由衷而又空泛祝願可已實現？但願……

後來在新鄉、長治收容站又見過一些知青，但多是淪為竊盜之流，雖仍為生活所迫，與我們交談時悔愧之情、無奈之色亦使人感慨。與其說這是他們的罪過，不如說是他們的不幸，是當時社會大不幸所鑄成的小民的小不幸。這些人隨時光流逝大抵都忘記了。只有一人其音容笑貌還清晰如昨日。他同樣是白淨淨的，個子高些也是以乞討為業，偶或亦多生出一隻手，但多是向富而不仁者，帶有報復與耍弄的性質，小有古俠之風。他的最大特點是詼諧、樂觀。他絕少談個人的身世，不願以此博引他人廉價的歎息與淚水。他總是笑笑的，作著各種滑稽的動作。他說，每當被抓進收容站就裝瘋，兩眼直直的翻著白眼，領到玉米糊糊，只要不是很燙便從頭頂直往下倒，往往使看守員無可奈何只能放他走，他邊說邊示範表演著，引得大家在笑聲中忘掉了眼前的苦。若讓他來做小品演員，恐怕不會比趙本山差多少吧。

　　我們漸漸在心理上能承受以前連想也不敢想的生活了。沒有吃不了的苦，中國人的忍耐和適應性當可為世界之冠。我們聊天、下棋，甚至借到了書看，後來還推薦我們做了每天一小時政治學習的讀報員，報酬是每餐加一勺飯，這於我們，實在比現在多拿幾十元獎金還寶貴，因為我們的身體日見其虛，丁東還病了一場。經抗議到外面就醫，才慢慢見好。記得在長治站時，自願報名參加公園的勞動（可以加飯），有人趁機便逃跑了，我們感喟他們的勇敢和腿力，就是敞開門讓跑我們也已跑不動了呀。第二天點名讓我和丁東去，令人驚奇的是，在

陽光和風下，人的精神頓覺一爽，氣力也有了，居然幹得很好，什麼原因呢，那就是自由，哪怕是可憐的一點點，也可以煥發人的精神。拘於斗室有如豆芽，自然是萎靡難振的。就這樣從商丘經新鄉、長治到沁縣，我們經歷了一月有餘的不尋常的「准囚徒」生活。那潮濕的地面、昏暗的斗室、穢污的濁氣、粗糲的飯食，那一張張慘黃的面孔、孤苦的敘說、善良而無助的眼神和苦而不衰的笑聲……使我們透過「形勢大好，不是小好……」「成績最大最大最大……」的表面叫囂，看到社會更真實的一面。雖然，插隊數年月睹農村的現狀，已使我們有所思悟，而這一月的經歷，更令我們感憤。所以雖然我們原計劃的回故鄉、遊山水、怡心志、壯情懷的「南國」之行變成了「難國之行」，我們仍無憾無悔。所以當我們終於從最後一站沁縣收容所蹣跚走出，從聞訊前來探望的知青文重萍等手裏接過慰勞食品時，當從縣知青辦負責人眼裏看到不解和責備時，當我們因為雙腳以感染潰爛而不得不提著鞋光腳走回村裏時，當因積弱成疾，回後肚漲如孕還不能一下適應正常的飲食生活時，當其他知青點的朋友，專設盛宴款待我們，並聽我們細講一月的奇遇和感受時，我們不只有一種身心的解放感，而且還懷著某種驕傲，彷彿我們是出征歸來的勝利的戰士，這恐怕是未經歷的人難以理解的。

　　原計劃由我和丁東打前站探路，然後其他知青繼而效之的「南國之行」就這樣自我們始也到我們終了。記得事後不

久就寫過一篇較為詳盡的追述文，但看來是從沁縣遷至深圳時遺失了，或者還仍然躺在沁縣小屋裏的某個角落。無奈，只得憑依稀的記憶重新提筆，但畢竟已經20餘年了，故所憶所敘所感定已失去原記的新鮮與真切，唯有一點是可以肯定的，那就是它是一篇紀實而不是虛構的故事。

多虧盧叔寧寫了這篇文章，許多我已經記不真切的細節又想了起來。如果說三年的知青生活是「我的大學」，那麼「南國之行」就是其中最刻骨銘心的一課。從北京到農村，反差夠大的了，但還沒有看到社會的最底層。什麼是中國真正的社會底層，在收容所裏才有了真切的感受，才知道中國還有一批連基本的生存也得不到保障的人。收容所，是中國的一種特殊機構，名義上裏面關的不是刑事犯，但管理方式與監獄差別不大，管理人員在裏面可以使用肉刑，被收容者之間也有大魚吃小魚的互相傾軋。失去了自由，人的尊嚴便蕩然無存。上這一課，雖然並非我願，並且付出了失去自由一個月的代價，但對於我思想上的觸動，卻是終生難忘的。

插隊第三年，也就是1971年，一起插隊的知青出現了飛鳥各投林的態勢。父母有權力的憑權力，有關係的靠關係。父母沒有特權的，靠個人奮鬥。各人奮鬥也有各種各樣的路子。有的是靠當先進典型，講用會，有的是靠和地方幹部拉關係。八仙過海，各顯神通。女知青靠姿色尋出路也時有耳聞。送禮、走後門更是屢見不鮮。先是一些同學「轉插」，從集體插隊的地方轉回老家，利用親戚或其他關係在當地當兵或招工。一些同學「病退」，把戶口遷回北京。這兩條路我都

走不通，當時大學開始恢復招收工農兵學員，但推薦過程當中關係因素也令人望而生畏。但不管怎麼說，總想競爭一下。但競爭還沒開始，我就意外地有了歸宿。

　　起因是當時省委書記曹中南提出，在大學招生之前，可以從知青中選拔一些人到政策研究室工作。當時我們村有好幾個同學愛好文學，開始寫小說詩歌抒發思想感情。縣裏也很重視。我當時寫的詩有兩種，一種是贈給同學，表達自己的思考。一種是受到縣革委通訊組組長郭同德的鼓勵，按當時的調子給省報投稿。居然很快命中兩篇。正好趕上省委調研室到知青中挑人，我就因幾首小詩而入選，跳出了農村。

　　臨走之前，在縣裏參加了兩項文化活動，一是文藝創作會，二是圖書審查會。文藝創作會上還險些捅了漏子。談到歌頌工農兵時，我說，農民平時在地裏聊天，「不是吃，就是日」。這本來是實際情況。縣裏何嘗不知。倒不是農民精神境界不高，當時農民別說吃好，就是把肚子填飽也不易，地頭聊天，不說吃說什麼？至於說到男女之事，農民倒比幹部坦率些。一般農民也就是嘴上說說罷了。真正利用權力漁獵女色的，是大大小小的幹部。這我在農村算是開了眼。一個公社幹部，在當地工作二十多年，每個村都留了種。我們插隊的那個村一把手才二十出頭，就向知青炫耀，村子裏的女子我都睡過。這些事情，當時使我感到很吃驚。現在想起來，也不值得大驚小怪。人類歷史上，不管是酋長、貴族，還是國王、皇帝，都曾以權勢佔有眾多的異性，這不過是那種性秩序的延續而已。但這些事實，你私下怎麼都行，一到會上說就犯忌了。尤其在這種討論文藝創作的會上，意識

形態的色彩格外強烈，別看在小小縣城，和中央也是一個口徑，只能念延安文藝座談會講話一本經，文藝歌頌工農兵，你膽敢往貧下中農臉上抹黑，這還了得？於是，在文藝創作會的總結報告裏，我被不點名地批判。還好我當時在縣裏算創作有成績人員，所以也沒繼續追究我。其實，當時我在省報上發的那幾首詩，就是虛構出幾個貧下中農的先進形象，空對空地歌頌，居然也填補了縣裏文藝創作的空白，想來真是好笑。

如果說文藝創作會不過是應付上級的喜劇，圖書審查會卻發生了真實的思想衝突。

1971年末，中央開了一次出版工作會議，要求各地用三結合的方式審查文革前的出版物。文革前地方出版社較小，出不了多少書。指定沁縣審查的是兩本書，一本是散文集，叫《故鄉散記》，一本是小說，叫《地下小學》。縣裏派人牽頭，吸收工農兵各界人士參加。我和楊志栓作為知青代表，參加了審書會。一共十來個人，聚在縣招待所，開始審書。縣圖書館找不到《故鄉散記》，只好先審《地下小學》。這是60年代出版的一本兒童文學，作者杏綿是馬烽的夫人。寫的是抗日戰爭時期一群兒童團員和故事。書不厚，只有十幾萬字。大家一邊念，一邊評議。有一位來自人武部的軍人，總是從書中挑刺，一會兒說這段美化了日本兵，一會兒說那段醜化了革命群眾。當地人見了穿軍裝的都不敢惹，我和楊志栓就成了他的爭論對手。

楊志栓是北京外語附中66屆初中生，到沁縣插隊後我們就認識了。我們本來就不贊成焚書坑儒式的文化禁錮，文革中偷嚐禁區果，更認為應當讀書無禁區。尤其是林彪事件以後，對左的東西更加反

感。於是，我們和那位軍人唇槍舌戰，極力說明這本小說應當解放。工人農民代表見我們振振有詞，也開始附合，那位軍人說不過我們，於是承認這本書主流是好的，但與「三突出」的要求相比，還有差距。一本書審了四五天，形成了可以解放的初步意見，就要散會了。我和楊志栓卻不甘心這麼了結。於是找到審書的負責人說，上級交下來的任務，我們不應當只完成一半，應當全面完成。他說，可是沒書怎麼審呢。我們說，可以到縣中學和師範學校的圖書館裏去找。於是，以縣革委的名義聯繫，我們進了學校的圖書館。其實，我倆是醉翁之意不在酒。穿上大衣，進了圖書館，一個書架一個書架地搜尋，也沒找到那本《故鄉散記》。於是，楊志栓順手牽羊，揣了一本《伯羅奔尼薩斯戰爭史》，我當時熱衷於寫詩，揣走了兩本詩集。

要審的書沒找到，審書會也就散了。後來，聽說沁縣審書的結果受到上級表彰，說有政策水平。而有一些縣，因為大批判意見占了上風，把沒什麼問題的書也槍斃了。現在想起來，文化專制主義的始作俑者雖然是最高統治者，但下面的人也很容易順應這種野蠻的秩序，並且主動維護這種秩序。一個巴掌拍不響。江青當旗手的時代，八億人看八個戲，沒有電影，沒有小說，沒有藝術，沒有學術，那種蒼白的精神環境居然維持了近十年，除了始作俑者的責任，沒有成千上萬的幹部充當打手，能維護這種秩序麼？這種行為方式的慣性，到今天也沒有完全消失。要想從這種精神的禁錮中走出來，真不是一件容易的事。

我雖然沒有寫過「青春無悔」一類的文章，但參與過兩本有關知青的書策劃編輯。一本是《老插話當年——山西知青生活錄》，一

本是《中國知青詩抄》。有人説這是炒作，其實，參加這兩件事都是義務勞動，沒掙一分錢。為什麼還要幹呢？因為這是自己經歷的一部分。而自己的經歷，也成了那段歷史的一部分。

當年國家發動知青大規模上山下鄉的動機，現在已經看得很清楚，一是緩解文革頭三年積攢的城鎮中學畢業生的就業壓力，二是嚐過造反有理滋味的一代青年留在城裏已經成為不安定因素。這些動機當時只有權力中樞的領導人心知肚明。而我們都被蒙在鼓裏。當時冠冕堂皇的宣傳，唱的都是「接受貧下中農再教育」，「廣闊天地大有作為」的高調，真實動機是閉口不談的。從這個意義上，説我們這一代人曾經上當受騙，並不為過。當時把戶口轉出北京，辦手續用了不到十分鐘。1998年我從山西把戶口轉回北京，卻跑了半年，光申請書、證明材料和表格就填寫了幾十份。就這，朋友們都説我辦得順，沾了機構改革的光。

但世間的事情往往是「禍兮福所倚，福兮禍所伏。」北京師大一附中舉行95周年校慶，同學們多年不見，聚在一起，述説經歷和現狀。有一位同學發現，當初留在北京進工廠的，現在許多都下了崗，在某一方面有成就的也不多，從整體上看，反而是下過鄉的混得稍微好一些。這就引起了我的思考。

正巧，中央電視臺《實話實説》有一個期節目叫〈翁冀中的苦惱〉，翁先生正是師大附中的校友。當時，全校一千多名老三屆畢業生，誰不想穿軍裝？經過體驗和政審，就選上他們四十來位幸運兒，大家是多麼羨慕啊！他當了三年兵，剛復員，又進了北京化工學院，當上工農兵學員，這在當時，也是多少同齡人求之不得的。翁先生在

談話中提到，1978年第一次招研究生時，因為孩子才兩歲，自己沒報名，把機會讓給了妻子。妻子讀了碩士，又讀博士，現在是醫學專家。而他三年後再想考研究生時，卻超齡了，如今成了一個待在家裏的閒人。我想，他當時之所以錯過機會，原因之一，是已經在分配到一所大學工作，壓力不大。而多少插過隊的同學，在偏僻的地方就業，工作不如意，調動沒門路，結了婚兩地分居，考學的機會就成了救命稻草。別說孩子小，有些女同學身懷六甲也要上考場。

沒下鄉的，不論當兵還是當工人，吃的都是國有制的大鍋飯，用當時的話說，是「一切交給黨安排」了，這種思想到今天，就從政治優點變成了性格弱點。鐵飯碗不結實了，公家不給你安排了，叫你下崗沒商量，往往就找不著北了。

下鄉插隊給我的教育就是，不能依賴外在的承諾。理想的光圈不可信，偉大的教導靠不住，生活的道路只能自己走，面對困難不能靠上級。想當初，一起插隊的同學為了離開農村，真是飛鳥各投林。父母有權力的憑權力，有親戚的找親戚，有關係的靠關係。與特權不沾邊的，只好靠個人奮鬥。個人奮鬥也有各種各樣的路子。有的是靠當先進典型，講用會上吹牛皮；有的是靠送禮，和地方幹部拉關係；有的女知青甚至迫不得已，用身體作代價跳出農門，想起來讓人心酸。插隊也可以說是一種置之死地而後生的經歷。有過這種經歷的人，在生活的道路上碰到什麼機遇，往往有一種撲上去抓住它的自覺。

我們這一代人趕上中國從計劃經濟向市場經濟轉型。楊帆說我們是被犧牲的一代，疾呼要為第三代人討還公道。這一代人，把青春獻給了計劃經濟，人生的黃金時代過去了，卻趕上了並不規範的市場

經濟。青年時被國家扣除的剩餘價值，養老時卻得不到國家制度的承認。這把年紀如果被赤條條地推向市場，怎麼能跟二、三十歲的競爭？當然，需要討還公道的不是第三代人的全部，只是其中無權無勢的那一部分。我看了黑明拍攝的影集《走過青春》，認為最需要引起社會關注的不是知青中的名人，而是那些混得最慘的人。有權勢背景的知青，不論社會怎麼變，他們也是近水樓臺先得月。當然，我也認為，插過隊的，因為早就打消了依賴國家的心理，對市場經濟的適應性大一些，對競爭中的無序和競爭規則的不公正，心理承受力也強一些。是命運，把我們的心磨硬了。

機關風雨

1972年春天進了山西省委調研室，我成了一名25級的小幹部。同時選拔進來的有9個北京知青。聽領導的口氣是試用一年，然後轉正。一開始，不過是幹些抄寫、校對之類的事情。我剛從農村上來，加上才21歲，對機關很不適應，上下樓一步能邁兩三級樓梯，也受到批評。和我一起調來的另一個知青，抽了一包「大前門」，也受到批評，理由是：你這麼年青，要學會艱苦樸素。抽煙「黃金葉」就可以了。

但最大的考驗，還是不是舉止方面的訓練。一塊兒調來的老姜，是67屆高中生，原先有個女朋友，插隊時建立了很深的感情。但女朋友家庭出身有「嚴重」的問題，他向領導作了彙報。領導的答覆是，你考慮吧，是想在這裏幹下去呢，還是不想再這裏幹？老姜只好忍痛和女朋友分手。那種內心的痛苦，恐怕一生也無法消除。

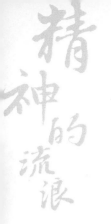

1972年，九個知青進了山西省委調研室

1972年，和同組的王川、尚墨玲在調研室辦公樓前

值得慶幸的是，這個機關雖然是為領導服務，但幹部的整體文化修養較高，主任吳象思想比較開放，在內部不稱官道銜，倡導平等討論研究的氣氛。

調研室裏有一個圖書館，文革前省委、省人委等單位的圖書都搜羅到這裏，文革中內部發行的圖書也有權購買。在整個社會沒有書讀的時代，我卻得到了一個難得的讀書的環境。記得當時內部翻譯出版的麥斯威爾的《中印邊界戰爭》、費正清的《美國與中國》，文學方面的有蘇聯小說《人世間》，後來還有《多雪的冬天》等。這兩部小說雖然在文學史上沒什麼地位，但當時的中國讀者看了卻十分解渴。蘇聯是中國的老大哥，他們的官僚體制是中國的樣板，那邊官場上的種種現象，都使我們感到似曾相識。所不同的是，他們的作家把這些現象寫進了小說，而中國作家卻沒法寫。1957年王蒙、劉賓雁、柳溪等作家才觸及了一點兒，就被打成了右派。於是，再沒有敢於觸及這個體制的痼疾了。讀者只好拿蘇聯的小說當

鏡子，反觀自己。在當時思想文化禁錮的氣氛裏，能守著這麼一個圖書館，隨便看書，也算是一種幸運。

因為是省委圖書館的底子，裏面還有一些黃皮書和灰皮書。文革前，為了反帝反修，內部出版了一批書籍作為反面教材，供領導機關和高級研究部門批判之用。發行量和發行範圍極小，也不講究裝禎設計，按內容性質的不同，書皮分為黃、灰兩種，前者為文藝，後者為政治。出這批書的初衷本不是面向青年學生，但我們那一代青年卻成了最熱心的讀者。其原因是文革初期，禮崩樂壞，級別的限制不復奏效，尤其是經過抄家、搶圖書館等亂世之舉，這些書便流散到民間。有一些高級幹部，自己住了牛棚，也就無法顧及對兒女堅持禁書紀律。我插隊以後，就知道不少知青點裏有黃皮書、灰皮書流傳。這些書起碼比「兩報一刊社論」或八個樣板戲劇本有趣。為找這類「禁書」來讀，我也著實下過不少辛苦。有時聽說哪個村的知青有一本什麼書，往往要跑幾十里路去借，就這也難免空手而歸。如果借到一本，大家馬上排隊傳閱，興奮好幾天。人就是這樣，越是禁果，越想嚐一嚐。禁忌同時意味著誘惑。這種閱讀，雖然饑不擇食，雜亂無章，但接觸了一點國外當代思想文化，畢竟對籠罩著那個時代的精神禁錮產生了懷疑。進入機關以後，從圖書室裏又找到不少灰皮書、黃皮書。我雖然原先的興趣在文學方面，但思想性的書也看了不少，比如德熱拉斯的《新階級》就是在這時看的。當時趕上學習無產階級專政理論，規定的六本書和《列寧選集》我也看了，總覺不如德熱拉斯的書更有思想衝擊力。一個是體制的理論來源，一個是體制的叛逆。當時並不自覺，但因為年青，所以更嚮往新的思想。

70年代中期出版了一套兩卷本的灰皮書《赫魯雪夫回憶錄》，發到省軍級，刪去了其中談到中蘇關係的第18章。我把這本書找來看後，又聽說當時在山西大學外語系讀書的知青朋友梅天手裏有一本原版的《赫魯雪夫回憶錄》，於是請他譯出第18章（有趣的是，他父親在國民黨統治時代也譯過另一種禁書──《鋼鐵是怎樣煉成的》）。須知，這一章當時對省軍級幹部也要保密。後來，不知怎麼，事情還是被單位領導知道了，嚇得梅天出了一身冷汗。所幸我那個單位領導還算開明，主任是後來以農業經濟學家著稱的吳象先生，副主任是哲學家張恩慈先生。他們經歷多次運動，知道事情的嚴重性，於是悄悄地把我們這些偷食禁果的年青人警告了一番，事情就算有驚無險地過去了。要是真遇上一個愛搞階級鬥爭的主兒，讓你去坐大牢也未可知。

在機關裏混，更容易感受官僚體制本身的弊端。別的不說，就是派系爭鬥，就讓人好不心煩。山西文革前就有

90年代末在北京和原調研室的正副主任吳象（右四）、李甫（左五）重聚。

宗派鬥爭，什麼太行太嶽，又和文革中的兩大派糾纏在一起，什麼紅
總站、紅聯站，每一次運動，都觸發派性的衝動，台下的想翻身，臺上
的要整人，我在省委機關待了幾年，這種明爭暗鬥幾乎沒有中止過。

　　我進機關的時候，山西省委掌權的主要領導人是原69軍在山西支
左的謝振華、曹中南。陳永貴雖然也是省委書記，但住在大寨，不怎
麼到省城來。1973年中共召開十大，毛澤東提議政治局裏要進工農
代表，陳永貴成了中央政治局委員，山西政壇開始了新一輪的鬥爭。
調研室的領導被陳視為謝振華的人，所以心理上的對立很嚴重。不
久，陳永貴便假王洪文等人之手，把謝振華打了下去，昔陽大寨在山
西的位置就更加神聖了。在這種氣氛下，調研室一些幹部雖然私下有
議論，但工作上必須努力緊跟，宣傳大寨，總結昔陽。我在這種微妙
的環境裏，也被派到昔陽寫過調查報告，總結那裏生產關係方面的革
命。當時的指導思想當然是窮過渡那一套，不可能有什麼獨立見解。
而且到了昔陽，不允許隨便調查採訪，也見不到社隊兩級幹部，只能
從縣裏要些材料，拼拼湊湊，寫出東西還要送當時為陳永貴執掌輿論
的宋沙蔭審查。當時感受的氣氛正如吳象先生後來在一篇文章說的
「表面上轟轟烈烈，內部卻是萬馬齊喑，誰對誰也不敢隨便說話。」
不過值得一提的是當時在昔陽縣委招待所見過一次被上級派到那裏總
結「大寨經濟學」的吳敬璉，他直言不諱地對大寨經驗提出根本性的
質疑，使我感到新鮮而有震動。現在才知道，吳先生當時開始獨立思
考並不奇怪，他母親鄧季惺是老資格的自由報人，1957被打成右派；
他在五七幹校又與顧准這樣的思想家有過深入的交流，思想當然比我
們開闊得多。

1974年，批林批孔運動開始。上海市委寫作組和北大清華寫作組，口含天憲，一篇接一篇地發表文章，指導運動。各省省委也要仿效，成立了類似的寫作組。當然，這些寫作組大多與上面並無熱線聯繫，不過是照貓畫虎。山西省委寫作組由調研室牽頭，我雖然沒有參加，但因為與調研室一起辦公，所以我也目睹了寫作組的活動。當時，他們最神聖的事情莫過於給《紅旗》雜誌寫文章。看起來很神聖，其實，有如捉迷藏，上方露出一點精神，讓你揣摸著寫，哪有什麼真知卓見可言。

當時山西有過一樁理論公案，叫做「批個性」。其實，不過是當地新聞記者在一篇報導隨意用了這麼個提法，並無微言大義。不知怎麼卻驚動了毛澤東。龍顏大怒，怪罪下來，省委書記就要承擔責任。書記謝振華行武出身，和哲學理論沒有什麼關係。但中央已經點了題，秀才們只好奉命批判。他們的批判武器無非也就是辯證唯物主義歷史唯物主義那幾條，於是上綱上線，把批個性說成是唯心主義加形而上學。秀才們左一稿右一稿，寫得焦頭爛額，到底也沒有交待了中央。其實，這哪是什麼理論問題，本來就是權力鬥爭的一個藉口。此外，寫作組就是照貓畫虎地評法批儒。當時，抽調一批文革中發落到基層的老五屆大學生，其中有幾個和我接觸較多。有一位後來成為研究學術史的知名學者，多年後和我重逢，問我當時看出他有什麼超前的思想沒有，我當面不好說什麼薄面子的話，只能說當時對他不瞭解。但我的判斷是，包括他在內，所有的成員心裏想的都是怎麼跟上毛澤東的步子，能當上御用工具是最大的榮幸，哪裡談得上獨立思考。

　　我因為對地方的寫作組有一點感性認識，所以後來在研究知識份子問題時，曾經對這個問題提出了一些自己的看法。有人認為，學者進入梁效之類的寫作組，是嚴重的歷史污點，和三十年代周作人任偽職，當漢奸相彷彿。我以為，把二者相提並論不甚恰當。因為歷史環境畢竟不同。從整體上說，中國知識份子在抗戰中留下了可以自豪的篇章，就是在淪陷區的知識份子，保持了人格操守的也很多，像周作人那樣的失節者，畢竟是極少數，在當時也為公眾所不恥。在異族入侵時，堅持民族操守，乃是中國知識份子的人格底線。文革畢竟不同於外族入侵，而是內部動亂，是以政權和執政黨名義發動的政治運動。中國知識份子，從五十年代以來，就沒有獨立的空間，與政權的關係成了皮毛關係。為政權的主流意識形態效力，是幾乎所有知識份子躲不開的義務。尤其在歷次政治運動中，你不充當革命動力，就得充當革命對象，二者必居其一，沒有第三種選擇。想要置身局外，可能性微乎其微。當時絕大多數知識份子的苦惱，不是因充當革命動力，傷害了同事和朋友，引起了良心的內疚；而是想充當革命動力沒有資格。在這方面，只有少數過來人，如邵燕祥先生。表現了如實地直面歷史、直面自我的坦率精神，而更多的過來人，提到歷次政治運動，往往只說自己如何「走麥城」，挨批鬥，不提自己當年勇，如何過五關，斬六將。其實，五十年代的作家學者，哪個沒有批判過胡適、胡風、沒有聲討過右派、右傾？文化大革命，包括批林批孔，與以前歷次政治運動並沒有本質的區別。如果說有一點區別，就是站在前臺指揮的江青已經引起了人們心理上的反感，而真正能夠從思想上拒絕真正的決策者──最高領導人毛澤東的，當時又有幾人？寫作

組吸收學者到其中效力，是以政權的名義，以執政黨的名義，並不是以哪個幫派哪個團夥的名義，當時中國的知識份子又都無可選擇地隸屬於所在單位，誰能拒絕以組織名義分派的工作？就算當時有人拒絕了，也不敢直截了當，只能找一點巧妙的藉口。多數人的實際情況是既不想拒絕，也拒絕不了。就是在今天，許多知識者仍然把遞奏摺，當幕僚作為自我發展的終南捷徑，在如何接近權力、投靠權力上傾注了過多的注意力。知識份子應當向社會貢獻自己的才華和智慧，但這種貢獻是從獨立的立場出發還是從依附的立場出發？是一味按圖索驥、投其所好，還是獨立思考、自由表達？這仍然是一個未能解決的大問題。要說從上一代人陷入寫作組的悲劇中可以得出什麼教訓，我想，不是依附於誰才對，而是應當徹底告別那種人身依附心理。

重返校園

1977年國慶日，我和邢小群結婚。邢小群是山西大學中文系75屆畢業生。畢業後哪來哪去，回到她插隊的洪洞縣明姜中學教書。1977年，山西大學中文系把她調了回來。

過了國慶日，我們就從北京出發旅行，從南京到黃山又到杭州、上海、無錫，大約轉了20多天，回到太原，正好趕上報紙上公佈恢復高考。說老實話，我當時也不是特別激動。雖然沒上過大學，但文革上山下鄉的經歷也類似於高爾基說的那種「我的大學」。況且那幾年大學實行工農兵「上管改」，精神上也沒有什麼令人神往之處。但我又決定要考。說到原因，就不能不談談山西1976年到1977年的清查運動。本來，粉碎四人幫是一件好事，從全國的範圍內來看，是結束無休止的人為的階級鬥爭的一個契機。但在山西，所謂「清查四人幫的幫派體系」，卻成為又一次空前殘酷的整人運動。其殘酷程度，和文革初期不相上下。在山

西，四人幫真正的親信其實一個也沒有。這一點，我認為在臺上的陳永貴等人心裏並非不清楚。但在官場上，一有政治運動，就是打擊政治對手的良機。陳永貴一派正好可以趁此機會把文革期間的對立面——傾向於前省委書記謝振華的一派人整下去，於是，和謝振華有牽連的人和事，在山西就成了與四人幫有牽連的人和事。不同程度挨整的幹部有數萬人之多，（《芙蓉》雜誌1998年第6期歐陽青的〈「三上桃峰」與陳永貴〉引了謝振華夫人王煜的話：「因這個冤案受到株連和迫害的山西廣大幹部、群眾竟達三萬之眾」）有的被隔離審查，有的被關進監獄，大會小會圍攻恫嚇更是家常便飯，像著名勞模李順達都不能倖免。知青典型蔡立堅，是省革委會委員，選四屆人大代表時，沒有投王謙的票，也被陳永貴點了名。生孩子還沒滿月，就被關進了學習班。十幾年後，我和蕭復興一起去訪問她，説起這段她還很傷心。有些挨整的人一時想不開，在運動中尋了短見。

1976年，和邢小群在洪洞廣勝寺

當時我工作的單位山西省委調研室，在清查運動中被打成「裴多菲俱樂部」。主任吳象被打成幫派體系骨幹。調研室正副三個主任，分別關在辦公室小樓的三個角上的辦公室裏，日夜看守，不許回家，家屬送飯，也不許見面。整了足足有半年，才發配100里外的五七幹校。調研室被解散，11個幹部確定後期處理，不能留在省直機關工作，吳象名列榜首，我名列榜尾。起因之一，是毛澤東提出學習無產階級專政理論，批判資產階級法權，批判《水滸》時，省委平掉機關的籃球場，蓋了常委辦公樓。調研室一些幹部有意見，就借用當時批《水滸》的語言，貼出大字報，說這是把「聚義廳」變成了「忠義堂」。我當時也是熱心參與者。我在機關裏工作了幾年，耳聞目睹，很容易感受到領導幹部和平民百姓的巨大差別。當時整個社會物質匱乏，高級幹部的特權主要是住小樓，有專車，子女優先推薦進大學。省委書記喜歡上山打獵，或者到電影公司看看被封存的電影片。這些特權之舉放到今天，只是小巫見大巫。但文革的經歷已經使我變成了觀念上的平等派，當時對領導幹部初級階段的特權就十分不滿，於是情緒很容易被批判資產階級法權那一套理論點燃。貼這種大字報，清查中當然成了問題。整個調研室被當作運動重點對象，主要原因還不在這裏，而在文革中的派性鬥爭。陳永貴一派要利用這個運動，徹底打垮謝振華那一派勢力。吳象文革前是《山西日報》總編輯。文革後期，他對江青的不滿時有流露。說他是謝振華的人還有個影子，因為他畢竟是在謝當山西一把手時解放出來的。但把他說成是四人幫的幫派體系，實在冤枉。但運動一來，硬說他在關鍵時刻往省委書記背後插了一刀。本來，我是北京知青，根本不曾介入山西的兩派鬥爭，但

工作組進來整人的時候，童言無忌，說了幾句老實話，就被視為干擾了鬥爭大方向，列入黑名單，要發配到郊區公社。

我當時剛結婚，妻子好不容易從洪洞縣調回山西大學中文系，如果我再被趕出太原，豈不又成了牛郎織女？於是，我就要求考大學。但是，按當時的招生條件，我恰好不符合。當時招生要求25歲以下，也就是說1952年以後出生，未婚；我是1951年出生，剛剛結婚。又規定66、67屆高中畢業生可以報考，婚否不限，我雖然是67屆，卻是初中畢業生。好在還有一條，有特長的經過批准可以報考。我就以自己在報刊上發表的文章為據，要求按這一條報考。進駐調研室的工作組開始不同意，後來說可以拿上材料到區招生辦認定。區招生辦對省裏的政治鬥爭也不瞭解，就認定了我的報考資格。

允許報考只是第一步。還要溫習功課。語文、政治、史地三門好辦，但文科也得考數學。初三以上的數學我根本沒學過。本來剛恢復考試那一年的題並不難。我本想找兩個也參加考試的朋友學一學。這兩個朋友一是調研室同事姜斯棟，文革時在北京四中上到高二，二是同村插隊的王國全，不但自學過高中課程，還上過了二年中專。本來，如果考試前有一個月時間向他們二位學學解析幾何、三角函數，我也不至於短一條腿。我自信對數學的悟性還不算差，小學時參加數學競賽還得過獎。可是因為當時在政治上已經被打入另冊，一定要趕下鄉去，到交城縣當工作隊員。工作隊的負責人楊型淮是調研室的同事，也是當時政治上被打入另冊之人。他同情我，說，村裏的事你不必管，專心復習即可。語文、政治、史地我沒什麼好溫的，唯獨數學，自己怎麼看也弄不明白。但在鄉下又不可能找人求教。臨到考試

前一星期，我不管三七二十一，趕回太
原，與姜、王二人學了幾天高中數學。
臨陣磨槍，似是而非，結果數學只得了
44分。那一年，考得好的普遍是66、
67屆高中生，於是限制綜合院校只許
招收15%的66、67屆，其餘85%，要
招25歲以內的考生。這樣。錄取時就
成了兩條分數線，66、67屆考生要比
25歲以下的考生多40分。才能進入綜
合大學。我雖然不是66、67屆高中畢
業生，但因為超過25歲，也按這類考
生對待，雖然平均74.75分，險些沒有
被山西大學錄取。還好妻子已經調到山
西大學，託了招生的熊老師關照，才被
錄取。而那年山西大學的一般錄取線，
不過65分而已。盧叔寧在沁縣也參加
了高考，平均77分，山西大學數學系
還沒有錄取，最後上了個晉東南師專。
所以，恢復高考並非分數面前人人平
等，只不過邁出了走向公平競爭的第一
步。當時，分數很高，因為父母問題刷
下來的事情也有。我雖然在調研室被打
入另冊，但沒有結論，也沒有材料進檔
案，所以一上學，就被內定為班長。

1980年，和邢小群、丁丁在山西大學校園

和歷史系同班同學在太原郊遊

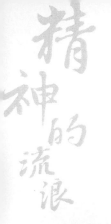

和歷史系同班同學遊蘆牙山

和歷史系同班同學在歷山舜王坪

大概是1980年招生結束之後，我從報紙上看到過一個説法，説是80級考生的質量比前幾屆高。我當時雖然還沒畢業，但對這種説法很不以為然。大約以80級高考為界，考生的年齡限制到25周歲，考生來源向應屆高中生傾斜。這種政策延續了幾年之後，大學本科生幾乎就成了應屆高中生的天下了。即使有一部分往屆高中生，也鮮有社會實踐的經歷，而是高考落榜後再復讀考上大學的。這樣，高考格局回到了文革以前。文革中不讓應屆高中生考大學當然不對，以推薦取代考試更是荒謬。然而，80年代以來，為保證提高應屆高中生的升學比例，用政策把年齡稍大而有社會經驗的青年拒於高校大門之外，就一定高明麼？回想我們考大學的時候，雖然題很簡單，但文化基礎好的考生終能顯出優勢。如今考題難得多了，我這個歷史專業畢業生答歷史高考試卷也未見得能及格。許多應屆高中生已經被訓練成了應付高考的機器人。然而進了大學，教師卻大為失望。幾乎所有的

大學教師都公認77、78兩級學生，或許還應當加上79級，其整體質量之高不但是空前的，而且是絕後的。社會上也有這種看法。其原因就是以後的大學生裏有社會工作閱歷的越來越少。雖然從眼前考慮，緩解了千軍萬馬過獨木橋的高考壓力，但就教育的效果而言，77、78級學生的輝煌已經永遠不再。

我自己是過來人，我知道70年代末上大學的時候，並不見得教師水平有多高。我學的是文科，當時正值思想解放之初，大部分教師的觀念都還沒有從教條主義的陰影中走出來。教師滿足不了學生求知的渴望，甚至被學生哄下講臺的事情，時有發生。我們班的同學還不算刺兒頭，也把一個隻會照本宣科的教師趕下了講臺。我們系78級更厲害。有一個政治經濟學教師，把學生當孩子哄，說，你們別以為現在西方國家自由，工人要敢罷工、遊行，資本家早就拿機槍把你「突突」了。於是，學生們就給這位教師起了綽號，叫「突突」。這種想當然的猜測，從意識形態宣傳裏搬來的老調，遇上這幾屆在文革中有了豐富閱歷的學生，的確是太不相稱了。所以，就文科而言，這幾屆學生中有相當大一部分，與其說是從老師那裏學到了什麼，不如說是從對老師的懷疑中學到了什麼，不如說是通過上學，得到了一個文憑，找到了一個進入幹部行列的機關。而我，當時主要的動機是避難。到大學三年級的時候，已經開了十一屆三中全會，省委通知我回去落實政策，宣佈前省委書記關於我們11個人不能留在省級機關工作的批示無效。這樣，我才告別了人生路上又一道陰影。

今天大學教師往往抱怨學生太幼稚，難以開發。而77、78屆學生中的大部分，都有或長或短的社會經驗，這很容易形成獨立思考的氛

圍，在當時思想解放的社會大潮中，大學生成為最引人注目的群體。同學之間互相影響、互相啟發，互相砥礪，其意義甚至超過課堂教學。最明顯的是人文領域，不管是名牌大學還是邊遠院校，77、78級裏都有一些出類拔萃者，在校時就拿出了國內一流的創造——文藝作品和學術論文。現在回憶老北大，都談到學生社團如何活躍，校方鼓勵學生探索，教授如何保護學生。而我在山西大學的時候，得到的完全是相反的感受。

我上學那幾年，正趕上思想解放的大潮初起。因為年年都有寒暑假，一放假就要回北京看母親。北京是全國的思想文化中心，所以，總要接觸一些新的資訊。詩人趙振開和我家住一個院子，從小就認識。當時他們兄弟兩正在辦《今天》。我參加過一次活動，那是1980年春節前後，正好《詩刊》舉辦首期青春筆會，所以今天的聚會不但有北京的文學青年，外地的徐敬亞、舒婷等也去了。那次，是在趙振開的主持下，由一位作者朗誦自己的小說，朗誦並不成功，但這種自發的民間活動，還是讓我感到一種活力。

感受了北京的氣息，不免也想觸動自己學校的一潭死水。於是，山西大學的同學辦學生刊物時，我便積極地參與了。我前後參與過三個報刊，一個是中文系同學陶文實主編的《春天》，一個是哲學系同學賈秀文主編的《視野》，一個是歷史系同學史福禎主編的《學生報》。就文化品味而言，《視野》較有獨立思想，涉及了異化的討論，最後趕上了倒春寒，整得最慘。《視野》明明是學生會主辦的刊物，上頭對一些文章有了看法，學校就說成是打著合法外衣的非法刊物。合法外衣是隨便能披上的麼？賈秀文原本是學生會學習部部長，

他是為了給同學創造一個園地，才犧牲自己的課餘時間辦刊物的，但
最後他竟因此不能畢業分配，兩年後來才被弄到呂梁山區一個小縣城
裏上了班。賈秀文畢業時已經結婚，妻子孩子都在太原，卻硬把他趕
出太原，與家人分居兩地。直到八十年代中期，才調回太原市。後來
只好下海，從事他並不擅長的商業活動。他本來思想敏銳，文思泉
湧，硬是被生活的磨難阻塞了思路。如果不是這些磨難，不知他該寫
出多少本書了！

　　最近幾年，讀了一些關於當年北大清華的書，那時，對於教授和
學校來說，保護學生都是天經地義的責任。蔡元培校長的故事就不用
再講。並不親共的馮友蘭教授，見到當局要抓革命學生姚依林，也給
他提供藏身之地。可我所經歷的80年代初的山西大學卻不是這樣。上
頭一有風吹草動，校方就拿學生和學生刊物祭刀，教授們也沒有一個
能夠站出來說句公道話。所以，說1981年的山西大學，還比不上1918
年的北京大學，一點兒也不為過。

　　曾經看到翁寒松的一篇文章，提出一個令人難忘的觀點，大意是
說，不要對77、78級大學生評價過高。這幾級學生裏，出了幾個對
人類文明有重大貢獻的科學家、思想家、藝術家？又出了多少卡列寧
式的官僚？話雖問得激憤，卻點破了一個不容迴避的事實。當然，在
原體制下，教育是國家行為，大學的首要功能就是為國家機器輸送幹
部。在官本位的社會格局中，在現實的利益導向中，人願意當官是必
然的。中國的改革，是自上而下進行的，照顧官員階層的特殊利益，
一直是一條若隱若顯的決策思路。現在一些城市下崗工人生活再苦，
官員照樣公款吃喝玩樂。如果哪個地方民間有一部分人先富起來，

絕對少不了當地官員的好處。社會的公共空間發展不起來，科學家、藝術家、企業家活得都很累，人們當然願意到官場裏尋求發展，官員隊伍當然越來越膨脹。我的大學同學，一多半到了政界，他們都在一門心思循著仕途登龍門。這不是個人思想境界問題，而是社會的利益導向使然。如果把思路再放大一些，整個人類文明都將與官僚主義相伴，即使實現專制向民主、人治向法治的轉型，也不能完全消滅官僚主義，只不過能夠把官僚主義限制在人們可以忍受的程度而已。官總是要有的，沒有官就成了無政府狀態。但官員人數不能太多，多到百姓不堪重負，貪到百姓不堪忍受的地步，社會就很難保持穩定了！

編輯往事

1985年，我做出了一個常人不可理喻的選擇，離開省委機關，調到山西社會科學院的《晉陽學刊》當編輯。原因之一，是覺得每天奉命起草公文實在乏味。社科院不坐班，比較合乎我的性格。這種性格，只能說是一種對自由的嚮往，還談不上自由主義的自覺。當時中國已經興起了文化熱。太原偏居一隅，即便是學界，也只能充當旁觀者，很難接近漩渦的中心。不過，文化熱中的一些活動，已經波及到山西社科院。比如當時中國文化書院和其他一些團體組織的收費的文化講習班，研討班，我參加過兩次，一次在北京，一次在青島，還是感受到思想的激蕩。這種民間講習班的價值取向，與黨政機關裏的氣氛，已經有了明顯的區別。

民間流傳過一個順口溜：不到北京，不知道自己官小；不到廣東，不知道自己錢少；不到海南，不知道自己身體不好；不到山西，不知道自己馬列主義水平不高。山西

1986年到青島參加文化講習班時留影

和《晉陽學刊》編輯部同事顧全芳（左一）、李茂盛（左二）在臨汾

的特點，在山西社會科學院當然也不例外。其實他們所掌握的馬列，也不過是毛澤東晚年提倡的六本書裏那些東西。

山西社會科學院雖然是一個學術單位，但主導的氣氛卻接近官場而疏遠民間。我剛調去不久，就發生一件事，編輯部裏有兩位同事到北京參加了中國文化書院的講習班，在北京就大反潮流，批評講習班不講馬列，讓其他與會者目瞪口呆。他們回來又撰寫文章，捍衛馬克思主義文化觀的獨尊地位，批判杜維明等海外新儒家。就我個人的感覺，杜維明的觀點雖然新鮮，但並不完全贊同。本來，新儒家作為一家之言，一派之見，可以討論，也可以商榷。但編輯部裏兩位同事寫出來的文章，卻沒有學術討論的起碼風度，其調門和文革中的大批判文章幾乎同出一爐，從頭至尾指斥人家如何違反馬列。當時的主編是高增德先生，他覺得在《晉陽學刊》登出這樣粗暴的批判文章實在丟人，於是拒絕。這就引起了編輯部內的矛盾，而且越來越深。直到1987年初，終於爆發。

　　爆發的原因還得追溯到《讀書》雜誌1986年發表的一篇王若水談馬克思主義是一個學派的文章。當時在山西省委黨校工作的梁中堂也寫了一篇文章，與之商榷，大意是說，馬克思主義不只是一個學派，還是指導思想。這篇文章投到《晉陽學刊》，於1987年第1期刊出。本來，這是一篇維護主流的文章。但那位對高增德有意見的編輯硬是要借此發難，說有嚴重政治錯誤，與資產階級自由化唱一個調子，告到院長那裏。院長本來就嫌高增德對他不買賬，於是決定趁機把他整治一下。當下通知編輯部全體人員開會，要求人人表態，統一思想。我感到很滑稽：這不是大水沖了龍王廟，賈府往焦大嘴裏塞馬糞？

　　這種表態和批判雖然和文革期間的運動同樣無聊，但你只要在這裏掙工資，就沒有不參加的權利。雖然我從內心對打棍子的一方極其厭惡，但發言的時候還得從他們奉行的話語規則中選擇措辭，曲折地表明自己的傾向。然而，一言堂的規則實際上就是沒有規則。《晉陽學刊》這邊正在奉院長之命，批判梁中堂的文章，那邊北京的《文摘報》卻摘登了這篇文章。按常理，《文摘報》是《光明日報》主辦的全國性報紙，人家可以肯定，這邊還沒有拒絕批判的權利麼？但山西社會科學院的領導不是這個邏輯。他的邏輯是：我不管《文摘報》摘不摘，反正在院裏我說了算，我認為有問題就是有問題，於是讓大家繼續表態。我感到實在彆扭，於是找了個藉口，母親身體不好，請假回去探望，一走了之。

　　這件事的了結也很有意思。梁中堂找到省委書記告狀。正好中央精神有了變化。省委書記讓人找院長打招呼，院長只好改口說，這是學術問題。這下子雙方都不滿意。那邊是沒達到整人的目的，覺得被

領導涮了。這邊則暗地裏罵開了，早說是學術問題，憑什麼強迫我表態。

　　山西社會科學院裏的滑稽事還有很多。90年代初，在反和平演變的聲浪裏，還發生過一起「批判第三代馬克思主義」的風波。起因是編輯部裏有一位哲學編輯，寫了一篇文章，提出第三代馬克思主義的思維方式是系統思維。他的見解不論有無價值，本是一家之言。但我院領導卻組織人寫出洋洋萬言的長文，指名道姓地把這篇文章當作資產階級自由化的靶子來轟擊。先是要在《晉陽學刊》發，編輯們軟磨硬頂沒發成。作者又投到《求是》，結果不點名地發了出來。他們正在彈冠相慶之時，想不到副省長烏傑卻來過問此事。原來，這位烏傑不但有濃厚的理論興趣，而且多年以前就有論述系統思維的專著問世。院裏本來是想拿《晉陽學刊》的哲學編輯開刀，沒想到引起了烏傑的不滿。烏傑看到《求是》上注明文章作者是山西社會科學院，於是把院長和作者叫去，追問《求是》上的文章是怎麼回事。他們忙解釋說，我們要批判的是社科院的某某某，不是衝您去的，早知道您有這個觀點，我們就不寫了。他們原來貌似氣壯如牛，現在一下子成了軟蛋。其實他們哪有什麼學理信念，不過是欺軟怕硬，意在整人罷了。但烏傑副省長不依不饒。他的父親是已故國家領導人，才不把《求是》放在眼裏。於是一面要求在《求是》上刊登反批評文章，一面在北京接受記者採訪，聯繫中國幾十年的實際，把反對系統思維的觀點狠狠地嘲笑了一通！批判「第三代馬克思主義」的鬧劇才算不了了之。

在山西社會科學院，這種讓人哭笑不得的事情每年都會發生。當然，這也不是山西社會科學院的特產。與餘波至今不息的批判人道主義和異化的理論公案相比，這不過小巫見大巫罷了。學術一旦進入官場，就談不上學理的高低真偽，誰官大，真理就掌握在誰的手裏！

思想操練

眼見這一幕又一幕以學術名義發生的鬧劇，我不能不重新清理思路。這時已經進入了1990年代。經過清理，我的思想越來越清楚，只能是徹底告別一元的真理觀，堅決走向自由主義。

在太原，自由思想的天地很小。好在結識了幾個喜歡關心大事、思考問題、氣味相投的朋友，互相切磋，思想才不至於停滯不前。

朋友之一是《晉陽學刊》的主編高增德。他年長我20歲，相識時是我的領導，但我們之間的關係卻是平等的朋友關係。高先生行伍出身，沒有完整的學歷，卻鍾情於真正的學術文化。他原來傾心於馬克思主義，不過他的馬克思主義觀比較開放。後來，他走出了唯馬首是瞻的思路，皈依了自由主義。其原因一是性格裏獨立性太多，所以幾乎每次運動都不漏網，從三反五反、批胡風、批右傾，到文革把他打成小鄧拓，再到反精神污染，回回都要把他捎上，一次又一

次運動終於讓他大徹大悟：不是歪嘴和尚把經唸歪了，而是只唸一本經本身就有問題，經本身也有問題。二是他一直進行著中國現代學術史方面的研究。他主編了一套二十卷本的《中國現代社會科學家傳略》，出到一半，出版社毀約，他又主編了一本三百萬字的《中國現代社會科學家大辭典》，並就二十世紀中國社會人文科學的淵源、流派、師承、文化環境諸問題寫了許多文章。他積累資料功夫甚勤，他的書房，就是一座二十世紀中國學者的資料庫。面對群星燦爛的諸子百家，他自然要從獨尊一個學派、一種思想的框框裏走出來。

從高先生那裏，我汲取的主要是道義上的力量，獲得的是人格和資料的支援。而思想上的激發碰撞，則來自比我年青的朋友。

朋友之二，是比我年青10歲的謝泳。我和謝泳相識於八十年代中期，當時他才20歲出頭。他畢業於晉中師範專科學校外語系，最初任學報編輯，熱衷於當代文學批評。1985年山西省作

前排左起丁東、高增德、智效民，後排左起馬鬥全、謝泳、趙誠、傅書華

協創辦《批評家》雜誌，把他從榆次調來當編輯。我那時也寫一點評論文章，很快和他成為朋友。他雖然以評論文學為業，閱讀面卻十分廣泛，自費訂閱了幾十種雜誌，既有關於社會科學的，也有關於自然科學的，還有其他邊緣學科雜誌。不久，他便在報告文學評論露頭角。他的評論，不喜歡就事論事，而總力圖從宏觀上概括文化的趨勢，提出標新立異而又切中時弊的理念，並且由報告文學的研究，進入了中國知識份子問題。

和高增德、向繼東合影

　　進入90年代以後，中國的文學創作從整體上遠離了社會關懷。謝泳卻是一個具有強烈社會關懷的人，自然對文學評論失去了興趣。於是他集中地思考中國知識份子問題，而入口就是在文革時已經去世的儲安平先生。在70年代末大規模平反冤假錯案時，儲安平是為了證明反右必要性而未改正的極少數右派之一。他在1947年提出的自由現在是多與少，將來是有和無的觀點，具有驚人的先見之明。於是，謝泳對儲

安平這個知識份子的個案給以格外的關注，從他1957年的遭遇，追尋到《觀察》雜誌的輝煌，進而追尋到當年自由主義知識份子的精神傳統，追尋到當年北大、清華和西南聯大的自由主義教育傳統和思想傳統。這種研究，又輻射到整個20世紀的中國知識份子的命運。

重新認同自由主義，成為中國知識份子在90年代的一大思想走勢。在這個走勢中，謝泳對本世紀上半葉中國自由知識份子的思想資源和人格遺產的鉤沉和梳理，具有獨特的意義。在共和國建立之初，自由主義便失去了生存空間，從那以後進入社會的知識份子，對自由主義的傳統不可能具有感性認識。而在共和國成立以前進入社會的知識份子，現在年事已高，最年青的也將近古稀之年。與這個傳統重新接榫，就成為世紀末的一項艱難的工程。我見到李慎之先生，他為自由主義後繼無人而發出一聲長長的浩歎。而今天，自由主義的聲音已經不再孤獨。其中，自有謝泳的一份貢獻。

謝泳的選擇，和他的身世有密切的關係。他父親是一個不知名的右派，在他3歲時就含冤而逝，守寡的母親艱難地把他帶大。家庭的遭遇成為他追問歷史的心理動力。他好讀書，卻絕無迂腐的學究之氣。以他的年齡和經歷，研究比他年長一代甚至幾代的知識份子，走進他們的內心世界，難度相當大。加上他地處資訊並不發達、學術氣氛並不濃郁的太原，難度就更大。為了從事研究，掌握第一手資料，他一方面大量買書，遇到現代學者的日記、書信、文集，他都毫不猶豫，立即解囊，成套購買；另一方面，他想方設法與當事人、知情人和家屬建立聯繫，為此跑了許多地方，寫了無數的書信。這些年，他的文章發了不少，但掙了一點稿費差不多都貼了進去。加上他的妻子

前幾年一直沒有穩定的工作，所以家庭生活一直很拮据。他所在的山西省作協的作家們早就換了「筆」，我也多次建議他買一台電腦，他卻推説使不慣，其實我知道，還是拿不出幾千塊錢來。直到1999年江西教育出版社約他寫書，預支了一筆稿費，他才買了電腦，實現了換筆。

謝泳明確地宣佈，我不是一個為學術而學術的人。他是這麼説的，也是這麼做的。我無意貶低為學術而學術。如果在50年代到70年代，哪個中國知識份子能夠做到不顧政治壓力，堅持為學術而學術，也令人肅然起敬。而今天的中國，為學術而學術畢竟不再成為對知識份子的嚴峻考驗。誰能夠兩耳不聞窗外事，埋頭書齋做學問，我想不會再有人找他的麻煩。對於知識份子來説，難度大的還是密切地關懷社會，發出自己獨立的聲音。因其難，做出這樣選擇的知識份子就比較少。如果把為學術而學術者稱為專業知識分子，把為人生、為社會而學術的知識份子稱為公共知識份子，那麼現在缺少的就是公共知識份子，也就是儲安平型的知識份子。謝泳是決計要作這種選擇的。

我和謝泳有不少共同的興趣。1993年曾就楊健所著《文化大革命中的地下文學》作了一次對話。當時，我們把文革中地下文學的思想取向作了初步歸納，大致區別為人文主義、科學主義、理想主義、頹廢主義。進而以民間的眼光，對中國1949年以來的文學重新加以審視。目光一調整，就會產生許多全新的提法。一些官修文學史所看重的作品，可能變得黯然失色；一些官修文學史排不上的作品，又可能光彩奪目。有人問我，史達林時代結束之後，蘇聯「出土」了幾十部當年無法見天日的地下文學作品。中國文革結束以來，好像沒有出土什麼。思想界有顧准「出土」，文學界有什麼「出土」？我的

想法是，由於國情不同，兩國知識份子的傳統不同，中國「出土」的文學作品是少一些。但少是少，並不等於零。只是評論界歷史眼光不夠，對「出土」的作品缺乏到位的評價。比如余易木，1962年8月寫一個短篇小說〈春雪〉，1963年4月到1965年4月寫過一部中篇小說叫〈初戀的回聲〉，主人公都是右派，故事的主體雖然都是淒婉的愛情，但無不在展示主人公美好心靈的壓抑。作品流露的價值傾向，還原到1960年代初的文化環境中考察，乃是很不尋常的異端。而且同樣可貴的是，小說藝術上極為嫻熟，不但與60年代的「名作」相比高出一籌，與80年代的佳作相比，也毫不遜色。80年代初，兩篇小說經張守仁、侯琪之手，從《十月》發出。由於混在「傷痕文學」的大潮裏，雖然讀者也都覺得不錯，但並沒有一個評論家指出創作於60年代這兩部作品與70年代末流行的「傷痕文學」意義有何不同。「傷痕文學」的熱鬧勁兒過去了，余易木也就被文壇淡忘了。張守仁告訴我，余易木真名叫徐福堂，畢業於清華大學機械系，57年被打成右派，發落到青海勞改，後在省物資局所屬的機械修配廠供職。他學的是工科，但文學素養很深，外語也很好。他翻譯的外國文學作品水平很高，雖然沒有出版，但朋友看了十分折服。當初，他把小說投來的時候，要求編輯一字不改。張先生等編輯尊重作者的意願，這就使發表的文本保持了60年代的原貌。余易木前幾年已經去世，但手裏還有一部當年寫作的長篇小說，至今沒有「出土」。

謝泳和我共識很多。他也致力於重建知識份子的民間立場。後來，我和謝泳的討論，又請高增德先生參與進來，並把討論的範圍越出文學，擴大到思想文化界，擴大到整個20世紀的中國知識份子。謝

泳手快，我們三個人對話的錄音交到他手，一晚上就能整出初稿。我再錄入電腦，推敲一番，便可成文。

我們三人第一次對話談的是王蒙。當時中國文壇上「二王之爭」烽煙初起。我把整理好的討論稿給了當時擔任《東方》副主編的朱正琳，他頗感興趣，不到兩個月登了出來。登出來以後，引發了更多的反饋。從此我們的討論便一發不可收拾。對知識份子問題同樣有興趣的智效民、趙誠、賈秀文間或也參加了討論。我們覺得，這個問題，一旦鑽進去，就發現可說的事情太多，說也說不完。大約從1994年開始，我們在號稱「速朽齋」的高先生書房裏，作三人談。一開始是即興的，後來做了一個初步規劃，把二十世紀中國知識份子分成幾代。謝泳提出，十年為一代，從1890年到十九世紀末為一代，1900年到1909年為一代，依此類推。這樣，即可研究個體的差異，也可研究代與代的不同特色，不同命運。比如，把陳寅恪、梁漱溟、郭沫若、馮友蘭、楊獻珍放在一起比較，把夏衍、冰心、巴金、蕭乾、曹禺放在一起比較，都是這種思路的嘗試。

趙誠是另一個對我思想上有啟發的朋友。他比我小一歲，經歷很坎坷。早在文革中他就研究德熱拉斯，後來研究哈耶克。對於我們這一代人來說，從德熱拉斯到哈耶克的跨越，十分重要。這是兩種不同的學理資源。前者是舊理想的反叛者，後者卻可以把我們引向一片自由主義的新大陸。前者難免導向不斷革命論，後者卻可以導向一條和平漸進的和人類文明接軌的思路。

趙誠還和我討論過一個重要問題，就是中國鄉村紳士階層的消失。他認為，在中國古代，國家政權只到縣一級，鄉以下基本上是自

治，鄉村社會的骨幹是紳士階層。在紳士階層中，欺壓農民，民憤極大的，只是少數，黃世仁那樣的在紳士中也為大家所不齒。紳士在籌辦公益事業，發展教育，維繫治安和道德方面，主要作用也是積極的。經過土改，紳士在農村的社會中堅地位為痞子所代替，導致整個農村文明的下沉。文革其實不是一次，而是三次：第一次對象是鄉村紳士，第二次對象是自由知識份子，第三次才是黨內民主派。趙誠雖然好學深思，卻很少動筆。偶爾寫一點文章，則頗見深度。1997年初查出肺癌，作了切除手術。他當時才四十幾歲，卻遭遇此種不幸。他的妻子怕他累著，讓他在家調養。我則認為，人的體質健康，和精神狀態有密切關係。人有抱負，不得施展，也會積鬱成心病。

　　2000年，我參與策劃一本名為《國際融資》的月刊，缺少國際問題專家，於是請趙誠來幫忙。當時，山東畫報出版社《老照片》叢書的編輯馮克力、張傑來北京組稿。我兼著《老照片》的特約編輯，三人一起商量選題。我說不久前在網上看到一篇介紹黃萬里的文章，感觸很深。馮克力也知道黃萬里其人，他提議，如果能和黃萬里聯繫上，我們不妨在《老照片》上介紹一下他的故事。黃萬里先生是清華大學水利系教授。因為自己平素涉及的領域多在文史方面，和水利不搭界，覺得克力的提議雖好，卻不知如何才能與黃萬里先生聯繫。思來想去，還是得求助於李銳老。他曾是新中國水電事業的掌門人，在三峽問題上與黃萬里同氣相求，可能有黃的聯繫方法。我給李銳老打了一個電話。他說，認識黃萬里，但手頭沒有他家的電話號碼。但他告訴我另外一個朋友的電話。經與那位朋友諮詢，我們便撥通了黃老的電話。黃老聽說想要拜訪他的客人來自山東，十分高興。原來，黃

老的夫人丁玉雋是山東人。當下約定，第二天上午到他家見面。當時趙誠正好在我旁邊。知道我和馮克力、張傑要去拜訪黃萬里先生，願與我們同行。於是，四人一起打的，來到清華大學九公寓黃萬里家。

和趙誠、馮克力採訪黃萬里後合影

　　黃老當時已經89歲，但精神很好。稍事寒宣，便進入正題，與我們談起他的水利思想。他從黃河的特徵談起，他說，人們因黃河挾帶泥沙而認為它是害河，其實，黃河是一條好河，正是這些泥沙衝擊成了黃河三角洲平原，成為中國最大的三角洲，比長江三角洲、珠江三角洲都大。這片大平原，養育著幾億中國人口。他說，「黃河清，聖人出」的想法不符合自然規律，是荒唐的。我過去知道三門峽工程是新中國建設史上最大的敗筆之一。但黃老對黃河的分析仍然讓我眼界大開。我忽然醒悟，河流也是有生命的，而黃老學說的高明之處，正在於他能把河流當做活的生命來尊重。那天，他從黃河談到長江，又談到雅魯藏布江，談到他給

中央領導人的上書，談到有領導人委託人給他回話。我還問他，您被打成右派以後，父親黃炎培有什麼看法。他說，他同情我，但無可奈何。黃老興致勃勃地侃侃而談，兩個多小時仍然意猶未盡。可惜那天我們誰也沒帶答錄機。馮克力、張傑忙著翻拍黃家相冊上的老照片。只有趙誠臨時作了一些筆記。告別黃老以後，四人商量，這個專題怎麼做？照片沒有問題。黃老一生都留下了十分精彩的照片。趙誠自報奮勇，文章由他執筆。和黃老提供的照片相配，就是當年9月刊登於《老照片》十五輯上的〈但教莫絕廣陵散〉。

文章發表後，社會反響十分強烈。多位讀者投書，對黃老的精神表示崇高的敬意。張承甫、鮑慧蓀兩位老人專門寄來七律，以詩概括黃老的人格風範：「情繫江河早獻身，不求依附但求真。審題拒絕一邊倒，治學追求萬里巡。為有良知吞豹膽，全憑正氣犯龍鱗。誰知貶謫崎嶇路，多少提頭直諫人！」後來，《老照片》發過一次讀者問卷，徵求讀者對以往各輯內容的意見，表示喜歡這篇文章的讀者高居榜首。

黃老本人讀到趙誠的文章也頗為滿意。當時，雖然專業圈內知道黃老不尋常的學術造詣和坎坷命運，但公眾當中，他的名字卻鮮為人知。水利學界實際學術地位不如他的，有人成了院士，經常在媒體上拋頭露面，被青少年當作科學偶像崇拜，而他這位真正科學良知的代表，卻在中國公開的書籍報刊上，鮮有介紹。他晚年的著作，也沒有機會公開出版。趙誠所撰的〈但教莫絕廣陵散〉，雖然篇幅不長，卻基本上概括了黃老生平的亮點。黃老臨終前，三個同事和學生給他編文集，自費印刷，黃老欣然同意將此文作為附錄收入其中。

　　當時，我已經介入口述史學活動。曾向趙誠建議，你的文章發表後，黃老對你很信任，你不妨與黃老商量，找他錄音訪問，幫他作口述史。趙誠也同意這個設想。為此，他徵求了黃老的意見。但黃老說，我不想做口述史，我可以自己寫回憶錄！

　　然而，沒過多久，黃老前列腺癌發作，身體狀況急轉直下。2001年夏天，清華大學主辦活動，慶祝他的90大壽。他躺在醫院的病床上，已經不能親自出席。趙誠從山西趕來，到病床前，與黃老見了最後一面。2001年8月26日，黃萬里與世長辭。

　　不久，馮克力又到北京組稿，和我商量，能否組織一本《黃萬里傳》。我覺得此議甚佳，於是和他商量，請趙誠撰寫。趙誠樂意擔此重任。不久又來北京，向黃老的家屬表達立傳的願望，得到黃家全力支持。他們把黃老的日記、詩詞、書信、一些未曾發表的手稿和照片都借給趙誠參考，以便他完成此傳。但他擔心，在水利方面是外行，生怕在專業上出現紕漏。馮克力本來希望趙誠用一年的時間完成這本傳記。趙誠十分慎重，前後寫了兩年多。其間，他跋山涉水，到北京、四川、湖南等地，尋訪黃萬里的生前友好和同事學生，下了一番艱苦的調查研究功夫。有的訪問對象，年事已高，接受採訪不久，便駕鶴西去。這種調查工作，本來是傳記寫作必不可少的功夫。但對於趙誠來說，卻是一個考驗。趙誠切了一葉肺，又經歷了數次化療，爬樓都很吃力，走南闖北就更不容易了。但他懷著對黃老的敬意，還是盡可能地搜尋第一手資料，使傳記的內容更加豐滿。他的妻子于軍是個大夫，本來不願意讓趙誠自討苦吃，怕他把身體累壞。但對趙誠來說，為黃老作傳，也是他一展才學的機會。所以，他把寫書看得比身體更重要。

書寫成了，出版並不順利。山東畫報出版社和他簽了合同，看了稿子卻不願履約。又找了幾家出版社，也不敢拍板。對於一般人來說，這點周折倒也罷了。對於趙誠來說，這個現實未免殘酷。2004年4月，出版家劉碩良要來北京辦文化公司。他問我有什麼選題。我介紹了趙誠這部稿子。正好他在自己主編的《人與自然》雜誌上也發了介紹黃萬里的文章，對黃萬里的價值十分清楚。於是，他欣然接受了趙誠的書稿，安排成他所策劃的「背影叢書」的第一種。經過精心打磨設計，終於在2004年7月將此書以《長河孤旅——黃萬里九十年人生滄桑》的書名由長江文藝出版社推出，並舉行了隆重的新書發表會，李銳老等黃萬里生前友好、黃萬里的侄子全國政協副主席黃孟復、黃萬里的女婿中科院院士楊樂等多位黃家親屬都到場支持，輿論界好評如潮。這是對黃老的最好安慰，也是對趙誠的最好安慰。

再一個朋友是智效民。他和我是山西社科院的同事，又是多年的對門鄰

《長河孤旅》首發式

居。1989年初，我們先後搬進山西社會科學院宿舍。他家7號，我家8號。我們是同一代人，都當過知青。他長我5歲，文革前就下了鄉，是比我更老的老知青。當時，他在山西社科院歷史研究所，我在《晉陽學刊》當編輯。他寫了一篇反思中國近代知識份子的文章投給我，我發不出來。那時，我們都處於學術上的失語狀態，每天只好下圍棋打發時光。也記不住和他下過多少盤棋了，反正不是一個小數字。這樣的日子大約持續了兩年。後來，我被調出《晉陽學刊》，他又成了《晉陽學刊》的編輯。但他進來的時候，這份在80年代頗有生氣的學術雜誌，早已變得很無聊了。於是，他在應付編輯工作之餘，開始了思想隨筆的寫作。

如今，在一些研究院所和高等院校，隨筆的學術價值是不被承認的，哪怕學術隨筆也不行。好在山西社科院對科研成果的統計還比較寬泛，還承認隨筆也算科研成果。但也是以專著、論文和研究報告為正宗，隨筆是難以列入所謂「課題」的。原先，老智在歷史研究所也曾承擔過課題。撰寫那些別人安排的課題，讓他精神上苦不堪言。因為這些課題沒有獨立思考的空間，更談不上自由之精神。課題的經費，來自政府部門，雖然也是納稅人的錢，但課題的設計往往有很強的部門色彩。在人文、社會科學領域，所謂課題，別看有的列入國家級項目，有的列入省部級項目，其學術價值非常可疑。表達形式也是取悅於領導部門和評審機構，而根本無視讀者的興趣。相當多的一批課題是毫無學術價值的垃圾，根本沒人要看，甚至前腳出了印刷廠，後腳又進了造紙廠。參加不參加這種無聊的遊戲，就成為許多在體制內供職的學者的兩難選擇。參加了，就可以支配經費，獲得或大或小

的實惠，還可以評獎，評職稱等等。但你的智力就要投入到這種課題中去。

　　而隨筆與課題報告或論文大異其趣。它沒有一定的格式和套路，有話要說，有感而發，敘事、抒情、議論順其自然。在我看來，當今中國各類文字之中，隨筆是最見真功夫的一種，閱歷、思想、學問，個性、性情、文采，都可以見諸隨筆。學術界所推崇的學術論文，是近一個世紀外國引進來的，最近二十年在學院得到特別的強調，是科學主義的產物。而中國古代的被稱之為學術遺產那些經典文字，比如先秦諸子，都可以稱之為隨筆。論文被視為學術正宗，隨筆被擠到學術殿堂的邊緣，本身就是一種學術異化。克服這種異化的局面，需要有一大批既有學識又有膽魄的學者共同努力。

　　智效民是九十年代中後期，逐漸擺脫「課題」的圈套，進入隨筆寫作的。很快，就得到了讀者的歡迎，全國有公共影響的報刊一一向他敞開了大門。比如他寫張奚若的文章在《書屋》發表以後，王元化先生十分欣賞，向滬上許多學人打聽智效民是誰。直到某次我去上海，他和我聊起來，才知道老智原來是山西學者。

　　擺脫了「課題」的圈套，也就得到了心靈的自由。

　　智效民和我學術興趣相近，都關注20世紀中國的知識份子。研究知識界的前輩，實際上也是為了反省自身。看到周圍太多不如人意的現象，不免要思考產生這些現象的原因。中國知識份子從哪裡來？又向哪裡走去？我們身處什麼樣的制度環境和文化環境？環境給我們什麼影響，我們應當怎樣應對環境？我們又能夠發揮什麼作用？應當做什麼樣的人？這些問題，都可以通過研究歷史，研究前輩知識份子的

命運，得到現實的啟示。我們經常圍繞這些問題互相切磋，越切磋越感到這個領域可挖掘的題目很多。智效民以較多的精力關注以庚款留學生為主體的中國第一代自由主義知識份子，他的《胡適和他的朋友們》，多屬對這些知識份子的鉤沉。應當說，這種鉤沉具有開拓的意義。這些年，國內關注胡適的學者日漸其多，以胡適為主題的傳記也出了多種。智效民獨特的角度，是著眼於胡適周圍其他自由主義知識份子，這些人的名字，比如任鴻雋、陳衡哲、陶孟和、張慰慈、朱經農、王雲五、段錫朋等等，對於一般讀者來說，是陌生的。就是像張奚若，在建國後的新聞報導中有機會露面，但人們也不知道他曾經有過什麼思想主張。如果說，二十世紀五十年代以後，胡適因為在中國大陸成了批判和醜化的對象，所以名字始終沒有在傳媒的視野中消失。而這些自由知識份子的名字，基本上被歷史遺忘了。學校和傳媒引導人們關注的只是左翼知識份子和延安知識份子，誰有什麼活動，誰有什麼作品，甚至誰和魯迅打過筆仗，被魯迅罵過，都可以成為文化史的談資。但胡適以外的自由知識份子，不論他們的言論，還是他們的活動，似乎從來沒有存在過。到了二十世紀快要結束的時候，這種失衡的局面終於開始有了改變。陸鍵東的《陳寅恪的最後二十年》、張紫葛的《心香淚酒祭吳宓》，章詒和的《往事並不如煙》，在讀書界刮起一次又一次旋風。謝泳、傅國湧筆下的舊人舊事，也頗得讀書人的關注。智效民的隨筆，雖然較為平和，不是那麼火爆，但也為校正歷史的天平，增添了一個又一個有力的法碼。它的份量，絕非無足輕重。我相信，這會得到歷史的證明。

我和高增德、謝泳、趙誠、智效民算是氣味相投的朋友，2003年，終於又有一個機會，五人合作完成了一本名為《思想操練》的書。我為此書寫的序言說明了書稿的緣起——

今年一月十八日，廣東人民出版社辛朝毅、余小華二位到北京組稿，笑蜀介紹我與他們相識。我們一起坐在什剎海邊的孔乙己酒家天南海北地閒聊，余小華說起對我和謝泳、高增德的對話有印象，問我們能否就人文領域的公共問題再作一次對話，形成一本書。我覺得這是一個很好的提議。

對話的方式，不同於寫文章，談起來比較隨意。雖然事後整理時有所推敲，但畢竟不同於嚴謹的學術論文，可讀性方面會好一些。1997年，我在長春出版社出過一本書，題為《與友人對話》。該書的主體部分，就是我和高增德、謝泳的對話。

去年冬天，山西大學文學院院長劉毓慶邀請我和高增德、謝泳、智效民、趙誠，成立了一個20世紀中國學術思想史研究中心。我們幾個人，對思想文化領域的公共問題都有興趣，但因在不同的單位供職，所以平素只是隨機漫談而已。劉毓慶先生的安排，給我們提供了一個很好的平臺，使我們共同的學術交流進入經常化的層次。而這次對話，正好成為2003年的第一次學術活動。

春節一過，我便到太原，與研究中心的另外四位朋友相

聚。大家對於廣東人民出版社的邀請都很感興趣。於是我們連續數日在高增德家的書房裏和智效民家的客廳裏對話。兩個多月以後，我們又討論了一次。大家談到的問題十分廣泛。百年滄桑，可談的話題太多。近些年，謝泳致力於20世紀中國知識份子命運的研究，高增德致力於中國現代社會科學家的傳記研究，智效民致力於民國人物的個案研究，趙誠的本行是國際政治，近年則專注於水利專家黃萬里的傳記寫作。我這些年一直關注中國當代民間思想的發掘和整理。經過商議，大家決定還是把話題相對集中在與20世紀中國知識份子活動相關的學術、思想、教育、新聞、出版領域。政治、經濟、軍事、外交，因為非我們中多數人所長，所以只有涉及，不作專門討論。

對前半個世紀，大家的思路是著眼於重新發現。有一些人，有一些事，本來是符合世界文明趨勢，有利於我們這個民族發展進步的，但在相當長的一段時間裏，被人為的因素歪曲了，醜化了，埋沒了。大家想重新擦拭出這些先賢應有的歷史光澤，讓他們成為啟迪後人的思想資源。對於後半個世紀，則不免要著眼於反思。我們在這個體制中長期生活，習慣了，便容易形成一種墮性，對於其中的荒謬失去敏感。反思我們身在其中的體制的得失，總結我們經歷過的教訓，才有前進的動力。

進入21世紀，中國的知識份子將如何面對新的世界，新的時代，將做出怎樣的選擇，我們每個人心中都有諸多的焦

慮和困惑。我對中國知識界的現狀是不樂觀的。去年我曾寫過一篇短文〈失職的年代〉：

我覺得，當今的中國學界，既不如「五四」那一代，不如「一二九」那一代，也不如20世紀80年代。中國知識界在經濟上雖然比較局促，當時有「拿手術刀不如拿剃頭」的說法，但士氣高昂，思想活躍，富於社會關懷和進取精神，應當說，那是一個知識份子大體盡職的年代。90年代以來，中國知識界經濟地位相對提高，成為尾隨在官員和商人之後的另一個得利階層，但士氣上卻一蹶不振，整體上從關懷社會轉向關心自我。進入新的世紀，仍然精神萎靡，不見起色。學者作為知識界的一部分，在其中也好不到哪裡去。我不否認其中有少數不甘流俗的優秀者，但從整體上看，失職的現象觸目可見。

失職首先表現在專業領域。所謂學者，無非是在某一學科有所專攻的人。恪守學術的嚴肅性，為學術創新努力工作，本來不是對學者的最高要求，而是學者之所以為學者的底線，是衡量一個學者稱職還是失職的基本尺度。但這條底線，現在已經出現了普遍的失守。把學術本身當作遊戲甚至兒戲，把與學術相關的文憑、學位、職稱、評獎、研究專案、學術論著，都當作交易對象的情況比比皆是。學術腐敗愈演愈烈，在金錢的誘惑面前，學術尊嚴的堤壩已經大面積坍塌。在人文社會科學領域，堅持獨立思考精神，勇於創新的學者和著述只是鳳毛麟角，而隨波逐流、媚上媚時的文

字，卻充斥著學術界的話語空間。學界的脊樑從整體上是彎曲的。

失職同時表現在公共領域。一個健康向上的社會，必定有知識份子在充當著靈魂和思想庫，優秀的學者，必定和優秀的作家和報人一起，經常發出代表社會良知的聲音，抵抗著腐敗和墮落。他們的思考和聲音，不止是著眼於自身的生存和發展，而是著眼於全社會和全人類的幸福，針對短視能夠提出遠見；針對狂熱能夠倡導理性。一個突出的標誌，就是為受污辱與損害的人們說話，為弱勢群體代言，為匡扶正義而不懈努力。當官僚利益與公眾利益發生衝突時，一定有人站出來為公眾利益吶喊；當弱勢群體的利益與強勢群體的利益發生衝突時，一定有人會站出來為弱勢群體聲辯。現在的情況是，權力資本化日趨顯著，社會不公的現象到處可見，但學界乃至整個知識界對此麻木不仁，甚至顯得趨炎附勢。一些尚能潔身自好的學者，在專業領域尚能嚴肅認真，對公共事務卻無可奈何，望而生畏或望而生厭，於是掉頭而去，躲進書齋了事。少數人不甘沈默，但也缺少在公共傳媒上表達的機會和渠道。這樣，在整個社會輿論當中，良知的空白和缺位居然成了常態。

改變學者整體上失職的狀態固然需要外部環境，但學界自身並不是沒有努力的餘地。我想，還應當從專業領域的盡職自律做起，同時向公共領域的盡職努力。

此書啟動時，高先生正給陝西人民出版社編輯《世紀學人檔案》大型叢書，忙得不可開交。我們知道這是他一生心血的總結，於是整理書稿的事就由我們四人多做一些。當年五月，我們就完成了20萬字的書稿，向余小華交卷。年底，廣東人民出版社就印出此書。學界一些朋友，給以肯定。蕭雪慧說，「《思想操練》是對話體著作，由十次圍繞20世紀思想學術這一中心而展開的主題對話構成。參與其中的五位作者是思想學術史的有心人，對我國這方面狀況有著長期的共同關注和彼此間具互補性的個人研究，且都具思想上的敏感和勇氣。由他們來談論我國20世紀思想學術這個話題，是比較好的組合。就20世紀思想學術這樣一個既寬泛又要求深度的話題進行有成效的對話，須得確立一個適當方略。作者們確立的方略是：對20世紀前半段，著力於重新擦拭遭人為歪曲醜化的思想先賢們的歷史光輝；對後半段則著力於反思。我認為，這一方略表明作者們對20世紀兩個階段思想學術狀況有相當清醒的認識和準確的判斷，同時也定下了全部對話的精神基調：堅決恢復真相，對謊言取不妥協態度。無疑，作者們認同自由精神、獨立思考乃思想學術之靈魂，對以下情況了然於心：由那些在自由精神、獨立思考成為禁忌和重罪的年代公開出版並佔據大學講臺的所謂思想學術史來展示的『思想學術成就』，除了系統的謊言和不對這謊言構成威脅的冷僻研究，多半是被逆向篩選後留下的無甚思想學術含量的平庸東西；而系統謊言既表現為登峰造極的狂妄自吹，又表現在對自由思想的污損、醜化上，這狂妄自吹和污損醜化包括我國思想先賢在內的人類自由思考成果乃系統謊言的一體兩面。整理20世紀思想學術，就得一方面還原被污損被醜化的那一段思想學術的本

來面貌，另一方面祛除作為強權政治意識形態支撐並憑藉強權橫行學界的『理論』自己給自己套上的層層光環。這是需要勇氣和學識的工作，幾位作者具備這兩方面條件。這使他們在恢復真相上取得令人矚目的進展。」同時她也提出，缺乏哲學的關注，缺少對80世紀年代的評述，是本書兩個明顯的缺點。應當說，她的批評很有道理。我們本來沒有給此書設計一個完整的思想史框架，只是想把大家感興趣又有所研究的問題放在一起談論。如果事先設計得更全面一些，就好了。張國功、余世存等朋友，也發表了很有見地的評論。高增德先生曾經致力於學派研究。此書能否展示出一個學派的雛形，就得由別人來評說了。

2004年6月，《中國青年報》冰點週刊從每週一個版擴為四個版。副主編盧躍剛看過《思想操練》，約我和謝泳開一個專欄，名叫「十日談」，也用對話的形式，每週一篇。半年以後，因為某種壓力，改署筆名梁子民和畢文昌，「十日談」變成「雙城記」。2006年春節前夕，發生震驚海內外的「冰點」風波，深受讀者歡迎的「冰點」週刊被官方下令停刊整頓，引起全球正義之士的強烈批評。臺灣作家龍應台迅速發表抗議文章。李銳、胡績偉、李普、何方、吳象、何家棟、鍾沛璋、張思之、江平、戴煌、邵燕祥、朱厚澤、彭迪等十三位德高望重的黨內老人繼而聲明譴責。我和另外十二位「冰點」作者也發表公開信表明了態度。還有海內外許多朋友以不同方式給冰點以聲援。李大同、盧躍剛也義正辭嚴地反駁了官方打壓「冰點」的說辭。經過合力抗爭，「冰點」很快得以復刊，但主編李大同、副主編盧躍剛卻被免職。好在還有另一位副主編杜湧濤繼續主持編輯。杜

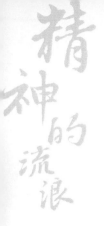

湧濤堅持了「冰點」原有的風格和定位，並誠邀我和謝泳繼續支持他的工作。我認為，復刊後的「冰點」，保持了較高的水準，在當下中國，這種堅持，具有特殊的意義。這個意義就在龍應台說的「文明」二字。中國目前的新聞輿論界，普遍的狀況是利益壓倒了是非。按照人類現代文明的標準，堅持是其所是，非其所非，竟然成為一種奢侈。有些事情，是非是明擺著的，就是不能說，或者硬要把黑說成白，白說成黑。黑白不分，是非混淆，媒體為了私利，向權力獻媚，成了常態。在這種環境下，「冰點」作為一張全國發行的日報的專刊，雖然很多事想做不能做，很多話想說不能說，但只要能夠保持發出來的文章是「文明」的，就會點亮無數讀者心中的燈。尤其在基層，在一些偏遠地區，通行的是叢林法則，一些嚮往「文明」的讀者，從中獲得的甚至是生活的勇氣。這種每週一次的文明對話，其意義怎樣估計也不會過高。出於這種理念，我和謝泳的「雙城記」一直延續

左起余世存、吳思、盧躍剛、浦志強、謝泳、于奇、雷頤、章詒和、丁東、徐曉、秦穎、向繼東

到今天，先後已經發表了一百幾十篇對話。有讀者寫了一首長詩，對我們的專欄加以鼓勵：

中國青年報，編輯版面強。時時聞俊烈，往往見輝光。其間雙子城。崇庸大門牆。入知宮室美，行遇百官良。承栱自繡柱，高甍有雕梁。籲噓驚借問，誰作此昂藏。法師梁子民，都講畢文昌。二美立貞幹，實土築華堂。綺麗戶嚴敬，磊落座軒揚。逸氣鬱泱漭，奇骨森舒張。騁說任趣詣，作論歸義方。觀世憂社稷，察物憐秕糠。摘奸懼盜蹠，發伏指膏肓。言事去詭譎，敘情依典常。詞理多洞徹，文氣甚條暢。顧念佞幸輩，居要弄蒼黃。飾非曲為說，順過意誣誆。鉛粉黑勝黛，淄涅白比霜。遂令當世人，噫嘻慚士行。睹此氣鈴結，志悶懷慘傷。誰能奮爪牙，持戟捍紀綱。梁扶忠信節，畢挺勇毅槍。鞍韉去關塞，甲冑戰沙場。虜旗紛披靡，蟲跡皆喪亡。道里日安靜，宇隅亦清涼。我心已蘇息，含睇遠相望。但願二子舌，咀華永留香。

混在北京

1993初，山西社會科學院人事處突然通知我調離《晉陽學刊》，去政法研究所，理由是工作需要。我問處長，是工作需要我調出，還是工作需要我調入？其實，我也知道他答不上來。冠冕堂皇的理由背後有真實的原因。院裏的某些人早就看我不順眼，理由是刊物必須掌握在馬克思主義者手裏。於是像我這號人，連當一個普通編輯也不行。我對編輯工作倒不留戀。沒有發稿任務，就更自由了。當時，經商熱的颱風已經把社科院刮得人心浮動。哲學所的朋友高銀秀下海到海南辦公司，邀我也去看看，於是我去海南住了三個月。名義上是給他的公司幫忙，實際上他那個公司也沒什麼日常工作。三個月的海南之行，倒讓我大開了眼界，親身體會了泡沫經濟到底是怎麼回事。

高銀秀當時玩的是「空手道」，也就是無本生意。主要是參與股票發行的仲介活

動，房地產仲介也參與一點。1993年上半年，正是中國泡沫經濟達到最高潮的時候。海南的商品房幾乎一天一個價，黃金地段的地皮從開發初期的幾千元一畝漲到了幾百萬元一畝。有錢的只要參與進去，差不多都發了。那有一句話，海南到處是錢，就看你有沒有撈錢的勺子。什麼是撈錢的勺子呢？一是錢，二是權。你有權弄來貸款，錢就可以很快生錢。在這種氛圍裏，整個社會變得浮躁而瘋狂。官員出賣權力，小姐出賣姿色，誰也沒有心思靠誠實勞動謀生。到了下半年，開始治理整頓，原先熱得燙手的海南島一下子冷清下來，空手道不好幹了，我也回了太原。1993年秋天開始，我的生活重心又從太原轉移到了北京。

起因是妻子邢小群的工作變動。九十年代初，太原的文化空氣格外沉悶。邢小群在山西大學教書，她所在的中文系領導居然用抽查學生筆記的方式，尋找教師的自由化傾向，邢小群被抓了把柄。其實這把柄也算不上什麼問題。她由柳青的《創業史》聯繫現實，談到農業合作化的失敗。農村實行包產到戶，實際上已經否定了當年的農業合作化，這本來是不言而喻的事實。但領導硬要說這種觀點有資產階級自由化傾向。她心裏當然不痛快，於是要求外出學習，1992年找了一個機會，投師到北京大學謝冕教授門下，作訪問學者。謝冕先生思想很開放，他不論指導博士生、碩士生還是訪問學者，主要採取討論的方式。每週一次討論會，由一位學生就一個專題，報告研究心得，然後大家自由發表見解，根本不作什麼定於一尊的結論。邢小群在北大待了一年，在謝冕先生那裏呼吸了自由的空氣，回到山西大學就更加感到憋悶了。此時在北京的中華文學基金會正在創辦一個名叫《環

球企業家》的雜誌，先經唐達成推薦，沒有成功，又經馬烽夫人段杏綿推薦，邢小群去當了編輯。於是，邢小群到北京上了班。她這一調動，改變了我的生活軌跡。

兒子早在兩年前按知青子女政策把戶口遷回北京，並在北京上了中學，這樣，太原就剩下我一個人。好在山西社科院不坐班，平素對研究人員的行蹤也不多管。於是，我就隨著妻子，回到母親家中。1990年，母親的腿瘸了。家裏連煤氣罐也換不了，所以很希望我能回北京，對她有個照應。我能回來住，她當然高興。

少小離家老大回。住下之後，發覺北京已經是一座需要重新打量、需要重新理解的城市。主要倒不是這二三十年間新修了什麼建築和道路，而是我離京時還是少年，對這座城市的歷史積澱和政治特色缺少理解。到外省轉了一圈，再回來，就有了比較和鑒別。

北京是一座高度政治化的城市，許多街道、胡同都留下了皇家、官宦的遺跡。我家住的這條胡同，名三不老，為什麼叫這麼個名？源於大航海家鄭和。我家住的全國政協宿舍院，在明朝曾是鄭和的花園。鄭和又稱三寶太監，尊稱三寶老爹。三寶老爹叫俗了，就變成了三不老。1958年我家剛搬進這片宿舍樓的時候，中間還有假山，也許，那就是鄭和花園最後的餘韻吧。

50年代給各民主黨派中央機關蓋的這片宿舍，樓高四層，一共八個黨派，宿舍也是八個門。現在看起來檔次不高，只有兩居室、三居室兩種格局。但當年這裏雲集過幾十位全國政協委員。想來他們的生活待遇與共產黨的高級官員無法相比。直到90年代，大部分委員才陸續喬遷出去，搬進檔次較高的新居。

我家住的是六門，門裏住的是中國民主建國會的人。小時候，二樓上住著一位周士老（周士觀），一位李文老（李文傑）。我和他們沒有多少接觸，只是聽大人說，周士老的書法好、國畫好。我姥姥過80歲生日時，周士老還送來過一幅水墨畫。直到近幾年，讀了文史資料，才知道他早年留學於美國威斯康辛大學，是一位化工專家，早年曾致力實業報國。抗戰時期是無黨派參政員，在皖南事變後曾為維持國共合作奔走，抗戰勝利後又為和平民主奔走。李文老則是會計界的權威。我是因為研究顧准，追溯起潘序倫和立信會計事務所，才知道李文老是立信會計事務所的老人，顧准和汪璧的證婚人。而立信會計事務所對於中國現代會計事業來說，已經是一座里程碑。立信的另一位老人王紀華則在三層樓上住過，時間很短，我印象已十分模糊。民建會裏，民族工商業者比較多。什麼是民族工商業者？在我所受的教育裏，他們的形象是很糟糕的，就是《子夜》、《上海的早晨》裏的那些負面形象。而正面的形象，只是在《紅旗飄飄》、《星火燎原》裏，跟他們完全不沾邊兒。這些年，中國回到市場經濟，民營企業家重新崛起。其實算起來，他們不過是「民族工商者」的學生輩。而那些頂著剝削帽子的民族工商業者，卻是中國社會經濟現代化的先驅！在五六十年代，這些民族工商業者整天就是開會、學習、改造思想，直到改革開放，把工作重點轉移到經濟建設上來，才意識到他們的知識和經驗的寶貴，請他們重新出山，獻計獻策，甚至重新開辦公司，執掌帥印，如榮毅仁、王光英。他們已經青春不再，垂垂老矣！

樓裏住過的另一些老先生，反右以後已是獲罪之人，處境更為淒涼。比如四層樓上住過的許漢三先生，當過章乃器的秘書，我一直與

他素無交往。直到1996年，妻子為一項寫作計畫採訪了他，才發現這位90高齡的老人真是不簡單。他30年代就是北大研究生。雖然戴著1000多度的眼鏡，但一直保持著勤奮的閱讀習慣。對於當今思想文化界的動向，居然瞭若指掌。評說歷史，如數家珍；剖析時弊，一針見血。與我們這一代沒有任何思想隔膜。

和許漢三（中）、何兆武（左）合影

　　還有隔壁已故的譚志清先生，我只留下依稀印象。讀了湖南學者朱正先生的力作《1957年的夏季》，才知道他是民主人士裏被錯劃的著名右派之一。後來許漢三先生告訴我，譚先生生性耿介，原先在天津是大學教授，在工商界的影響很大。1957年和李文傑一起先被民建劃成內部右派，說好批一批就算了。譚先生在批判會上一聽那些不實之詞，不堪忍受，馬上拂袖而去，回了天津。這下子內部右派馬上升級為公開右派，此後20年受的磨難就一言難盡了。而李文傑當時挨批沒頂牛，後來生活待遇確實沒受任何影響。

我家另一位鄰居，是個老太太，名叫楊美真。1977年，我和新婚的妻子回來看母親，送她一袋喜糖，她送我們一對玻璃杯，張口竟是：「祝你們高舉毛主席偉大旗幟，在華主席領導下奮勇前進！」我和妻子當時都暗暗好笑：她老人家難道只會打官腔麼？但後來我才知道，她的丈夫就是七君子之一的章乃器，他們在中國政壇上曾是何等風雲一時，連老蔣拿他們也無可奈何。1957年，章先生被打成右派之後，組織動員她離婚，她離了，仍然被打成右派。身為全國政協委員的楊女士，從此貶為機關圖書管理員。不斷地檢查，不斷地交待，不斷地表態，使得她的語言習慣完全社論化，面具化，連家常話也不會說了。想到這裏，我還笑得起來嗎？

60年代，有人提出要把三不老一號命名為「民主大樓」。然而在當時的輿論裏，民主也不是什麼榮耀。在講出身，劃成份的年代，這座樓和那些軍隊大院相比，大人們多是灰溜溜地，孩子們也因沒幾個紅五類，狂不起來。即使有幾家實際上是共產黨，遭遇也很不幸。四門住過一的位華錦女士，曾任北京八中黨支部書記，文革頭一個月，就被整死了。至於那些非共產黨，文革中受到各種衝擊就更不奇怪了。後來，我插隊離開了北京。院裏不少人家也舉家遷進了湖北沙洋五七幹校，院子便漸漸冷落了。直到文革結束，才又活了過來。

這個院子裏，除了政治名人，還住過一些文化名人。

比如民盟的馮亦代先生，他的「聽風樓」，就是1門的121室。我認識馮老很遲。我妹妹認識馮老很早。她初中畢業後，到東風市場鞋帽部當了售貨員。1978年考上大學，讀中文，畢業時不願意回去，只想找個專業對口的工作，可文化界又沒有熟人。正在發愁，在院裏碰

見散步的馮老。馮老便介紹她到北京出版社，經過考試，如願以償，當了文學編輯。

馮老在三不老住的時候，精力真好，幾乎每天都有文章出手。上午是他雷打不動的寫作時間，他自己叫「晨課」，所以要找他，一般都是下午。後來，他和黃宗英結婚，搬到小西天去了。小西天其實也不遠，但畢竟超出了適宜步行的距離，所以見面就少了，一年也難得見幾面。

1998年春天我又去看馮老。這次卻大不一樣了。說話很吃力，寫字也很吃力。黃宗英說，他是今年元旦得的病，幸虧搶救及時，沒出危險，目前正在努力恢復。每天堅持鍛煉，與體能衰退對抗，練得很苦。她還把馮老練字的本子拿給我看，這是小學生練毛筆字的紅模子本，封面寫著「一年級小學生馮亦代」。

我妻子邢小群曾採訪他，請他對生平經歷作一次回顧。別的事他都願意說，唯獨不願意說反右那一段。他當時

和馮亦代、黃宗英合影

的託辭是，再説那些事沒什麼意思。我心清楚，人活一輩子，能有幾個20年？那種遭遇怎麼能無動於衷呢？馮老不願意説，無非是幾種可能：第一個可能是不願意再觸痛那塊傷痕；第二個可能是不想涉及當事人；第三個可能是上面對這一段的説法還留著尾巴，心理上還有顧慮。後來，邢小群的文章只好對他當右派的經歷一帶而過。

這一次，馮老卻吃力地告訴我，最大的心事，就是還有一篇文章沒寫出來，題目就是〈從反右到文革〉。他説，我要寫，就如實地寫，不帶火氣，也不考慮能不能發表。李輝要我寫一本書，我恐怕寫不出來了。話雖説得斷斷續續，但意思是很明白的。説話時的表情看似平靜，卻讓我感到內含著深深的遺憾。我説，您還能恢復。恢復了一定能寫出來。我還説到韋君宜在病床上寫成了《思痛錄》。他説，鄭海天把《百年潮》送我了，韋君宜回憶反右那一段我看了，我也要寫。我覺得，他心裏早就想好了，文章的腹稿早就打好了，甚至可以説，打了幾十年的腹稿。可惜動筆太遲了。現在，一同遭殃的人裏已經出了總理，重新説説這一段該沒有什麼顧慮。可是，要握筆，手卻不聽使喚了；錄音吧，舌頭又不聽使喚了。

馮老這一輩子，堪稱勤奮，讀得勤，寫得也勤。雖然是退休以後才有機會專心寫作，但他筆下的產量，我們晚生後輩也趕不上，有人幫他編出五卷本的文集。他寫了這麼多，偏偏這一篇最重要的文章，沒有早點兒寫出來。2005年春天，馮老以92歲的高齡仙逝，生後輿論多有讚譽，但我知道，他心中留下了無法彌補的遺憾。

馮老幫助過的青年不止我妹妹一個。據我所知，光這個院子裏的就有王焱、趙振開、葉稚珊等。

　　王焱的父親叫王奇，住七號樓。文革前，我在《少年文藝》上就讀過他描寫新疆革命活動的小說。文革後，曾任《團結報》總編輯。他退了以後，那張報紙的輝煌也就一起退去了。文革中，王奇被打成叛徒，整得很慘。王焱77年參加高考，分數過線，仍受父親株連，未能錄取。於是就寫文章，隨後，經馮老介紹，到《讀書》雜誌當了編輯。現在是政治學界的活躍人士。前些天，外地有一家文史類雜誌，請他主持編務，他想作一點口述史，還和我說，想做一點三不老胡同這個民主黨派大院的文章，他說，這個大院，比王朔小說裏的軍隊大院，深多了。

　　趙振開筆名北島，他曾和父母住四號樓。他也沒有讀大學。他的選擇是自由創作，自辦雜誌。記得民主牆時期，他把自家廚房佈置成編輯部，一個給予中國文學尤其是詩歌以深刻影響的刊物《今天》就是這麼誕生的。當時馮老就很支持，甚至連雜誌的英文譯名，馮老都出過主意，並把其中一些篇什拿到《讀書》上披載。

　　徐城北、葉稚珊夫婦曾經住十一號樓。徐城北是著名記者徐盈、彭子岡的兒子，年青因父母被打成右派，自己也吃過不少苦。考大學受歧視，找工作又受歧視，只好去了新疆生產建設兵團。文革中在北京待了幾個月，快過年了，街道上卻要轟他回新疆「抓革命，促生產」，他有家不能回，只好到火車站過夜。和母親見面，也只能在地壇公園的椅子上悄悄地見。他原先供職於中國京劇院，後來調到中國藝術研究院。他是逮著機會就出書，居然出了幾十本。葉稚珊是《群言》的編輯，天天坐班，所以文章產量不多。但就閱讀的感覺，我以為葉女士的更有味道。不獨我是這種看法，張中行老先生也作如

是觀。她送給我一本《沈默的金婚》，我母親看了十分入迷。馮老對葉稚珊最重要的幫助在她登上文壇之前。葉稚珊是這樣記述的：「我在豫東一個小縣『頂替』父母走『五七』道路，那時我已作了媽媽，女兒在北京婆婆家，愛人在河北，一家三地備受煎熬。愛人為調我回京，費盡周折，説來可笑也可憐，那時他每次回京都在自行車後夾一小鍋漿糊，四處為我貼對調廣告。但終因離京多年，不瞭解行情，燒香不得其廟門而沒有成功。一次極其偶然的機會，他在電影院碰到『馮伯伯』，提及此事。馮伯伯略略沉思説：『我有一個朋友，你去找他試試看。』不想一試之下，居然成功。」後來，他們夫婦喜遷新居，搬走了。有一次徐城北來三不老有事，到我家聊了一會兒，有些話給我留下印象。他説，人生如四季。父母的春天夏天很輝煌，秋天趕上反右，再也沒做成什麼事，一輩子就過去了。自己年青的時候在外地，從22歲到37歲，漂泊了15年，才回到北京。原來從事編劇，後來研究京劇文化，現在又研究北京文化。一個人一輩子在北京，未必能認識北京，只有出去再進來，才有新的認識。

我經常走動的是鄭海天先生。海天先生不如他的弟弟鄭洞天名氣大，但卻是一個既有學問，為人也正直厚道的好人。他當年也被打成右派，發配山西。夫人程乃欣早年畢業於金陵女大，當時在北京當中學外語教師，帶著四個女兒生活，很不容易。他們住在這裏，是因為程老師的父親在九三學社任職，而程老先生40年代末曾任中國政府駐聯合國代表團顧問，有過一代外交家的輝煌。鄭先生平反後一直在中國社會科學院主編學術期刊。編輯工作為人作嫁，一般不為社會所注意，其實，一個好編輯的修養，豈是一日之功？我看過鄭先生編的稿

子，其工整，其規範，今日青年編輯恐難望其頂背。尤其是他校過的稿子，你很難挑出錯誤。前兩年，有一證券週刊，技術錯誤百出，鬧了不少笑話，後請鄭先生把關，刊物馬上面貌一新。《百年潮》創刊後，他又應擔任社長的老同學鄭惠之邀，擔任副主編。這本雜誌不但以獨家披露歷史內幕引人注目，而且校對質量之高，錯別字之少，也讓人刮目相看。這自然又是鄭先生的功勞。然而好景不長，鄭惠先生後來遇到某種壓力，被迫出局，鄭海天也與他共進退，辭去了《百年潮》雜誌的副主編。雖然不辦雜誌了，但我們還是經常來往，互通資訊，有什麼好書好文章，便共同欣賞。我後來介入出版，也得到他頗多幫助。雖然他比我年長20歲，卻是三不老大院裏走動最多的朋友。

和鄭海天（中）、劉鶴守（左）
在三不老胡同一號

從太原，到北京，最突出的感受，就是在無形之中，放大了自己的心理空間。回想在山西大學念書的時候，江地教授曾向我們介紹他治學的經驗有如黃花魚溜邊，找到一個別人不關注

的空白領域——捻軍研究，而有所成。他在我們系的教師裏，就算最有成就的了，但遠離學術主流的前沿；別的專治地方課題者，其影響更遜於他。系裏還有一位三十年代留學歐洲的老教授閻宗臨先生，我入學不久就去世了。他的兒子閻守誠曾經和我同事。閻守誠將他父親的史學文集整理出版，我才知道閻教授三四十年代處於學術前沿，研究歐洲史很有水準，因為熱愛家鄉，謝絕北京、廣州一些名牌大學的邀請，回到山西大學任教。他的老友饒宗頤教授在序言中說他「回山西故里，終未能一展所學，憂悴而繼以殂謝，論者深惜之。」類似的例子還有很多。外語系教授常風先生，四十年代就是全國著名的評論家，五十年代被動員回到山西，也是「終未一展所學」。橘子移植到這裏，也要變成枳。山西社會科學院領導強調，掙山西的錢，就要為地方服務。在這種導向支配下，周圍經常聽到的議論就是山西如何，單位裏人們研究的問題也總是與本省有關的事。地方上不是沒有需要研究的課題。但課題一但和地方利益掛鈎，科學性就打了折扣。學術應當求真，也可以求善求美，但不可求利。學術成了地方利益的敲門磚，也就不成其為學術了。

到了北京，周圍知識界人士想問題就是中國如何，世界如何。周圍想大事，幹大事的人一多，環境在無形中就起到一種拓展思維的鞭策作用。記得有一次，唐達成先生看了我的一篇文章，很感興趣，說，可惜發在地方刊物上，沒有影響。邵燕祥先生從吳家瑾手裏看了我另幾篇文章，也說過類似的意思。我原先也沒怎麼在意。在太原，寫東西當然以面向當地的報刊為主。文章發出來，周圍的朋友有些共鳴，自己也就滿足了。我也知道文章發在全國性的報刊上影響大一

些，但因為性格的墮性，沒有在這方面特別用心。一來二去，就成了滿足於現狀的桃花源中人。妻子的調動，無意中把我帶進了一個更大的天地。九十年代初，我讀過錢理群的《周作人傳》，裏面有一段話我覺得耐尋味。錢理群說：「歷史低潮時期，遠離政治中心，可以利用那裏相對薄弱的政治條件，進行歷史的深思，積累力量；而到了歷史高潮時期，則必須置身於政治文化的中心，投身於時代潮流的旋渦中。唯有在那裏，在各種思潮、力量的巨大撞擊中，個人的才華、智慧才能得到全面的展開，盡性的發揮，人的生命也就獲得了光輝燦爛的的閃現。」的確，周氏兄弟如果不是在五四時代來到北京，而是留在紹興，他們個人的才能再高，也不可能為新文化運動寫下燦爛的一頁。我輩的學養和智力，都無法與那一代大師相比。如果再遠離政治文化中心，那就既談不上積蓄力量，更不可能有所作為了。我的現在的感受是，北京是整個中國的思想文化中心。置身其中，容易激勵人想大事，做大事。遠離中心，感覺大不一樣。

　　但我的單位畢竟是太原，在北京住著總得有個理由。最先是朋友介紹我認識了北京文聯的陳世崇先生，出了一份邀請我參加北京城市文化研究的公函，實際上是讓我幫他們辦的《北京紀事》雜誌做一點組稿工作。我試圖組了幾篇，比如有一篇回憶《今天》的，有一篇談《廢都》始末的，有一篇講圓明園畫家村的，總是撞到槍口上，往往剛發稿，就遇到有關部門打招呼，不准談這些事。而我的興趣，往往正是哪壺不開提哪壺。我也不好意思白拿人家的編輯費，只好主動辭去。

　　接著，在山西認識的老朋友吳家瑾又讓我給《中國攝影報》幫忙。報社以中國攝影家協會邀請我參加籌辦全國攝影展覽的名義開出

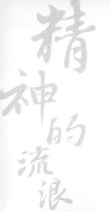

精神的流浪

和吳家瑾（左）訪臧克家

1997年和攝影家們在雲南大跌水

公函。但山西社科院領導認為，攝影的事情與本單位業務關係不大，這個公函不能接受。當時，扶貧的事情叫得很響。山西社科院領導也提出可以面向扶貧，設計課題。我有一個朋友辦了一份《中國貧困地區》雜誌，於是我請他出了一份公函，邀請我參加北方貧困地區的調查，這樣就暫時交代了社科院。

但我在《中國攝影報》還是客串了三年。中國攝影界有兩家發行量比較大的報紙，一張就是《中國攝影報》，一張是《人民攝影報》。前者官氣重一些，後者較有民間色彩。就我的價值取向言，自然喜歡後者。但前者每月給我發車馬費，受人之託，就得忠人之事，所以我始終沒有和他們的競爭對手發生聯繫。

攝影界的特點是思想稀薄，風光濃郁。攝影家大多是唯美主義者，具有社會關懷或人文關懷的是少數。我在攝影圈裏混了幾年，認識了不少攝影家，好山好水也著實看了幾處。並且，在1997年還真參加了一次貧困地區的

調查。那是中國文聯組織文化下鄉活動。中國攝影報派我和攝影記者李建惠一起到甘肅定西，瞭解溫飽線以下的農民生活。但接待我們的當地幹部並不想讓我們看到真正的窮人。他們引我們轉了三天，看的都是脫貧的先進典型。按照他們的安排，真正的窮人根本見不到。於是，我們自己租了一輛車子，甩開陪同幹部，才和真正窮困的農民見面。那次調查的感受是難忘的。當時為《中國攝影報》寫了一篇文章，記錄了在貧困村裏經歷的辛酸的一幕：

大山裏的編外師生——金鐘鄉紀實

照片裏的教師不是在冊的教師，甚至連民辦教師也不是；照片裏的學生也不是在冊的學生，她們只是居住在貧困山村的一群失學兒童。我們聽說過許多有關希望工程的動人故事，但這些不在冊的老師和學生的命運還是引起了我們極大的震驚。

8月22日，我們幾個人慕文學社之名去了金鐘鄉。但到了那裏一看，人們的命運卻很難與文學的浪漫相聯繫。金鐘鄉地處甘肅漳縣，距縣城42公里。是苦甲天下的定西地區的貧困鄉之一。這裏被大山包圍著，只有一條小河從山中流出。海拔高，氣候冷，人口多，耕地少。原先山上有森林，如今已經快砍光了。今年春夏天旱，小麥嚴重減產。夏天一場洪水，又沖毀了許多耕地。絕大多數農民打的糧食不夠吃。不少人都準備明年春天出去逃荒，要飯的要飯，打工的打工。這裏的農民特別老實，又沒有什麼特殊技能，一般都

是到蘭州找建築隊當小工，一天掙8塊錢。就這麼點錢，還往往被包工頭扣住不給。我們在村裏，不止一個農民與我們說起外出打工掙不上錢的遭遇。

就在這麼窮困的大山裏，卻有一個文學社名傳遐邇。社長楊引叢是個殘疾人，從小腿不好，初中畢業後，無力升學，但又不肯放棄文學夢。寫了文章投稿總是不中，於是和本鄉和幾個中學同學發起了文學社，已經堅持了8年。他們讀書、寫作、辦油印刊物、辦義診。他們的故事在《中國青年報》、中央電視臺等媒體披露後，在全國有了反響。

這幅照片，就是金鐘文學社在酥油溝村辦的夜校。原先，他們在全鄉同時辦著好幾所，現在只剩下酥油溝這一所。楊引叢說，這所堅持下去也很困難。當地女孩子大部分失學。之所以如此，不是她們不願意學，而是一年100多元學費，在這裏實在不是小數字。當父母的覺得，女孩子早晚要嫁人，不願意花這個錢。希望工程的資助，雖然也有，但很難輪到普通農民子女頭上。能享受到的，多是鄉村幹部子女。所以，我們問起希望工程，孩子們絕大多數都沒聽說過。只有一個學習成績很拔尖的貧困戶女孩子得到了這項資助。

現在，大部分村裏的五年制小學，已經退到三年制。全鄉只有一個孩子上高中，三個孩子上初中。楊引叢他們這批文學社員還是十幾年前上的中學，幾乎成了這裏最後一代中學生。

照片裏點著煤油燈上課，並不是因為這裏不通電，而是因為文學社辦的義學沒有經費，自然也交不起電費，所以才

讓我們看到了這番油燈苦讀的景象。

　　文學社辦夜校，免費教孩子們學文化。雖是一件好事，也不順利。前不久，有兩個女孩子晚上放學回家，被村裏幾個痞子攔住，想要占她們的便宜。女孩子反抗，就被打傷，醫藥費花了700多元。文學社只好出面找鄉里派出所，請他們找肇事者討個說法。派出所雖然出了面，但至今醫藥費只追回一半，另一半還欠著鄉衛生院。女孩的父親在外打工，來信叫女兒不要再上夜校。因為這次風波的影響，30多個學生已經流失了近一半。我們聽說這件事後，忙請老師帶著去看望女孩子。女孩傷雖然基本好了，但對繼續念夜校還是有顧慮。我們勸了一番，她母親表示，等父親回來再去上學。

　　更嚴重的問題是，這位名叫陳旺春的「編外教師」正病著，我們找他時，他還躺在床上。據他講是腸胃病，時間不短了，沒錢上醫院，買了點藥吃也不頂事。他硬撐著上課，主要是靠一種精神力量支持。他說，我知道辦夜校也解決不了根本問題，但讓孩子們識幾個字總有好處，退一萬步說，她們將來出門，起碼總能認識男廁所女廁所吧。陳家只種著幾畝旱地，收的那點糧食只怕是冬天也過不去。交承包費的款子更是沒著落。據他講，去年土地承包費100多元，今年還要增加。現在他正考慮，開春後，將不得不拖著帶病的身體，為一家人糊口出門打工，甚至出門討飯。到那時，即使學校不垮，誰來教這些女孩子識字呢？

這篇文章寫完了，我在該報的客串也劃上了句號。我的報導雖然反映了貧困地區師生的真實處境，在當地引起了共鳴。但派我們去的人並不看重這些。人家要的是另一種讓上級喜歡的彙報，而我又寫不來那一套。好在本來關係就鬆散，於是就客客氣氣地脫鉤了。

提前退休

在北京混到第四個年頭，也就是1997年，我開始考慮從單位提前退休。

原因之一，是妻子一直在北京漂著，換了幾家雜誌社，都落不下腳，眼見著同齡人紛紛下崗，心裏不免焦慮，後來找到中國青年政治學院願意接收，卻轉不來戶口。邢小群從小在北京上學，卻不算北京知青。這事得從我岳父邢野離京説起。1965年毛澤東做出關於文學藝術的兩個批示，中國文聯各協會被他認為滑到了裴多菲俱樂部的邊緣，於是，各協會被解散，專業作家一律趕到各省。岳父當時發落到山西。邢小群1960年代末從太原下鄉插隊，於是成了太原知青。我是北京知青，可以轉戶口，三年之中，卻找不到一家能接收我的單位。如果我採取退休的方式，以照顧母親生活困難的理由，把戶口轉回北京，邢小群也可以隨遷。她正式調到中國青年政治學院教書，心裏就踏實了。

原因之二，是我供職的山西社會科學院政法研究所所長雷忠勤到了六十歲，他說，我要退休了，你怎麼辦？我從《晉陽學刊》被弄出來，分配到政法所，基本上一直在北京住著。單位能容忍我合法地在北京「流浪」，多虧雷忠勤的關照和周旋。老雷是個好人，對我很同情。他這一生也可稱懷才不遇。文革前畢業於省委黨校，當時就被當作幹部苗子培養，當過省領導的秘書，七十年代當了縣委書記。那時大學畢業的縣委書記在全國鳳毛麟角。他行政能力很強，辦事公正，當地老百姓反映很好，本來是應當繼續提升的。就因為文革中當了幾天群眾組織頭頭，八十年代硬是從縣官的位置上拿了下來，雖然沒被打成「三種人」，但四五年不予黨員登記，背著黑鍋，放到社科院幹一個閒職。學術研究並非他的長處，但他協調所內所外人際關係舉重若輕。瞭解他的人都說，可惜了一個人才。最可以有作為的地方硬不讓他幹，生生地拖到了六十歲。

說到他，我不能不想起山西的另一個熟人，名叫李甫。他和老雷年齡相仿，也是省委黨校文革前的畢業生。文革中是另一派的頭頭。我剛到調研室時，他是副主任，還是省委候補委員。不久就要求下基層，當了襄汾縣委書記。他能力也很強，兩年的功夫，使全縣經濟大有起色。但趕上1976年的清查運動，他被視為謝振華一派，自然被打了下來。為此，我還和兩個朋友寫過一篇發不出去的紀實文學——〈清官夢〉。80年代初，他重新擔任平遙縣委書記，不長的時間又把平遙縣治理得像模像樣，工業企業全部扭虧轉盈，農業增產幅度很大，市政建設也上了軌道。他之所以能夠打開局面，主要是敢於觸犯一些貪官的既得利益，能夠舉賢任能，官場上正氣抬頭，老百姓

心情舒暢了，社會就有了活力。然而，好景不長。正當所在地區民意測驗，許多幹部推薦他進入晉中地委領導班子時，有人又抓住他文革中當過頭頭的事，要把他一擼到底。為此，同情他的人反映到當時的總書記胡耀邦那裏，胡耀邦都說了話，也不頂事，最後還是打成了三種人。這時正好柯雲路的小說《新星》改編成了連續劇，柯雲路原來也在晉中工作，李甫又和李向南一樣，有過調研室的經歷，於是老百姓便紛紛傳說《新星》裏的李向南就是李甫。其實我知道柯雲路的小說和李甫沒有什麼關係。但這種說法之所以能廣泛流傳，其實是反映了一種民意。有句古話叫「政聲人去後」。李甫雖然早就被撤了職，又從某圖書館職員的位置上退了休，但他工作過的兩個縣，歷屆政府選舉都有人投他的選票。以至口口相傳，在當地成了傳說中的清官。文革是毛澤東發動的一場民族災難。但文革中群眾組織的頭頭並不都像現在的電視劇裏演的那樣，都是痞子流氓。其中固然有野心大、德性差的；也有能力強，德性好的。文革中，社會一度陷於山頭林立的無政府狀態，沒有一點組織能力，提不出幾點眾人心悅誠服的政治主張，誰自願跟你走？這段歷史，還有待於如實地研究。

話說回來，老雷要退，問我怎麼辦。我說，和你共進退。正好，從插隊算起，我也有了30年工齡，於是要求提前退休，並在1997年底辦了手續。有的朋友問我，你這麼早就退了，職稱不要啦？我前幾年評到副研究員。山西整體學術水平不高，按所謂科研成果，我在院裏是最多的幾人之一。要是公平競爭，再升一格理所當然。就是不公平競爭，早晚也能輪上。但是，在中國，職稱與學術水平的相關性已經越來越低，評職稱實際上已經成為住房、看病、漲工資等物質利益

的較量。研究員的名義當然比副研究員含金量高一些。但魚和熊掌不能兼得的時候，太為虛名所累，就成了求實的絆腳索。在這方面，我很欽佩李慎之先生。中國社科院評職稱時，他是副院長，是管別人評職稱的。他給我講過，為了職稱，有些人找他哭訴，說我給郭沫若寫過講話稿。他說，別提那些講話稿了，你就說，我快六十了，家裏只住兩間小房，很困難，我能解決一定盡力給你解決。當時，他順便給自己評一個研究員太容易了。但他看到這麼多知識份子，爭得焦頭爛額，不亦樂乎，於是決定不要職稱。以後評有突出貢獻的專家，發政府津貼，他被提名，也謝絕了。中國的研究員、教授數以萬計，思想學術水準能和李先生比肩的，真找不出幾個。當一個人的水平不需要職稱來證明時，那才叫真有水平。

離開了體制規範的那條道兒，我就成了自由文化人。在北京流浪的各種自由文化人很多，有作家，有記者，有畫家，有演員。據說演員的人數人好幾千，自由畫家的人數也不下好幾百。這本來是文化發展的自然趨勢。三十年代，多少文化青年就是流浪到上海，一來二去，其中的出色者就成了文化名人。現在，一些沒有北京戶口而在北京打工流浪的人，水準並不低於三十年代那些流浪上海的文化人。我曾寫過一篇小文章，談到我認識的三位流浪北京的學人。正好他們又是老中青三代人。

老年的一位是在出版界頗受尊敬的許醫農。她50年代畢業於北京大學。她原來是貴州人民出版社的編輯。影響很大《山坳上的中國》就是經她之手問世的。在她之前，作者何博傳拿著書稿已經在四家出版社吃過閉門羹，許醫農慧眼識珠，用最快的速度把它推了出來，轟

動了全國知識界。後來，她又以最快的
速度出了一本三峽論爭集。影響也很
大。不料此舉竟導致她終生與編審的職
稱無緣。當然，這並不妨礙社會對她的
承認。中國出版界的編審多如牛毛，但
在編輯成就上能和許醫農比肩的鳳毛麟
角。她退休時，馬上被三聯書店的精明
的女老闆董秀玉抓住，請她來三聯書店
編學術書籍。她編的書，諸如哈佛燕京
學術叢書之類，本本都是雙效，也就是
說，經濟上賺錢，學術上有影響。如今
幹出版的都知道，這種雙效書，找一本
都不容易，但許醫農兩年卻出了幾十
本。論工作效率，三五個小夥子也比不
過她。尤其是那種敬業精神，一般人更
是望塵莫及。她的通訊錄，可以說是中
國學術界高手大全。平時，她看到誰寫
了一篇好文章，馬上找誰聯繫。學界的
精華，幾乎都成了她的朋友。她說，倒
不是我本事大，主要是三聯這塊招牌
硬。三聯的書，學術性再強，再深，也
好賣。別人以為，許老太太幹這麼多活
兒，一定掙錢不少。其實，收入很少。

和許醫農、邢小群合影

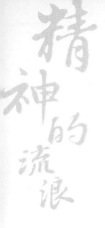

她説，我打工的主要目的不是為掙錢，主要是想幹點事。我想，將來寫中國九十年代學術史、文化史或思想史的時候，如果忘掉許醫農這一筆，就談不上是完整的了。

中年的一位是研究德國哲學的專家朱正琳。他比我大幾歲，也是老三屆。文革中因參加自發的馬列主義學習小組，曾坐過四年大牢。70年代末考入北京大學哲學系，師從張世英教授學西方哲學史，研究生畢業後，到湖北的一所大學教書。又流浪北京擔任《東方》雜誌副主編。因為一無北京戶口，二無正式編制，關係還在原來的大學掛著。他到北京打工，原不是衝著《東方》來的，而是想找三聯書店，辦一份《生活週刊》。追尋三聯書店的歷史，鄒韜奮先生的《生活》雜誌是源頭之一。辦《生活週刊》，具有恢復性質，自然是個好倡議。不料，籌備工作啟動之後，該社聘來的一位新聞界大腕因與他沒有前緣，竟拒絕容他入局。正在沮喪之際，《東方》創刊，邀他主持編輯部的

和高增德（中）、朱正琳（左）合影

常務。以後，他又退出《東方》，當了中央電視臺讀書時間節目的策劃人。經濟收入雖然很好，但中央電視臺言路控制太緊，他想做的事許多都不能做。魚和熊掌還是不能兼得。

　　年青的一位是蕭夏林，90年代初畢業於孔夫子家鄉的曲阜師範學院，在當地活得不愉快，於是獨闖京城。《廢都》熱時有一本名叫《廢都廢誰》的書是他編的。在魚龍混雜的書攤上，卻算得上是一本頗有思想價值和學術意義的書。同時期北大一幫博士出版了一本廢都評論，江蘇學者陳遼也出了一本廢都評論，都不如蕭夏林編的這本有深度。真正給蕭夏林提供施展機會的還是《中華讀書報》。這張報雖然由《光明日報》社主辦，卻採取招聘制。蕭夏林應聘來打工，編〈家園〉版。不到二年的功夫，這塊版已經引起不小的反響。他本來就不甘寂寞，主持版面之後，更是千方百計要把文壇變成一潭活水。當時正逢王蒙和王彬彬展開筆戰，他主動把「二王之爭」引入自己的版面，接著又挑起關於「理想主義」的爭論，引起全國的知識界的密切關注。他還同時幹了一件沸沸揚揚的事，就是編了一套「抵抗投降書系」。說是一套書，其實只出了兩本，一本叫《無援的思想·張承志卷》，一本叫《憂憤的歸途·張煒卷》。二張都是當今文壇憤世嫉俗，情緒激烈的作家。蕭夏林又別出心裁地命以「抵抗投降」，就更加惹人注目。兩本書出版之後，各種傳媒紛紛當作新聞炒作，蕭夏林也出了名。北大百年校慶時，他又編了一本書《為了忘卻的紀念─北大校長蔡元培》。雖然是舊作新編，也有強烈的現實感。如果他還在窩在曲阜，這些事縱然費上九牛二虎之力，也休想幹成一椿。後來，他離開了《中華讀書報》，又換了幾家報紙，不論走

到哪裡，都會發出聲響。後來，他在北京結了婚，妻子有碩士學位，他才按政策把戶口調進北京，進了《北京文學》雜誌社，結束了北漂生涯。

由於戶口體制的束縛，給人才自由流動的體制設置了諸多障礙。中國的戶口制度，是計劃經濟產生的怪胎，其消極後果不一而足。從大處説，人為地阻礙了中國的城市化進程，拖了現代化的後腿。農業戶口和非農業戶口，把中國人分成兩個等級。誰如果生為農業戶口，就天然地低人一等。這就傷害了占人口70%以上的農民的人格尊嚴。在非農業戶口中，北京、上海等特大城市的戶口，又成為含金量最高的特殊戶口，受到更加嚴格的控制。除了某級以上的官員進京被網開一面，平民百姓要想從外地調進北京比登天還難。文革以前，北京的青年人大中專學校畢業後還願意到外地工作。如今的青年人，寧願不上大學也不願意分配到外地，只好對北京戶口的考生網開一面，不轉戶口。而外地考生分配到北京則受到嚴格的限制。一些青年學生，在北京的院校畢業後，想在北京發展，但弄不到留京指標，便把戶口揣在口袋裏，在北京流浪。他們之中的一些人，甚至比當年蕭軍、蕭紅流浪城市還苦還難。北京一些單位用人，都強調要本市戶口，這就把許多人才拒之門外。我有一個朋友的兒子，大學畢業後在太原找不到工作，於是到北京一家報社打工。主持一個版面，幹得也不錯。後來不知根據什麼政策，清查報社是否用了外地人，於是硬是將他除名。其實報社領導對他印象不錯。就是因為缺一個北京戶口，只好捲舖蓋走人。站在這個剛剛走上社會的年青人的角度想一想，他的心裏還能灑滿陽光麼？

北京的房租很貴。流浪北京的文化人為了立足，就要拼命掙扎。所好我母親這裏有住處，這樣就不必為純粹為掙錢而奔波，可以有所為，有所不為。有的朋友說我是自由撰稿人。其實從嚴格意義上說，我還不算。我畢竟從單位拿著一份退休金。邵燕祥先生借用《偽自由書》的說法，笑著說我是「偽自由撰稿人」。我退休時，一些朋友說好，一些朋友也感到心酸。比如我所尊敬的戴煌先生，看到我才40幾歲就退了，覺得不是滋味。我說，退休又不是退出社會。表達思想，用不著借助單位。有的人的發言權是和他的位置聯繫在一起的，一旦位置沒有了，就沒人需要他發言了。自由知識份子不是這樣。他不靠身外的名義，而僅僅依靠思想本身的魅力。

退休以後，心態上畢竟更自由了。在單位裏寫作，要考慮單位領導的看法。過去要看你的研究政治傾向有沒有問題，現在不怎麼說這個了，但要說你的東西算不算論文專著、是什麼檔次的學術成果。山西有不少朋友、熟人在大學裏教書，他們寫東西，首先考慮的不是表達自己的思想感情，而是在什麼地方發表。因為有關方面擬了一個單子，哪些刊物算國家級，哪些刊物算省級，國家級裏還分什麼一類A，一類B。誰要在「一類A」上亮一次相，就得意之極。至於文章說的是什麼，反到無人關心。大家想的都是怎麼炮製敲門磚，好去爭教授。一些朋友見我認識的報刊多，總想託我幫他們發表論文，而且要求上一級刊物，並且說花錢送禮都可以。我很無奈。我認識的編輯的確不少，他們也為缺少好稿而發愁。但他們編的基本上都不是學術刊物。而中國的學術刊物，尤其是所謂國家級學術刊物，基本上都是稿滿為患。這些朋友，如果你勸他給非學術刊物寫一點，他還會覺得你

是拿他開涮。不跳出如來佛的手掌心，你都感覺不到其中的悲涼與荒誕。而你一旦進了如來佛的手掌心，什麼獨立之精神，自由之思想，恐怕就全都找不到了。

我的朋友裏，有幾位是跳出了如來佛的手掌的。比如王小波，他乾脆辭去了教職，成了自由撰稿人，雖然不幸早逝，但他對90年代中國思想文化的實際影響和貢獻，超出他的教授實在不多。

還有一位朋友叫仲大軍，原來在新華社工作，後來也辭職成了自由撰稿人。他曾在國務院發展研究中心的一張報紙兼職。後來一些媒體發表他的文章，總喜歡自作主張地在文末標明他屬於國務院發展研究中心。仲大軍很不愉快，國務院發展研究中心也不愉快，以為他是拉大旗做虎皮。其實，仲大軍根本沒有這個意思。他的文章很好，根本用不著靠什麼部門的名義壯膽。

我和大軍相識，最初是因為辦雜誌，請他開專欄。他善於評述當今中國

和仲大軍（右）、王建勳合影

正在發生的各種經濟社會問題，文筆明白曉暢，常有獨立見解，很受讀者歡迎。一來二去就成了朋友。後來，仲大軍邀我參加一個聚會，原來是一個名姚本星的書商，讀了他的一篇文章，很感興趣，建議他在中國入世之前，以國民待遇為主題寫一本書。我也覺得這個問題很重要。當時，中國加入世貿組織的前景已經明朗，國民待遇一詞在中國出現的頻率越來越高。WTO的基本規則之一就是各成員之間實行國民待遇，而不能相互歧視。但這種非歧視的理念不但對國際間的貿易往來有重要意義，對中國國內的政治生活、經濟生活和文化生活也有強烈的現實意義。

　　仲大軍是個快手，三個月的時間就完成了書稿。書雖然是在短時間內完成的急就章，雖然某些局部可能不夠嚴密，某些見解也不夠徹底，但書中凝聚的人生體驗和理論準備卻不是急就章。他在1978年考入復旦大學中文系讀書以前，工農兵都當過，其人生體驗在同齡人中，無疑是較為豐富的人。畢業後分配到新華社工作，對中國新聞體制內的活動也有長期感受。90年代辭去公職，自辦經濟觀察研究機構，飽嚐了民間學者的酸甜苦辣。書中第一章講到一個民間學者在電視臺的遭遇，主人公正是他自己。他這本書不但思想犀利，而且飽含激情。原因之一，就是他自己的家庭就是戶口二元結構制度的受害者。他妻子雖然與他一起在北京生活多年，但戶口至今仍然在山東農村。女兒一出生就是農業戶口，要進小學唸書了，因為沒有北京市戶口，校方提出要收高價，使得身為父親的即既感不平，又傷腦筋。直到後來，北京市總算開始邁出鬆動戶口政策的腳步，女兒才隨著父親的戶口轉為北京市民，獲得了與其他北京兒童平等的受教育權利。仲

精神的流浪

大軍如果沒有這些人生經驗，就沒有不倦地反思的強大動力。不平則鳴。那些在不平等的體制內得到實惠的學者，或許能在別的方面做出成績，但對不平等的審視，恐怕不會有這種切膚之痛。他毫不諱言，這本書主要是為中國的弱勢群體所寫的。是給社會提個醒：不合理的制度安排，使某些社會群體獲得更多的牟利機會，更多的福利待遇，而另一部分國民卻陷入制度性貧困。他還說，以犧牲農民為代價的發展戰略已經走到了盡頭。發展需要在公平公正的原則下進行，否則，發展就成了貧富差別的代名詞。農民的困境，已經是國務院總理坦言承認的最頭痛的問題。這個問題的產生固然有複雜的原因，但城鄉割裂的二元戶口，無疑是最重要的制度原因。

還有一個朋友傅國湧，也是自由撰稿人。他今年雖然才四十歲，卻經歷過同齡人少有的磨難。我和他聯繫時，他沒有工作，沒有經濟來源，準備撰稿謀生。我讀到他的一些手稿，感到他既有才華，又有思想，於是將這些文

和傅國湧（左二）、王東成（左一）、邢小群在杭州

章推薦給認識的編輯。其中有的編輯還比較識貨，登了幾篇。但他的寫作速度更快。於是不管認識不認識，只要覺得刊物對路，他就廣泛投稿，兩三年的功夫，他的文章已經在國內知識界的公共刊物上遍地開花。我妹妹丁寧是北京十月文藝出版社的編輯。該社有一套中國現代作家傳記叢書，已經經營了二十年，出了二十餘種。在策劃《胡適傳》和《金庸傳》時，我妹妹問我有什麼合適的作者，我說，不要再請那些功成名就的老專家，他們太忙，很難按時交稿，不如請一些新近崛起的中青年學者。於是向她推薦了邵建和傅國湧。邵建不喜歡按別人規定的框架寫作，推掉了《胡適傳》的約稿。傅國湧承擔了《金庸傳》。沒想到他只用了五個多月的時間就寫成了這部書，而且那五個月的寫作時間只有每週的週末，因為那時星期一到五他還得去一家公司打工。

　　現在，傅國湧終於以一個自由撰稿人的身份立足，已經在國內出版了十幾本書，成為中國文史領域的名家。

　　對於自由撰稿人的文化意義，目前社會往往估計不足。本來，自由撰稿人是現代社會知識份子的一種基本生存方式。在當今世界上絕大多數國度裏，自由撰稿人都是一種正當的職業。在中國古代，雖然沒有自由撰稿人這種稱呼，但文人無非兩種可能，一是入仕做官，二是在野為民。雖然士的普遍理想是入仕，但隱逸山林的自覺者也不鮮見。還有不少文人入仕不成，於是舞文弄墨，一吐胸中塊壘。如曹雪芹、蒲松齡等人筆下的千古不朽之作就是這樣產生的。中國古代的私家撰述者，正是中國現代自由撰稿人的前身。到了20世紀初，西風東漸，在上海等商埠，現代新聞業和出版業發展起來。於是，出現了一

批以自由撰搞為生的文化人。其中從事通俗小說寫作者開了以大眾文化為主要取向的自由撰稿人的先河，而以宣傳社會革命或社會改良、開展啟蒙為主旨者則成為以精英文化為主要取向的自由撰稿人的先驅。從新文化運動，一直到四十年代末，中國文化舞臺上自由撰稿人一直十分活躍。許多大文豪、大學者和著名報人都充當過自由撰稿人這種社會角色。從魯迅起，我們可以列出一個長長的名單。當時民間的書局、報館可以合法存在。文化人只要願意，並有一定資金，就可以創辦各種形式的報紙、雜誌、通訊社。國民黨政府雖有新聞檢查，但畢竟從制度上沒有否定民間報刊存在的合法性。夏衍在他的回憶錄《懶尋舊夢錄》裏談到，他當時從事的雖然是職業革命家的活動，但他自己的經濟來源卻一直是靠自由撰稿。以至他擔任上海市軍管領導成員後、被問及每月從組織上領多少小米，竟無法回答。

從五十年代初起，國家將一切有關新聞出版的機構全部控制起來，絕不容許私人染指。所有文化人都被編入單位，成為報社的記者，出版社、雜誌社的編輯，電影製片廠、電視臺和劇團的編導，國家辦的各種研究院所的學者，文聯、作協的專業作家、各類院校的教師，等等。雖然職業的名稱千差萬別，但有一點是共同的，那就是對於單位的人身依附性。工資從單位領，住房靠單位分，職稱靠單位評，職務靠單位提，看病靠單位報，出門須單位批……總而言之，個人生存和發展的全部命脈掌握在單位領導的手裏，人首先是單位的一員，然後才是他自身。政權通過控制知識份子的生存方式，控制了知識份子的行為方式和思想感情表達方式。只有主動放棄工資的巴金和稱病迴避編入單位的無名氏等極個別的文化人的在一定程度上成為

「單位人」的例外，但他們也不可能發表獨立的思想見解。自由撰稿人這一社會角色在中國大陸上逐漸完全消失。從延安時代起就把知識份子當成資產階級或小資產階級來改造的毛澤東，取得政權後終於找到了一種從整體上馴服中國知識界的有效的社會組織形式。

　　大陸重新出現自由撰稿人的萌芽可以追溯到文革。一些青年知識份子在紅衛兵運動期間，曾經自發地辦了很多小報，其內容雖然多屬幼稚的革命狂熱，但也不無精彩的文章。比如遇羅克的〈出身論〉就發表在《中學文革報》上，而這張小報不過是幾個青年學生自己辦起來的。青年人隨便辦報的好景並不長。大約幾個月的時間便被官方嚴禁止，但一代青年知識份子自由表達思想的衝動還在，他們在上山下鄉等運動中被分散到農村、農場、工廠等非文化部門，於是在做工種田之餘，又拿起筆來。其中一些人，只要能夠維持起碼的溫飽，便把這種自發的寫作當成了主業。於是，產生了一批自外於官方意識形態的地下文學、地下學術。多少年之後回過頭來看，其中一些作品竟成為中國文學史、思想史上極寶貴的一頁。當然，這些作者當時不可能意識到自己已經是一種新的社會角色自由撰稿人的萌芽。因為當時不管持什麼思想，都不可能通過撰稿本身直接獲得經濟收入以維持生活。整個文革期間，取消了稿費。投稿甚至需要加蓋公章，否則編輯部無法為不相識的作者承擔政治責任。

　　自由撰稿人的重新出現始於七十年代末。當時出現的西單民主牆和民辦刊物的作者之中就產生了一批具有自覺意義的自由撰稿人。這些自由撰稿人雖然數量不是很大，在當時也沒有條件以自由撰稿為生，但自由撰稿人獨立的精神品質就是在他們身上開始再生的。80年

代中國知識份子的主流是參與體制內的改革。因而那些在社會上威望較高、影響力較強的知識份子往往寄希望於對政府的改革進程施加積極的影響，其存在方式一般仍是在單位的角色規定內活動。他們的身份仍然是作家協會的作家、研究機關的學者、大學的教授等等。他們沒有與民辦刊物中那些年青的自由知識份子為伍的熱情。因為他們是老師輩，後者在他們眼裏至多是學生，並且認為是不成熟的學生。

八九十年代之交的一系列事件，激醒了中國知識份子普遍的獨立意識。他們不再相信任何外在的承諾，而是越來越明確地意識到：我的價值由我自己決定，我的存在靠我自己證明，我的命運由我自己掌握，我的前途靠我自己爭取。在這種背景下，越來越多的文化人擺脫了單位的束縛，走上了自由撰稿人的不歸路。隨著中國社會向市場經濟轉型，整個社會生活開始了靜悄悄的卻是十分深刻的變化。出版社、報社、雜誌社紛紛實行企業化管理，一部分實際上已經變成經營文化的自負盈虧的企業。這些企業名義上有黨政機關主管，實際上擁有獨立的經濟利益。原先主要服務於政治的意識形態工具逐漸變成主要受市場指揮的經濟細胞。這樣，一些報社、出版社的作者的關係，就成為採購與供貨關係。既然是採購，主要就看你生產的東西是不是適銷對路。至於你是誰，便退居次要地位了。如果你的屬名本身就意味著巨大的市場效應，哪怕官方不喜歡你，市場照樣對你表示青睞。這樣一來，一些原先名不見經傳的年青人，一下子成為文化市場的明星，身價倍增。許多老人看不慣，也無可奈何。尤其是隨著糧票等票證的取消，戶口的意義急遽減弱。一個文化人只要擁有了市場需求，他就可以不受單位的制約，甚至乾脆不要單位了。

　　自由撰稿人在90年代迅速增多，還有一個重要的原因，就是國家對文化人完全包下來的體制，在市場經濟大潮的衝擊下，已呈大廈將傾之勢。在朝著市場取向轉型的過程中，中國不論中央財政，還是地方財政，都一度捉襟見肘。報社、出版社、雜誌社、電臺、電視臺被推向市場，自負盈虧，無形之中使一批文化人服從市場的自覺超過了服從政府的自覺。而作協、文聯、社會科學院一類沒有企業化的文化單位，繼續靠財政撥款為生，大多十分拮据，一般的只能發放基本工資，而無業務活動經費，有的連工資也不能保證。這些專門管理文化人活動的單位已經成為財政的欲以甩脫的包袱。這樣，政府就陷入一種兩難困境：又想讓文人聽從擺佈，服從控制，又拿不出大量經費投入文化事業以穩定軍心。這種局面同時使每個文化人不得不思考一個十分現實、無法迴避的嚴峻問題：「皇糧」還能吃多久？於是，原來的文化隊伍呈現出一種飛鳥各投林的紛繁局面：一部分文人不甘貧困，下海經商；一部分文人腳踩兩隻船，半文半商、或半公半私；恪守國家公職人員角色，為政府輿論導向盡職，以享受政府特殊津貼為榮的文化人已為數不多。在這種背景下，一部分知識份子毅然選擇自由撰稿人作為自己的社會角色，是很自然的選擇。另一部分人，比如一些專業作家、一些大學教師、一些研究部門的學者，雖然還在吃著「皇糧」，但他們的價值取向和主要精力投入方向、主要活動方式、主要收入來源渠道，已經是獨立撰稿，所以可視為准自由撰稿人。一旦皇糧斷了，他們馬上會成為完全的自由撰稿人。由此不難預見，隨著中國社會市場取向的進一步深化，自由撰稿人的行列還將進一步擴大。從這個意義上也可以說，市場經濟是自由撰稿人的催生婆。

自由撰稿人的生存，需要一定的表達空間。在毛澤東時代，是不存在自由撰稿人的表達空間的。當時的輿論空間裏只有一種聲音，用當時的一名句流行口號來形容，那就是用毛澤東思想統帥一切。九億中國人，只有一張嘴有發言權，其他都是留聲機。七十年代末開始的思想解放運動，否定了兩個凡是，肯定了實踐是檢驗真理的唯一標準，進而否定了共產黨歷史上多次左的錯誤，這就從理念上動搖了現代迷信和個人崇拜。民間思想的閘門一旦打開，就不是那個領導人可以任意關閉的了。從對現代迷信的信仰危機開始，中國人的思想空前活躍，價值觀走向多元化。自由撰稿人在這種背景下得以公開走上輿論舞臺。90年代初，有人曾力圖將已經開放到一定程度的表達空間重新縮小，但實施過程中已力不從心。過去一度統治中國人精神世界的輿論一律規則，已經被越來越多的人們所唾棄。不論是評價歷史，還是評價現實，不論是評價思想，還是評價藝術，都已無法退回過去時代的價值標準。如果說，五十年代，毛澤東在文化上處於攻勢，把一切異己的思想觀點、學術思潮、藝術風格和流派都一一打入另冊，並吸引了相當多的文化人自覺主動地為之口誅筆伐，鬥出了一個罷黜百家，獨尊毛術的局面；那麼，九十年代的國家意識形態則處於守勢。他們雖然也不時抓幾個典型，但他們的架式已經不是主動進攻，而是消極防範。比如限制報刊品種的增加，規定出版社書號的數量，等等。在內容上，也只以不公開批評國家領導人，不露骨宣淫等最後防線為限。雖然他們也不時以口頭打招呼的方式限制新聞出版的內容，但因不便公開宣佈，其約束力已經可疑。況且現代人的精神空間何其廣泛，限制者總是防不勝防。這就為自由撰稿人留下了足以遊刃的表

達空間，在學術、藝術和大眾文化領域都是如此，當然，在政治領域表達空間還比較狹窄。

　　當然，在出版自由尚無實質意義的情況下，中國的自由撰稿人不同於嚴格意義上的西方社會中的自由撰稿人。西方自由撰稿人主要強調的是不按團體的路線自由行動的人，是未簽約的不屬於任何公司的那些人。這種自由撰稿人只有在已經完全實現言論自由的民主體政內才可能出現。中國的自由撰稿人目前還不具備這種外部環境，還需要努力創造和爭取。

　　當然，為市場寫作並不等於自由。市場規律本身意味著另一種不自由。文化產品的消費者有自己的口味，完全不照顧消費者口味的文化產品是沒有市場的。因此，為市場寫作本身潛伏著驅使撰稿人媚俗的誘惑。金錢的壓力會使許多自由撰稿人為了賺錢，於不知不覺中放棄精神王國的跋涉，而滑入對大從文化消費潮流的拼命迎合之中。這對於以大眾文化為價值取向的撰稿人來說順理成章，但對於以精英文化為價值取向的撰稿人來說，卻無異於失去自身。從目前來說，主要的自由障礙還是政府對輿論的嚴密控制。有些文化產品即使具有良好的市場前景，但只要有某種不利於統治者利益的因素，都會遭到毫不留情的查禁。但從長遠看，對自由撰稿的制約因素將主要來自於市場。

　　自由撰稿人在中國大陸的出現和發展，是嚴冬將盡時飛來的報春燕子。雖然他們在當今中國社會的影響力還比較小，但用發展的眼光看，其意義是不能低估的。

　　第一，自由撰稿人主動掙脫單位和意識形態的束縛，對於整個新聞出版的變革是一種促進力量。自由撰稿人的出現使官辦輿論的從業

人員有了潛在的競爭對手。隨著不斷的實力較量，自由撰稿人的行為方式的思想觀念將對官方輿論的從業人員產生潛移默化的影響。民間的挑戰可能促使政府對新聞出版的管理方式做出改革或讓步。

第二，自由撰稿人目前多是在政府控制力較差的領域運作，比如非黨報刊。這在無形中增強了非黨報刊的影響力，無形中使這些以娛樂、消費、實用或某一專業為宗旨的報刊家逐步承擔起一部分社會輿論的職能，演變成民間的傳播媒介。在一個嚴格控制輿論的環境中，自由撰稿人天然地將充當民間聲音的代言人，因為他不對某一具體單位負責，這種相對自由使他們有可能代表更廣泛的大眾的聲音，以對公眾和道義負責的精神表達自己願意表達的觀點，一些官方有意隱瞞的資訊就有可能通過自由撰稿人傳播出來，從而鬆動輿論一律的局面。

第三，雖然目前自由撰稿人中有一部分是求職不如意的年青人，他們成為自由撰稿人有一定的被動性和盲目性。但隨著社會發展，這個社會群體將發生變化，被動的成員將轉為主動，盲目的成員將轉為自覺，一些有成就有名望的學者、作家、記者和編輯也會主動放棄官方提供的待遇，而儕身於自由撰稿人的行列之中。自由撰稿人的精神魅力之所在，正是自己獨立的思想見解。因而，隨著社會的變革，這個群體中很可能還將產生出一批新型的社會活動家、政治家和輿論代表。

幾本隨筆

在北京流浪的生活方式，影響著我的表達方式，那就是只能以隨筆為主，看一本書，有一點感想，就寫上一小段。正兒八經地做學問，沒有資料的支援是不行的。但我現在的生活方式恰恰無法解決資料的支援。公共圖書館手續的繁瑣，令我望而卻步。於是，只能零敲碎打地寫隨筆。

隨筆在思想的系統性上當然不如專著和論文，但卻可以面對更多的讀者。我先後出版了幾本隨筆。

第一本是《冬夜長考》，由天津教育出版社出版。那是1996年，作家蕭復興和該社編輯李莉策劃了一套題為「書邊草」的叢書，他們已經組織了四本，由李輝、徐魯、李皖、蕭復興分別談中國現代作家、外國作家、流行音樂和外國古典音樂，問我能不能編一本談論中國學者的集子。我很快編了出來，於當年年底出了書。書裏的文章雖然是零敲碎打，但整體的想法還是有的。就是二十

世紀中國知識份子，特別是世紀後半葉知識份子獨立人格的失落與重建。思考這個問題，首先當然是基於現實的感受。自己在知識界工作，不能不經常反省知識界自身。尤其這些年來，政治的暴風雨和經濟的暴風雨反覆地沖刷著書齋，讓人不由得不思考知識份子是什麼？從哪裡來？到哪裡去？這本隨筆，基本上是就是對這些問題的思考。

　　第二本是《尊嚴無價》，由青島出版社出版。事情緣起於1996年秋天，我有事給《南方週末》鄢烈山去信。他回信說，正要找我，不知我的通信地址。原來，青島出版社的編輯王一方正在和劉洪波、朱健國及他策劃一套雜文新銳叢書，我也是被考慮的人選之一。我想，可能因為在《南方週末》等報發表過一些書評之類的短文，給他們留下了一點印象。一個月後，王一方來北京出差，我們一見如故。他說，這幾年，老一代作家的雜文隨筆出得很多，尤其是二三十年代的文字，很多版本反覆編選，讀者已感重複。所以，我想推出一些中年或青年作者的文集，給讀者界提供一些新的思想文化資源。他這個想法我當然贊同。我在前一個集子以外，還有很多短文。很快我就自選了一百篇，編好目錄，送給他看，他基本滿意，撤了幾篇，又讓我補了幾篇。隨後，我們一起拜訪了邵燕祥先生，請他為這套書寫一個總序。他問了幾位作者的情況，欣然應允。以後，便是發稿、排印、校對。王一方是個細心人，他原想慢功出細活。他設計的版式也的確精美，起碼是使我這些參差不齊的文章增色不少。本來，他還想有條不紊地進行。夏天突然聽說鄢烈山病了，他便加快了節奏。王小波的突然辭世給我們這一代人的刺激太大了。一方也生怕鄢烈山這位深得人心的時事評論家有什麼不測，於是趕在9月份把書印了出來。正好，

鄢烈山來北京看病，我們一起分享了收到第一批樣書的喜悅。所好，老鄢的病情不算嚴重。雖然有人巴不得他早一天閉嘴，但他還能源源不斷地發出自己的聲音。我不知道我今後能不能躋身雜文界，而不算濫竽充數。但通過參加這套《野菊文叢》，使我得以結識雜文界的一些朋友，註定會讓我終生受益。

　　第三本是長春出版社出版的《和友人對話》。這本書編得比上一本遲，出得卻比上一本早。那是1997年春天，該社編輯鄧進要策劃一套的《求索文叢》，向我組稿。我手頭的隨筆剛給了王一方，就問他編一本和朋友的對話錄行不行，他說行。於是，我就把最近幾年和朋友們的對話編了一本書。對話和訪談，如今已經是一種十分流行的體載。我平時閱讀就有這樣的體會：一個嚴肅的問題，如果以學術論文的形式出現，讀起來就比較累，往往得正襟危坐，才能入境。而以對話或問答的形式出現，閱讀的心情就會愉快得多。其實，這種方式古已有之。從中國的孔子，到古希臘的柏拉圖，中西先哲都用這種方式給我們留下了不朽的思想遺產。我之所以樂於和朋友們對話，倒不是故意想要模仿先哲，而實在是覺得這種方式與個人單獨寫作的感受大不相同。幾個朋友圍坐在答錄機前，圍繞一個共同感興趣的話題，各抒己見。思想的閘門打開之後，彼此互相啟發，互相碰撞，許多新的觀點就會跳躍出來。過去讀劉禹錫的〈陋室銘〉，「談笑有鴻儒，往來無白丁。」我們雖不是鴻儒，但古代文人的這一樂趣，我們同樣可以擁有。這些對話的記錄當然不如文章結構完整，邏輯嚴密。但文章一經修改，就把思維過程中不成熟的地方覆蓋了，而對話不但可以記錄思維的最終結果，也可以展示思維的過程本身。也許一些不成熟的

想法，正是有意思的想法。對話的形式，可以說事，也可以說理，來回穿插，比較自由。一個話題轉到另一個話題，用不著起承轉合。所以，如果說論文是讓人坐在書房裏讀的，對話則可以躺在床上翻。

這本對話的主體部分是和高增德、謝泳的討論。此外討論的對象還有原來《晉陽學刊》的同事閻勤民。和他對話的主題是中外小說名著與性文化的關係，時間是1991年到1992年。當時，我對現實的表達進入失語狀態，只好把關注的目光轉向古代和外國。我給自己設計的選題是小說與性文化研究。先後作了《金瓶梅》、《紅樓夢》、《十日談》、《查泰萊夫人的情人》幾個專題。閻勤民學美術出身，當過劇團的舞台美術，辦過企業的小報，後來對學術研究發生興趣，先是專攻《孫子兵法》和《聊齋志異》，寫了三本書。1993年和我同時被趕出《晉陽學刊》，後來已經轉入心理諮詢。當時我感興趣的選題，他也感興趣，於是經常一起談

和閻勤民（右）、劉毓慶（中）在大同

論。可惜,兩個人的當時談話沒有錄
音。而是一人事後整理成文,另一人修
改補充,所以失去了當時的談話氣氛。
昆德拉的《生命中不能承受之輕》,原
來我們也想從性文化的角度切入。但一
進入,就發覺首當其衝的不是性文化,
而是關於「媚俗」。昆德拉雖然是外國
人,卻充分地表達了我們無奈的精神處
境。面對「媚俗」這個命題,又把我的
目光從古代和外國拉回到中國的現實。
閻勤民心理諮詢如日中天,59歲時死
於癌症。

和陳坪(右一)等同學在寧武天池

　　此外,和陳坪也有一些對話。他
和我是大學同學,也是社會科學院的同
事。他的特點是具有內省力,喜歡深
思。當時他和我就現實的文學藝術現象
有過幾次對話。後來,他越來越走向內
心的獨白。他認為我和謝泳太關心政
治。其實並非我想關心政治,而是政治
太關心我。我想表達的本來不過是良
知。但良知如果和權勢衝突,良知也顯
得很刺眼。

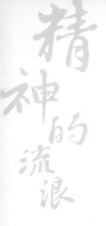

本書中還有一些對話和訪談是在北京進行的。比如我和中央音樂學院蔡仲德教授的對話，就是在馮友蘭先生的故居三松堂裏進行的。蔡教授是馮先生的女婿。我讀了他著的《馮友蘭先生年譜初編》，發表了一則隨感，他看到以後，要和我交換意見，由此相識。見面聊起來，才知道蔡先生近幾年也在研究二十世紀的中國知識份子，他叫士人格研究。於是，我們也作了一次對話。蔡先生不到七十歲，便因病辭世，不能不讓人神傷。

魏光奇和我是插隊時代的朋友，他也是一位民間思想者，現在在首都師範大學教歷史。我們現在仍然經常討論各種思想文化方面的問題。

第四本是《反思歷史不宜遲》，以1988年的文章為主，上海三聯書店出版。

此外，我還與謝泳、郭汾陽合作了一套圖文並重的《舊蹤書系》。起初是1997年10月，江西教育出版社的編輯劉景琳想出一套類似《老照片》那樣

和魏光奇在香山

的「老大學的故事」，專門回顧共和國
成立以前的教育傳統。他找我和謝泳組
稿。我們覺得，每一所老大學之間共性
較多，於是建議老大學、老報館、老書
局各來一本，通過這些故事，弘揚本世
紀上半葉自由主義知識份子的風采。雙
方談妥，簽了合同，讓我們當年七月交
稿，三本書合稱《舊蹤書系》。其中
《大學舊蹤》是謝泳寫的，後兩本由我
與郭汾陽合作，實際上主要是郭汾陽撰
稿。郭汾陽和我是大學的同班同學，現
在浙江大學教書。他的父親郭根先生是
現代報人邵飄萍的女婿。受家庭影響，
他一直喜歡中國現代文化史。談論老報
館、老書局的掌故，他可謂輕車熟路，
如數家珍。也可能是早期文獻讀得太多
的緣故，他寫文章與目前通行的白話文
總有些距離，所以我的主要工作就是把
他的表述改造成讀者習慣的口語。這兩
本書的序是我執筆，表達了我對這個問
題的基本想法——

　　二十世紀轉眼就要結束了。這本
小書講述的卻是本世紀上半葉的故事。

和郭汾陽（左一）徐方合影

但經驗告訴我，當今的人物，心靈上可能拖著古老的辮子；久遠的故事，卻可能包含著前瞻的內容。筆者講這些故事的初衷，不只是為讀者提供一些茶餘飯後的談資，而是想緬懷中國報業的一個有待弘揚的重要傳統：自由主義。

中國報紙的淵源雖然可以追溯到古代的邸報，但那畢竟是官家的專利品，與民間無緣，和我們現在所說的大眾傳媒是兩碼事。所以，追懷自由主義的報業傳統，只能追溯到近代報業的興起，追溯到西方文化傳入中國以後的故事。

20世紀的中國報業大體形成了兩個主要的傳統：一個是革命的傳統，一個是自由的傳統。這兩個傳統雖然有差異，在挑戰專制統治時，曾經攜手並肩，在某些人身上一身二任。在本世紀初到到四十年代發生的許多故事中，可以清楚地看到這一點。面對皇權的禁錮，面對軍閥的專橫，面對敵寇的入侵，爭取自由和變革社會曾經譜寫成一曲激動人心交響樂。比如，在抗日戰爭中，有多少無黨無派的報人，和多少身為共產黨員的報人，共赴國難，同仇敵愾，奏出時代的強音。但是，到了50年代，這兩個傳統的差異突顯了，分道揚鑣了。在很長時間內，講到現代報業的傳統，就是革命的傳統，這方面的書出得很多很多。有關自由的傳統，則不僅僅不能正面宣傳，還要當成負面的東西來批判。代表這種傳統的報人，有的靠邊站，有的戴帽子，有的留在新聞崗位上，也不得不自我檢討，自唾其面。從反右到文化大革命，一次又一次比一次嚴酷的運動，生生地把一個好傳統人為地中斷了。以階級鬥爭為綱，實行輿論一律，最後發展到文革中的一言堂，小報抄大報，大報抄梁效，獨斷論的新聞觀發展到了登峰造極的

地步。革命傳統失去自由傳統的參照，也走到了自己的反面。殷鑒不遠，值得深思。

本書不是系統的專史，只是鉤沉一些有趣的掌故，期望通過這些零星的掌故，讓讀者感受到一點老報人的自由主義風采而已。筆者預言，在21世紀，這一傳統將重新得到新聞界的認同。中國的報業，也得因這一傳統的恢復和弘揚，煥發出新的生機。

老書局的故事，也可以説是現代出版家的故事。中國現代的出版家，往往與作家、學者、教授一身二任。一個人，可以在創作、研究、教學和編輯出版經營領域裏全面出擊，縱橫馳騁，這是中國現代知識份子的一個傳統。由此可見，在市場經濟條件下的出版業，既是一個文化產業，也是知識份子履行自己社會角色的基本方式。這些故事，在本世紀上半葉是有聲有色地上演過的，輝煌過的。只是到了50年代，在計劃經濟格局裏，這個傳統中斷了，教師就是教師，作家就是作家，編輯就是編輯，出版工作者就是出版工作者，每個知識份子都隸屬於一個具體的單位而別無選擇，那種一身幾任的文化人不復存在了。出版大家也不復產生了。當你回首那一代大家的時候，有時竟會驚訝，他們的生命哪來這麼大的能量？其實，人是有那麼大大的能量的，知識份子是能起那麼多作用的，關鍵是要有一個讓人盡其才、大家輩出的環境。不入前，商務印書館在紀念百年華誕的時候，印了兩本書目，前五十年是厚厚的一本，後五十年是薄薄的一本。兩相比較，不能不令人深長思之。

如今，中國重新進入了市場經濟的軌道，知識經濟將成為社會發展的火車頭。出版業無疑地處於火車頭的位置中。出版家與作家、學

者、教師的角色整合的可能性再一次出現。這是中國文化人的一個福音，也是對中國知識份子的又一次挑戰。市場是一雙刃寶劍，它既給知識份子以廣闊的用武之地，同時也會誘惑知識份子忘掉精神世界的追求，而放棄自身的角色。如何在發揮自己的知識優勢的同時，堅守社會良知，成為中國出版業走向二十一世紀的新課題，同時也是中國知識份子二十世紀沒有答完二十一世紀還要繼續回答的老課題。

如果本書追述的現代出版界的這些老故事，也算是筆者對這些課題的一份小小的答卷。

書出來了，「自由主義」的字眼卻全被出版社換成了「爭取自由民主」。這一換，也就失去了我的原意，成為永遠的遺憾。好在這套書的美術設計用「科學民主」四個字把三本書的封面編在一起。那年是五四運動80周年，這三本書也可算作對五四的小小回應吧。

以後，我還在青島出版社出了一本《午夜翻書》。

回憶小波

王小波已經成了古人。我和他相識，是因為認識他的妻子李銀河，我們都在山西沁縣插隊。但第一次見面是1972年底，我已經到太原上班，回村轉戶口。當時李銀河到我們村找文重萍借書，與她初次相識。以後在北京也見過面。因為李銀河家有蘇聯印的世界名畫，我專門去看過一次。以後她出國留學，再沒見面。

重新聯繫已經是90年代的事。1992年，邢小群到北大當訪問學者，住集體宿舍很不習慣，經常失眠，李銀河當時在北大教書，有一個小單元，於是把自己的房子借給她住，解除了她的困擾。這樣，她先認識了王小波，並得知他們夫婦合寫了一本研究同性戀的專著《他們的世界》，已經在香港出版繁體字本，但在內地出版簡體字本很不順利。我找到山西人民出版社的蔣澤新和爾雅書店的靳小文，促成了它的出版。由此開始和小波通信。

後來到北京見了面，才知道他不只是一本書出版受阻。他送給我們一本小說集《王二風流史》，也是香港出版，其中第一篇《黃金時代》在臺灣還得了《聯合報》文學大獎，但卻無法與國內讀者見面。

我把書拿回家，一口氣讀完了，立馬禁不住拍案叫絕。我在80年代也曾熱心於中國當代文學的批評，幾乎所有風雲一時的小說新作都讀過，但像《黃金時代》這樣既有先鋒性，又有可讀性，既讓人哭笑不得，又讓人掩卷長思的傑作，還真不多見。現今文壇上有太多的滑稽，太多的插科打諢，缺少的是真正的幽默和諷刺。而王小波的小說正是中國當代文學創作所缺少的。

小波也為無法讓國內的讀者有所瞭解而苦惱。他當時還有加入中國作家協會的願望。作品在國內發不出來，這個願望也無法變成現實。作為朋友，我幫不上別的忙，但總覺得，把他的小說推薦給國內的文學刊物發一發，不該是難事。

我先給了山西省作協主辦的《黃河》。主編周山湖是我的朋友。周山湖也有過知青的經歷，他雖然是老大學生，卻曾跑到杜家山上和蔡立堅一起插隊。他看了《黃金時代》，一下子就掂出它的份量。他由衷地喜歡，實在想發表，但面對其中獨具一格的性描寫又發了愁。不久前，他們刊物剛剛遇到過麻煩。掂量再三，還是決定忍痛割愛。但他心有未甘，用毛筆工工整整地給王小波寫了一封信，高度評價他的小說，希望他能拿到後臺更硬的刊物上去發表。後來《黃河》還是發表了小波的另一部小說，但畢竟已是在《花城》等刊物之後了。

接著，我又託在十月文藝出版社當編輯的妹妹丁寧，向《十月》推薦。那裏的回答也是一樣，小說很精彩，但現在不敢發。

當時，邢小群正在謝冕教授那裏學習。他們每一兩周舉行一次專題討論。我向她建議，能不能將王小波在香港出的書送一本書給謝老師，請他安排一次專題討論，讓中國文學界認識一下王小波。王小波送了書，但專題討論卻沒有能夠實現。謝老師當年支持剛剛崛起的朦朧詩，當過一次伯樂。這一回大概是疏忽了，失去了再一次擔任伯樂的機會。

與此同時，一些我認識或不認識的朋友也在為發表小波的小説，在一個又一個編輯部之間徒勞無功地奔走遊説。我知道，他們的熱心之舉沒有任何功利的動機，實在是覺得不該不讓國內的讀者來分享我們這份閱讀的愉快，不該不讓過於浮躁的當代文壇感覺一下山外有山，天外有天。然而，一次又一次的努力都失敗了。眼見著許多二三流的選手被啦啦隊搖旗吶喊，大聲喝彩，而超一流的選手卻被拒於賽場之外，我除了苦笑，還能有什麼反應？大陸作家描寫大陸故事的小説，卻只能在臺灣島上流傳，這是王小波的不幸，還是大陸文壇的不幸？

真正把王小波的小説在國內推出來的是華夏出版社的趙潔平女士，時間已經到了1994年的夏天。我直到和小波遺體告別那天，才認識了這位有膽有識的編輯。據説她是趁出版社領導不在國內的時候辦成此事的，事後還遭到過責備。接著，王小波便以「文壇外高手」而名聲大作。當然，小波在中國當代文學的獨特地位，也許要再過若干年才能得到恰當的歷史定位。而他卻過早地成了古人。

我不知道後來小波是不是還想參加作協。只是聽他説起參加過一次市作協的討論會，感到一陣失望。因為會上討論的事情，在他看來實在無聊。

和郭小林在北京郊區

1997年1月湘聲報來北京組稿，左起邢小群、丁東、李輝、王小波、牧惠、藍英年、邵燕祥、楊帆、湘聲報主編、仲大軍

忙雖沒幫上，但和小波的來往卻多了起來。因為我兼著幫一些雜誌組稿的差事，所以不時要向小波索稿。

在他生命的最後半年，我和他見過三面。

一次是我陪《中國作家》編輯郭小林到他家去約稿。他當即從電腦裏調出了一部沒發表過的小長篇。郭小林拿回去之後，編輯部領導説，太長了，不發，讓他寫一個短點的，等明年第四季度再考慮。郭小林只好給我來電話，讓我向小波轉達歉意。我説，不用轉達了，因為這種事小波經歷得太多了。將來遺憾的恐怕不是小波，而是你們雜誌。我原聽説他們那位領導有京城名編之譽，也知道當年經他之手，確實發表過不少佳作。但這一次，他的決策未免失之輕率。

二次是春節前參加《湘聲報》在北京舉辦的一次組稿會。《湘聲報》春節前派員專程來京聯繫作者，小波也在其中。那天，我和小波的座位挨著。他説了些什麼我記不清了。我只記得他説

的一句話：「銀河是『叛徒』，黃梅是好樣兒的。」朋友們都知道他們夫妻感情很好，何來「叛徒」之說呢？原來，前些時候，中國社科院評職稱，一律考外語，李銀河參加了考試，評上了研究員，按她的學術成就，這本來也是應該的。但黃梅覺得讓她去考外語是一種屈辱，抵制了考試，便與研究員無緣了。她們都是留過洋的博士，黃梅還是英國文學專家，如此考外語，好比把成人送進幼稚園，的確荒誕。一般人們對生活中的種種荒誕早就習以為常，王小波卻覺得不是味兒。由此想起，我從來沒有問過他為什麼要辭去教職，當他的自由撰稿人，也許從這裏能找到謎底吧！

參加王小波告別儀式時和張衛民（左一）朱正琳（左三）錢荎（左四）合影

　　第三次見面是在西單一帶的馬路上巧遇。當時正月十五剛過，鄧小平剛去世，人們都在關注著中國的前途。王小波問我聽到什麼消息沒有，我說沒有。匆匆聊了幾句，就分手了。沒想到，這竟成了永訣！參加遺體告別時，我擬了一幅對聯：

陰陽兩界，惟餘王二風流史；

天地八方，何覓自由撰稿人？

　　王小波死後，引起了巨大的迴響。最初，這種迴響發生在同一代知識份子身上。在遺體告別和其後的兩次紀念會上，我都深深地感受到了。接著，他又引起了老一代知識份子的注意。我見到90歲的許漢三先生。他戴著1000多度的眼鏡，剛剛讀完《我的精神家園》，他的評價是，文章寫得好，死得太可惜。我見到李慎之先生，他中風以後，身體已經不如從前。但他還是給王毅主編的一本王小波評論集寫了一篇序。他說，王小波是很聰明，但還不能說是聰明絕頂。我主要是在自由知識份子的意義上肯定他。我問，您讀了王小波的書，是不是感到自由知識份子後繼有人？他說，我的話講得比較悲觀：王小波去世，自由知識份子又少了一個。李先生已經七十多歲了，他是從世紀的角度來回顧自由知識份子命運的。此前，他在給《顧准日記》寫的序言中有這麼一段話──在已經到了世紀末的今天，反觀世紀初從辛亥革命特別是五四運動以來，中國志士仁人真正追求的主流思想，始終是自由主義，雖然它在一定程度上為激進主義所掩蓋。中國的近代史，其實是一部自由主義的理想屢遭挫折的歷史。然而九曲黃河終歸大海，顧准的覺悟已經預示了這一點。

　　我想，王小波的覺悟，進一步預示了這一點。

　　《浪漫騎士》出版之後，不只一位朋友對我說，劉曉陽的文章最好。劉曉陽的文章的確很好，也很妙，回憶王小波，先談另一個同名的熟人，在筆法的機智方面，有王小波風。但我知道，給人印象最深

的還是最後一段：〈最後的電子郵件〉。王小波在去世前一天，給遠
在美國的老同學劉曉陽發了這樣一封電子郵件──

> 我正在出一本雜文集，名為《沈默的大多數》。大體意思是
> 說：自從我輩成人以來，所見到的一切全是顛倒著的。在一
> 個喧囂的話語圈下面，始終有一個沈默的大多數。既然精神
> 原子彈在一顆又一顆地炸著，哪裡有我們說話的份？但我輩
> 從現在開始說話，以前說過的一切和我們都無關係──總而
> 言之，是個一刀兩斷的意思。千里之行始於足下，中國要有
> 自由派，就從我輩開始。是不是太狂了？

《浪漫騎士》的編者自然深知這段話的份量，所以曾經猶豫，要
不要拿掉，以免引起麻煩。然而，幸虧終於沒有拿掉，否則，一般讀
者就失去了一把走進王小波精神世界之門的最重要的鑰匙。

對於王小波的文學成績，人們看法並不一致。有人已經發出忠
告，不要把王小波的文學成就抬得過高。提出這種看法的動機我很理
解。但文學鑒賞不是體育比賽，從來是仁者見仁，智者見智，很難找
到共同的尺度。別說是王小波的小說，就是《紅樓夢》，讀者照樣有
不喜歡的權利。但我還是認為，王小波小說的成就，在他生前沒有得
到輿論公允的評價。王小波的創作生涯雖然可以追溯到80年代。但他
在90年代初推出《黃金時代》的時候就已經步入了當代中國第一流
小說家的行列。為什麼這麼說呢？這倒不是因為他死後，《時代三部
曲》如何走俏，暢銷書裏也有不少淺薄之作。我是把王小波的小說放

到當時的文壇格局裏考察，才產生這樣的想法。進入90年代的時候，中國的小說創作正處於一個低潮，彌漫著玩世、厭世、阿世諸種難成大氣的心態，可謂黃鐘毀棄，瓦釜雷鳴。小說新作中能讓人刮目相看的太少了，人們只好去讀剛剛翻譯進來的昆德拉。在這樣的時候，《黃金時代》的出現的確讓我興奮不已。我是1993年初讀的香港版。也可能是先入為主的緣故，以後再讀小波別的作品，總覺得不如這部寫得好。據說，這是他最下功夫的一部小說，大約1988年開筆，前後改了十幾遍。他寫這部小說的時候，中國文壇根本不知道他是誰，所以他的態度特別認真。那些已經成了名的小說家，是很難這麼認真起來的。開筆的時候，他還在國外留學，所以心態又十分自由。如果在一個不時總要瞻前顧後的環境裏創作，很難達到那種淋漓盡致的幽默。對專制的嘲諷，對美好人性的謳歌，是如此自然地溶為一體。尤其對把性的把握，我覺得在心態的健全性方面達到了中國當代文學不曾達到的高度。小波去世後，我和自由導演張元聊過。張元問我：小波的小說，你喜歡哪一部？我說：《黃金時代》。他說，他也最喜歡《黃金時代》。以後爭取把它拍成電影。

我還曾和一些朋友私下提出這樣的想法，在中國大陸的小說創作中，60年代的第一人是余易木，代表作是〈春雪〉和〈初戀的回聲〉。90年代前期第一人便是王小波，代表作是《黃金時代》。把余易木提到這樣的高度，也許有人說我聳人聽聞。的確，以前的文學史，都沒有這麼說過，甚至根本沒有把他的作品放到60年代考察。但他的小說，無論思想上，還是藝術上，都不是那些套著當時意識形態枷鎖的作品所能比擬的。隨著時間的推移，我自信以後的史家會認

同余易木的價值。至於王小波，我的評價也可能出自偏愛，冒失了
一些。

　　王小波去世的第八年，在魯迅博物館舉辦了王小波紀念展。我
應邀參加開幕式。遇見了很多老朋友，也看到了更多的年青人。他們
是王小波的追星族，有的還自稱「王小波門下走狗」。王小波生前寂
寞，死後卻長熱不衰，這可能是他沒想到的。

民間思想（上）

我和謝泳討論文革中的地下文學之後，覺得研究的視野僅僅局限於文學過於狹窄，於是擴展到文革中的民間思想。為此，我們四處搜集資料，還找當事人進行採訪。先是一起訪問了張木生，後來我又訪問了趙京興。

趙京興是一位經濟學專家。我是在一個很偶然的情況下，從一本《經濟藍皮書》中見到他的名字的。於是，尋到了他的工作單位——中國社會科學院數量經濟與技術經濟研究所。在那間寂寞的研究室裏，他開始了往事的追憶。

那是一場狂熱剛剛退潮的年代，也是一個沉思剛剛開始的年代。當時北京的一批中學生，有過一次自發的讀書熱。這次讀書熱至今史無記載。趙京興是這樣回憶的：67到68年，他每天到北京圖書館讀書。當時去看書的學生很多，座位少，只好起大早，裹著大衣，早上四點鐘就去排隊。在這段時間裏，他廣泛地閱讀了中國和外國的哲學、歷

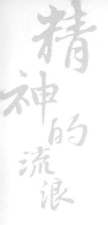

和謝泳在灕江

史和文學著作。從馬克思、恩格斯、普列漢諾夫、列寧、毛澤東到培根、洛克、貝克萊、休謨、康德、黑格爾、費爾巴哈，從先秦諸子到魯迅，從歌德、陀思妥耶夫斯基到高爾基，都在他研讀的範圍之中。《哲學批判》，正是讀書的一個結晶。

人以群分。他的戀人同樣崇尚精神。她收到了論文之後，抑制不往內心的激動，於是把其中一部分油印成冊，讓要好的同學們分享。對於經歷過紅衛兵運動的年青人來說，油印點什麼東西本來不算什麼。但不知怎麼，很快引起了公安部門的注意，災禍由此而生。

開始出面的是學校軍宣隊，對他還算客氣，準備讓他插隊，打發下鄉了之。但他卻貼出一張大字報，以毛澤東有走馬觀花、下馬看花、安家落戶三種選擇為據，表明自己有志於學術研究，下馬看花可以，不想安家落戶。在上山下鄉偉大戰略部署的高潮裏，這不啻一石激水。於是，問題馬上升級。一隻手銬把他送進了拘留所。從此，開始了多達百餘次的遊鬥。會場有時設在學校，

有時設在街道。凡是需要動員下鄉的地方，都用他當「反面教員」。趙京興說，最難受的是90度彎腰。因為彎腰時間一長，腿就發軟，發抖，好像真是作賊心虛了。有一位員警，總是用膝蓋抵住他的腿，這樣他就能支撐得長些，至今想起來他還很感激。

　　一關就是三年。一次，半夜突擊審訊，他頂撞了幾句，就上了背銬，一上竟達半年之久。後來之所以解下來，不是因為良心發現，而是因為抓人太多，手銬不夠用了。林彪事件之後，他才出獄，那已是1972年的歲尾。他一個人背著行李捲，走在大街上，路過缸瓦市的一家家俱店，裏面播放著久違了的古典音樂。他佇立在那裏，一直把樂曲聽完，才回家。

　　這一段冤獄的陰影，直到70年代末恢復研究生考試的時候還沒有消散。所幸的是，當時他已經進入了學術部門。這對於趙京興來說，是不是一種幸運呢？但他真正的潛力並不在經濟學領域，而在更加形而上的哲學。我訪問他的時候，他還感慨，如果我不是從事經濟學，而是從事哲學，也許會有另一番收穫。

　　不知從什麼時候開始，學界形成了一個不成文的規矩，論文以公開發表為憑。趙京興這篇論文，至今卻從來沒有公開發表過。這只是一份手稿。但我覺得，那些平庸的鉛字，那些為了評職稱炮製的「學術」垃圾，就是壘成一座山，也不能與它的價值相比。

　　趙京興的手稿近十萬字。篇幅雖然不算大，卻是一個體系的雛形。它分上下兩卷。上卷為哲學的認識，下卷為哲學史。雖然，無論從學術的角度，還是從思想的角度，它都存在著諸多的不成熟。但今人如果閱讀它，已經很難想像它在當時是出自一位18歲的中學生之

手。那是一個讓成人天真的年代，同時又是一個讓青年早熟的年代。特殊的年代就是這樣一所特殊的大學。精神越是貧乏，就越會有人追求精神；思想越是單調，就越無法避免產生獨立思考的大腦。一個將近10億人口的大國，只靠一本語錄，四卷「寶書」，填充全部的思維空間，本來就不可能。對於剛剛經歷過劇烈的社會風暴的青年學生來說，更是如此。

這份手稿用今天的眼光看，找到其中過時的東西並不難。問題在於，它是寫於1968年。還原到當時的思想環境，我們不能不驚訝它的過人之處。

面對個人崇拜登峰造極，一片造神之聲的狂熱氛圍，手稿發出了冷靜的聲音：「人需要什麼，就把什麼神化，因為人們對它還處於必然衝動之中，還沒有認識對方，支配對方，而絕對的必然衝動，就使對方神化為最高的存在。……古代的拜物教，近代的基督教、現代的個人崇拜都是這樣。」

實踐檢驗真理直到10年後才成為中國思想界的著力衝破的禁區，當時以領袖的言論衡量一切還是天經地義。手稿卻說，「由於人論證它的真理性的必要，而又不明了它的根源於人的實踐基礎，必然把它神化為客觀，以為這樣才能使它獲得客觀性真理性，這樣就使所謂唯物主義走上唯心主義的道路。它不是從實踐中來論證認識的真理性，而是企圖從客觀上，或者說用對象說明對象。我把這種思想叫做客觀主義。我認為它是導致認識的危機的最危險的敵人，尤其是現代，這種危機越來越明顯地顯示出來，而使人類認識陷入盲目的絕路，因此必須專門對它進行批判。」

　　針對當時占統治地位的極端主義的思維方式，手稿強調了界限的意義：「真理正在於它的界限，失去了界限就失去了真理。」「抽象力也可以說是一種界限的能力。誰善於為事物規定適當的界限，誰就有強大的抽象力。這是世界上最偉大、最值得歌頌的力量。真理也就是界限，離開了一定的界限就打破了統一體的和諧，就要失敗，就失去了真理性。人就是抽象。不能成為這樣的力量的存在，他就既搞不了科學，也搞不了政治。」

　　作者甚至也意識到了表達的風險。手稿一開始就說：「他所帶來的責難那正是我預料之中的事情。對於誇獎我從來不對它抱有多大希望。我知道要邁出一步是多麼艱難。」但他又申明：「真理是不怕權威的。與權威不同並不是罪名。」

　　這個手稿讓員警和軍宣隊來批判，自然顯得過於玄奧，於是拿到當時中國科學院哲學社會科學部去審查。那裏到底是專家雲集之地。審查的結論是宣揚人性論。這個結論倒接近實際。人本主義，的確是手稿的思想。作者當時從費爾巴哈的人本主義思想裏受益很多。他申明，「費爾巴哈曾說：『未來哲學應有的任務，就是將哲學從僵化的精神境界重新引導到有血有肉的、活生生的精神境界，使它從美滿的神聖的虛幻的精神樂園，下降到多災多難的現實人間。』我們的著述正是遵循著這位可敬的老人的遺言的。」他還說，費爾巴哈的「第一個思想是上帝，第二個思想是理性，第三個思想也就是最後一個思想是人。費爾巴哈是一個嚴正的熱情的思想家。這是一個真正的人。」在這裏，一般地討論費爾巴哈人本主義思想的歷史地位是無法說明問題的。它的歷史語境與80年代中國思想文化界的人學熱也不可同日而

語。經過60年代初把人性論、人道主義捆到修正主義的馬車上加以鞭笞之後，中國思想界已經對「人」字噤若寒蟬。不論是中國傳統文化裏的人文主義思想，還是歐洲文藝復興以來的人文主義思想，都被當成意識形態的大敵。只要重新看看林彪委託江青搞的那個部隊文藝座談會紀要，就可以感受到在當時「人」是一個怎樣的禁區。然而，這份手稿還人把「人」的問題提到了第一位。他說，「費爾巴哈關於人的思想比較重要的就是『愛』。愛是什麼呢？愛是追求。追求是什麼呢？追求是自由。這就是伴隨著人本學不成熟的姿態出現的關於人的概念。」「這就是費爾巴哈的哲學原則——哲學就是人本學。」「唯物主義，那就是唯『人』主義，辯證法的認識就是對本質的認識。而人本主義就是二者的統一——辯證唯物主義或唯物辯證法的統一。」

作者的思想來源其實與馬克思主義是同一來源，但他不滿足於簡化了的教條，也不滿足於接過來現成的結論，而不過是想回到源頭重新咀嚼一遍。但這就犯了彌天大罪。其實他並沒有拋棄教義，他只不過想重新解釋教義。但如果容許這樣重新解釋教義，如果唯人主義成立，那麼，當時對人的種種迫害，種種摧殘，以階級鬥爭和革命名義發生的種種暴行，就從理論上失去了合法性。所以，它當然無法被那次空前的文字獄所放過。

趙京興當時寫作的，不只這一份手稿。據他回憶，還寫過一份〈中國社會主義經濟問題的對話〉。其中，談到銀行的作用、工農業的關係、商品經濟等，當時趙振開、史康成等朋友還幫他提供過資料。可惜關押之後，再沒有歸還。一些當初和他交流過的朋友，也清

楚地記得，他當時就明確提出，中國現在是小農經濟的國度，應當實行市場經濟，不能只是自給自足。

趙京興還是遇羅克生前能夠在思想層面交流的很少的幾個摯友之一。在遇羅克被批判以後、被逮捕之前，趙京興經常去那間門洞搭成的陋室看望他。不久，兩人先後坐牢。我聽說，臨刑前，和遇羅克一起坐牢的難友曾經問他，你為一篇文章付出生命的代價，到底值得不值得？遇羅克的回答是：值得。捨生而取義，這種人格追求，在今天恐怕已經很難找到了。走出愚昧的每一步，這個民族最優秀的大腦都付出了最慘重的代價。

朱學勤提出要尋找思想史上的失蹤者，我提出要彌補當代思想史的的缺環，說的都是一件事。我曾問他有什麼進展。他表示很難。我們不能不承認這樣一個現實，「六八年人」的思考的確被歲月殘酷地淹沒了。社會淹沒新思想的方法很多。剝奪生命是一種，比如遇羅克；剝奪自由是一種，比如趙京興。思想需要交流和回應。趙京興說，陳天華有對手，而我沒有對手，我只能以自己作為對手。

曾經聽到中華民族缺少世界級思想家的感慨。然而，思想家的產生，又談何容易！一個民族，一個時代，只有其中極少數最優秀的頭腦才可能具有這樣的素質。而思想的頭腦還需要思考的環境。如果新思想剛剛冒頭，思想者的肉體就遭到摧殘，思想家自然無從產生了。

我和謝泳應《東方》雜誌之邀，合寫了一篇題為〈中國文革民間思想概觀〉的論文，對1966年到1976年間在中國產生的民間思想作了初步歸納。文章提出，民間概念，是相對於官方而言。民間思想，

就是指與官方意識形態不同的思想，涉及政治、經濟、哲學、歷史、文學等許多領域，由於當時以異端的姿態出現，受到官方的排斥和打擊，有一些甚至在文革結束20年之後，仍然沒有機會進入公開的大眾傳媒。到目前為止，對文革時期思想的研究，大多著眼於政權內部的正確思想主張和錯誤思想主張的對立上，這是不全面的。為了完整地描述這一時期思想史的面貌，有必要對民間思想加以梳理和研究。

獨立思想者被官方視為異端，古今中外都有這樣的實例。對異端思想的排斥和打擊是極權政體為維護文化專制秩序的慣用手段。但人之所以區別於一般動物，正在於人的思想能力。專制阻礙和壓制人的思想活力，但不可能消滅人的思想活動，只能限制思想的表達和傳播。對於思想者來說，高壓是窒息思想的，甚至危及生命，但高壓也會產生另一種作用，就是激勵思考。當然，為了表達思想，許多思想者要付出慘重的代價。即便如此，在官方實行輿論一律的社會環境裏，在沒有公共空間和言論自由的環境裏，民間思想總是要不可避免地產生出來。

研究當代中國歷史，應當對長期在意識形態陰影下生活的中國知識份子的思維能力作清醒的判斷。在這樣的環境裏，中國知識份子的思維能力從整體上是下降的。下降的原因有二。一是1949年以後，中國社會基本上割斷與此前中國文化中許多優秀遺產的聯繫，包括與近現代中國知識份子在痛苦追尋中建立的若干新文化的聯繫；二是割斷了與西方世界的聯繫。在這樣封閉的空間中生活，知識份子的整體思考能力自然會降低。從這個意義上考察，民間思想是這個年代的特殊思維活動。

在這篇文章中，我們就文革中民間思想的傳播方式、表達對象進行了梳理。對民間思想者的類型及其文化背景作了初步分析：

一、中學生和知青。從數量上看，民間思想者以文革開始時還在上中學的青年為多，現在統稱這批人為老三屆，其中一大部分後來上山下鄉，又稱知青。中學生正處於求知欲最強的年齡，他們不但敢想，也敢於表達。亂世打開了他們的思想閘門，但他們因涉世不深，對文字獄的厲害還沒有較深的體認，所以恐懼感不強，知青身份又把他們甩在體制外，所以他們的思想比較奔放，無拘無束。當文革開始的時候，他們還沒有機會接受高等教育，這給他們的知識結構造成了弱點，同時又給他們的思維方式帶來了生機。文革前中國高等教育已經相當教條化、意識形態化。這些中學生尚未受到這種教育的系統塑造，所以在吸收前人知識時框框較少，十分雜駁，不受學科分工限制。雖然多數思想者的知識來源都是馬克思主義，但也有人超出了這個框架。趙振開當時已傾向於存在主義，趙京興則更推重費爾巴哈的人本主義，張木生說，他當時的思考，受到1957年林希翎等右派言論的啟發。還有，文革前內部發行的黃皮書、灰皮書也成為他們的思想資源。

二、大學生和中青年知識份子。這裏所說的大學生是指文革時還沒畢業的大學生，他們俗稱「老五屆」。老五屆雖然也捲入了紅衛兵運動，經歷過兔死狗烹的傷感，但從總體上看，經過60年代末到70年代初短暫的工農兵再教育，很快落實政策，專業對口，納入體制。所以，其中的民間思想者少得多，思想的異端性也不那麼

突出。但他們比老三屆具有專業知識和學術訓練，比如，像金觀濤、劉青峰，當時已經接觸到20世紀科學前沿的脈搏，走向科學主義。

中青年知識份子則指比他們年長，在文革前已走出大學校門者，如張志新、李天德等。他們的文化背景，更體現了文革十七年馬列主義毛澤東思想教育的印跡。

三、老學者。在1949年以前已經成熟的知識份子，具有西學或國學的完整文化背景，自然成為他們思考現實、批判現實的支點。但文革前一次又一次的政治運動和文化批判運動，已經使多數老知識份子噤若寒蟬，怯於表達，所以他們留下的能稱之為民間思想的文字也不多。

四、在政治鬥爭中下臺的前領導幹部。比如張聞天，他在肇慶寫作文稿，已經採用地下方式，所以我們不把他視為政權內兩條路線之爭，而視為民間思想。但他的背景和語言，都是正宗的馬克思主義。顧准雖然也當過領導幹部，和張聞天也是經濟研究所的同事，但他身上的學者氣更重。他兼有三、四兩種身份。就文化背景而言，他幾乎覆蓋了以上幾種人。對馬恩列斯毛，他既能入乎其內，又能出乎其外。他對西學的研究，一直追蹤到古希臘的源頭；他對中國先秦以來的思想，有冷靜而嚴肅的批判；他有很高的外語水平和在當時相對來說較好的資訊來源，使他能對20世紀世界政治經濟思想文化的現狀，給以足夠的關注；甚至他還是一位數學專家，在中國科學院的經歷，使得他對自然科學的發展也有較深的理解。

五、工人和農民。在一個正常的社會中，產生思想本來是知識份子的
　　職責。但由於文革是一個比較特殊的時代，所以民間思想者幾乎
　　遍佈於社會各個階層。前述中學生，在文革中走向社會，也成為
　　工人、農民（知青）。但應當指出，這是就社會派定的角色而言
　　的。如果在一個開放的社會裏，人們可以自由地選擇職業，那麼
　　具有思想者氣質的人，應當在思想文化、科學教育等適合他發揮
　　才能的領域找到自己的社會角色。我們不應當鄙視體力勞動者，
　　體力勞動都與腦力勞動者在人格上是平等的。但那些具有思想家
　　氣質和才能的人，被迫以體力勞動謀生而無從自主選擇，卻是一
　　個民族的悲劇。因為在任何民族中，具有思想家氣質和才能的人
　　都是很少的。當然，這個悲劇不是開始於文革，而是文革以前。

　　文革期間，是中國思想活動最蒼白的時期。但就在這樣蒼白的
歲月裏，也有一些思想者以他們的勇氣和智慧為我們留下了豐富的遺
產。文革以及此前更長的時間裏，統一的意識形態摧毀了人們分辨真
偽的思維能力，使自由思想成為特例。這一時代特徵，不僅存在於普
通民眾中，而且存在於知識份子。我們之所以重新發現思想者的價
值，就在於提醒人們，失去自由思想的空間是多麼悲哀。

　　我們的初步研究表明，在完全禁錮的社會環境裏，依然有獨立的
思想者存在。雖然與傳統、與世界的正常聯繫被人為割斷，局限了這
些思想者的深度與廣度，但他們在一個幾乎封閉的環境裏以巨大的代
價創造的思想遺產依然是珍貴的。民間思想所達到的高度，至今為意
識形態理論所不及。就思想的魅力而言，而者更不可同日而語。通過
研究，還可以發現，真正屬於未來的思想都是先在民間破題。比如中

國農村改革的主張、實踐是檢驗真理的唯一標準、建立民主與法制、廢除領導人的終身制,都是由民間率先提出來的。官方不過是在後來以另一種方式承認了民間思想的價值而已。真理標準問題,本來是馬克思學說中的一個常識,由於和政治鬥爭聯繫在一起,所以其意義在輿論中得到較高評價,這實際上早已超出學術範圍。對民間思想的認真研究,有助於梳理從1949年迄今的許多理論問題。只有還民間思想以公正的歷史地位,那些為思想而獻身的先驅才能得以安息。

這篇文章送到《東方》雜誌,和另外七篇反思文革的文章組成一個專題,發稿後,已經三校,還是被撤了下來。在德國,反思法西斯主義給人類帶來的災難,半個世紀以來一直不曾間斷;在中國,反思文革給民族帶來的災難,卻屢屢受阻。後來,我寫文章發表了這樣的看法:「面對阻力,有責任感的知識份子,不應當知難而退。一個健忘的民族決不是健康的民族。」

1996年冬在北京大學參加文革三十年學術討論會合影。

走近顧准

顧准這個名字我在80年代就聽說過,但真正引起注意是我1993年研究文革中的民間思想以後。當時,在香港的一家刊物上讀到顧准的〈直接民主與「議會清談館」〉一文,這是香港出版《從理想主義到經驗主義》時刪去的一篇。我感到,他在我們研究的民間思想家的視野內,是最深刻的一位。大約是1995年2月,我路過朝內大街人民出版社讀者服務部,看到門口廣告上有「《顧准文集》已到」的字樣,於是趕快買了一冊。讀過之後,便把當時的想法寫入〈當代思想史的一個缺環〉一文。兩月後在《讀書》上刊出。同時,謝泳又介紹我認識《中華讀書報》「家園」版的編輯蕭夏林。談起顧准,蕭也十分認同,約我寫一篇短文。我回家後就寫了一篇題為〈愧對顧准〉的隨筆。當時《中華讀書報》辦得正火,這篇小文章發表後引起了一些反響。不久,中國社會科學院文學所的錢競等和貴州人民出版社的編輯楊建國

發起了一次《顧准文集》討論會，邀我參加。由此我認識了更多的關注顧准的朋友。

轉眼到了1996年1月，一天早上，我忽然接到一個電話，說他是陳敏之，到了北京，要和我見見面。那天我正要去廣州，中午的飛機。我連忙趕到陳先生下榻的上海駐京辦事處，和他匆匆見了一面。我和他談起，讀《顧准文集》，許多人都慨歎，作為思想家的顧准，生前留下的文字材料太少。許多文稿，都在那個嚴酷的年代被銷毀了。他是否還留下了一些未曾發表過的文字？聽說留有一些日記，不知情況怎樣？陳敏之先生告訴我，顧准留下的日記有三本，於是，我就產生了一個念頭，應當爭取讓顧准遺留下來的日記與廣大讀者見面。

兩個月後，我見到中國社會科學出版社的編審黃德志女士。她正經營著該社所屬的一家書店。她問我有什麼社會效益和經濟效益俱佳的書稿？我當時便談到《顧准日記》。她對顧准的道德文章十分欽佩。於是當下說定，由我找陳敏之先生聯繫書稿，由她聯繫出版發行事宜。陳先生很快就把日記的複印件寄給了我。我一看，價值果然很高。顧准生前有寫日記的習慣。由於嚴酷的生存環境，一些日記已經失散了，或者銷毀了。陳先生寄來的日記，一本是顧准1959年10月至1960年下放河南商城監督勞動時的日記，是顧准所在單位經濟研究所在他生後整理檔案時發現的，原件現在由顧准的兒子高梁保存；一本是顧准1969年11月至1971年9月下放河南息縣學部五七幹校的日記，還有一本是顧准1972年10月13日到1974年10月15日在北京讀書和生活的簡單記錄。日記到此戛然中止，從此顧准臥床不起，直到1974年

12月3日凌晨與世長辭。這兩本日記，是陳敏之當時整理顧准遺物時發現的，現保存在陳敏之處。為了敘述的方便，我和陳先生商定，分別將這三本日記命名為《商城日記》、《息縣日記》和《北京日記》。

這三本日記，雖然只是顧准生命長河中三個片斷的記錄，但對於研究顧准思想的發展，卻有著不可忽視的價值。它從多方面提供了顧准思想形成的政治背景、文化背景和生活背景。作為經濟專家的顧准本來是不可多得的領導人才。在五十年代初他已經顯示了卓越的才幹。當時某大區領導人就有「我們這裏沒有一個比得上顧准」的說法。然而，由於他的卓越能力，更由於他的獨立見解，不久他就陷入了接二連三的災難之中。他有志於學術研究，然而能夠坐在書桌前閱讀、思考、筆耕的生活，在他一生中只有短短的幾段，加在一起也不足十年。他這三本日記，有兩本都是學術生活被迫中止的年代的記錄。只有最後一本，記錄了他生命最後兩年的讀書生活，使我們能夠從中瞭解《希臘城邦制度》和《從理想主義到經驗主義》這兩部傑作產生的文化背景。在《商城日記》和《息縣日記》中，大量記錄的是饑餓的威脅、疾病的折磨、失去親人的悲痛；是被迫檢查交待，是高強度的體力勞動，是沒有讀書、寫作的時間和條件的苦惱。然而，就是在物質匱乏和精神折磨的雙重壓力之下，他經常關注的仍然是民族的命運、人類的前途。從他的日記中可以看到，從工業，到農業；從物價，到財政；從經濟，到政治；從內政，到外交；從國內問題，到國際問題，他都有著執著的思考和獨立的見解。他是多麼熱切地期盼中國儘快結束無休止的政治運動，集中精力進行經濟建設，讓古老的中華民族雄飛於世界，他是多麼熱切地希望能夠在祖國的振興中，貢

獻自己的智慧和力量。然而，嚴酷的環境，不但剝奪了顧准發揮治國之才的機會，而且屢次剝奪了他作為一個公民的基本權利。

有一種看法，假設顧准能夠擁有從容的學院生活，將能取得更大的學術成就，留給後人更多的將是學術遺產，而不是人格遺產。從容的書齋生活，固然是顧准生前的渴望，甚至在大部分時間裏是奢望；然而，我又得不反問，僅僅在當代中國的學院裏或者書齋裏，能夠產生作為卓越的思想家的顧准嗎？早年的追求、革命的體驗、從政的經歷、淵博的學識、坎坷的經歷和煉獄的苦難，實際上共同構成了顧准思想產生、形成的背景和條件。這種書齋假設，本身就是一種書生之見。我們反對人為地製造苦難。但思想使人受難，受難使人思想，又是一個實在無法迴避的事實。

我拿到了稿子，黃德志女士聯繫出版卻不順利。一家出版社的主編同意出，社長不同意；一家出版社的一把手同意出，二把手不同意。兩年前貴州人民出版社出版《顧准文集》的後遺症成了他們頭上揮之不去的陰影。這下子使我十分為難。這時，《百年潮》的副主編鄭海天先生問我有什麼好稿，我向他推薦了日記，他們選發了3000多字。《天涯》的主編蔣子丹女士也問我有什麼好稿，我又為她選了10000字。當時《天涯》的社長韓少功有意選發4－5萬字，我沒敢答應。我怕選得太多，書就沒有市場了。

這時，我只好繼續與別的出版社聯繫，其間的坎坷一言難盡。最後，經過書商老譚，終於找到了經濟日報出版社。該社社長初志英，是一位敢做敢為的女士。由她拍板，終於給這本書開了綠燈。中國出版界的從業人員很多，社長主編也數以千計。在我看來，真正夠得上

出版家的沒有幾個，初志英卻是一位夠格的出版家。我和她不過兩面之交，沒有說過幾句話。我只見這幾年經她之手，出版了許多站在思想文化最前沿的書籍，諸如《思憶文叢》、《解放文選》、《火與冰》、《為了忘記卻的紀念——北大校長蔡元培》等等，為世紀末的中國點燃了不少思想文化的火種。聽說她為此付出了代價，但我覺得，90年代的中國出版史，應當為初志英女士記上凝重的一筆。

和邢小群一起到吳敬璉家請他回憶顧准，（左二為吳敬璉夫人）。

與聯繫出版的艱難相比，編輯過程則一路順風。李慎之先生中風住院，我到協和醫院病房徵求他的意見，問他可否作序。原先我擔心他以健康為由推辭，不想他當即同意。他又閱讀，又摘錄，為這篇幾千字的序忙了十幾天。我請王元化先生題寫書名，他欣然命筆，並建議，要把顧准女兒的文章收入書中，建議對駱耕漠先生作一次專訪。駱耕漠先生已經89歲，雙目失明多年，還是接受了邢小群一個上午的採訪。吳敬璉先生是個大忙人，聽他夫人講，每

1997年編輯顧准日記時與陳敏之合影

天都忙到半夜一點以後，很擔心這樣下去身體怎麼吃得消？他不但抽出半天接受邢小群的採訪，還自己用電腦把訪談稿修改了兩遍。陳敏之先生那年已經77歲了，他和我一起，捧著清樣，連著校了四天。書剛出來，他卻檢查出胃癌，所幸沒有擴散。所有這些，都讓我感受到老一代知識份子對顧准精神的珍視。他們深切地期盼，顧准精神能夠薪火相傳，伴隨中國知識份子走向新的世紀。

　　《顧准日記》的出版幾經周折，《顧准尋思錄》的出版也不順利。1997年秋天，《顧准日記》剛出不久，某出版社社科編輯室的一位副主任就找到我，說他們有一套經濟學家評傳的選題，約我寫一本《顧准傳》。他還說，因為他的母親57年也被打成右派，所以他很敬佩顧准。我聽了很感動，說，為顧准立傳是一件很嚴肅的事情，沒有幾年的研究功夫難以完成，恐怕你們等不及。但我早想編一本回憶與評論顧准的文集，不知你們是否感興趣。他表示可以，但希望這本書裏有一些新材料，於是和我簽了合同，說定讓我訪問一些顧准的生前友好。我先後在北京訪問了和顧准有過直接交往的陳易、陳丹晨、趙人偉、林里夫、石雪書等，並將一部分訪談整理成文。同時又與陳敏之先生聯繫，請他回憶顧准的家世。當時陳先生剛剛作了胃切除手術，化療後體質很虛。直到1998年1月，他才通知我去採訪。我到上海華東醫院見了陳先生以後，他告訴我，瞭解顧准的生平，有一個材料可以參考。於是，他把保存了多年的顧准在1968年到1969年寫的20幾萬字的交待材料借給我看。我一看，交待材料的價值極高。顧准把自己55歲以前的主要經歷都寫到了，不但有自己的經歷、社會關係和思想歷程，而且講到了很多鮮為人知的重要史實。於是，我和陳先

生商量，能否以《顧准自述》為題，出版這本書。當然，我也知道，這是文革中的交待材料，原樣出版有很多不便。陳敏之先生說，《顧准自述》的整理先緩一緩，還是先出《顧准尋思錄》。他也早有編輯以回憶和評論顧准為主題的書的打算，他把多年搜集的有關顧准的回憶、評論文字複印給我，並為此書寫了序。

我完成了採訪，也編好了書，排出清樣，還是出了麻煩。那位向我約稿的編輯提出，一些文章涉及到反思馬克思的觀點的段落要刪掉。我說，顧准的價值就在於，他是那一代革命者中最早對馬恩列斯毛做出根本性反思的先驅，如果迴避這一點，無從研究顧准的意義。於是發生了爭執。繼而編輯室主任表示出這種書的風險太大，徹底打了退堂鼓。這樣，忙乎了將近半年，我與該社中止了合約。

只好從頭開始，再找其他出版社聯繫。作家出版社的唐曉渡是一位具有獨立見解的詩歌評論家，剛剛從《詩刊》調到作家出版社。他理解顧准的意義，於是費了不少口舌，說服社裏的領導，接受這個選題。但發行部門表示，這麼沉重的書，市場沒有把握，最多只能發行6000本。但他們社一般的開印起點是10000本，讓我自己解決4000本的銷路。那年圖書市場特別疲軟，我只好四處找朋友幫忙。找到經營圖書直銷的席殊公司，他們說可以包1000本。還差3000本。後來又找到董懷明，他說，我尊敬顧准，這本書的市場風險我全包了。這樣，才算了卻這樁牽掛了幾個寒暑的心願。

這本書的出版，無意中還促成了另一本書的出版，那就是《李銳日記》。那年已經81歲的李銳先生早在兩年前就把自己的七次出國訪問日記編了一本書，由一位熱心投資者排出清樣，但轉了幾家出版

社，就是通不過。那天我和唐曉渡一起找李銳先生為《顧准尋思錄》題寫書名，順便説起《日記》的情況，才得知沒有一家出版社敢於接受。唐曉渡當即表示，可以拿到作家出版社一試。經過他的努力，領導説，刪去一些可出。一開始，曉渡還有顧慮，心説，日記是歷史文獻，怎麼好刪呢？我説，總比不出好。後來我見到李老，説起此事，他體諒出版社的難處，表示少刪一點可以接受。這樣，書很快印了出來。投放市場之後，才發現有幾處並沒有刪到預想的程度。出版社的領導很著急，忙著要把投放市場的書收回來。唐曉渡説，不要慌，越慌越有事，等幾天看看。過了一陣，什麼事也沒發生，算是虛驚一場。

不管是顧准的書，還是李銳的書，都是以對社會高度負責的態度，嚴肅地反思歷史的好書。但出版這些好書的過程中，總要遇到説不盡的辛酸苦辣，以及一些讓人啼笑皆非的麻煩。這固然與各出版社領導的精神狀態有關——他們太愛惜自己的烏紗帽了，但根本的癥結不在他們身上。好書的份量不是掂量不出來，而是上面有人念緊箍咒。説到底，是《中華人民共和國憲法》規定得明明白白的出版自由，還沒有從制度上加以落實。所以，我認為，與其對出版社的領導們説長道短，不如切實地推動在新聞出版領域實現依法治國，真正從人治走向法治，中國的出版才會興旺起來。否則，今天鬆一點，明天緊一點，這裏放一點，那裏收一點，好書的出版永遠只是僥倖。

民間思想（下）

我編輯策劃的書，除了有關顧准的幾本之外，還有《遇羅克：遺作與回憶》等書。《孫越生文集》、《思想解放的先聲》編好以後，一直沒有機會出版。這幾種書都與我研究民間思想有關。中國思想史的研究，歷來重視顯在的思想家，而忽視民間的思想家。當代中國顯在的思想家，首先是政治家。從毛澤東到鄧小平，闡述他們思想的論著何止汗牛充棟。統治的思想從來是統治者的思想。他們的思想當然構成中國當代思想史的主潮，值得認真研究。但主潮畢竟不等於歷史全部。在研究者紛紛關注主潮的時候，非主潮思想的研究就成為思想史的缺環。對文革時期中國民間思想的研究，就是這樣一個缺環。文革以前民間思想的研究，更是空白。一般來說，從共和國成立到文革結束以前的中國大陸，被看作是民間思想史的荒蕪時期。但這種認識不盡符合歷史實際。七十年代後期中國出現的思想解放的春

潮，不是偶然的突發，實際情況是此前20多年間，民間各種思潮此起彼伏地在堅冰下萌發、湧動。之所以造成一種荒蕪感，主要是可供研究的史料比較缺乏。

民間的思想，在文化專制主義統治的年代，實際影響範圍當然極其有限。因傳播本身就意味著極大的風險。但思想的價值，並不只是取決於受眾的多少，還取決於時間的淘洗和發展的檢驗。有的思想，風靡一時，日後卻成為歷史的笑柄；有的思想，在當時鮮為人知，或被視為異端邪說，到後來卻大放光彩。文化大革命是一個特殊的年代，公開的媒體只剩下一種聲音。中華民族的思想精華，往往只能在民間一隅悄然閃爍。但一部思想史，如果缺了民間這一環，便不再完整。而且，這些艱難產生的民間思想，不只是思想史的一部分，還是中國知識份子性格史的一部分，是中華民族精神演進歷程的一部分。古往今來，新鮮活潑的思想大多產生於民間，而很少產生於宮廷和廟堂。這本來是思想演進的規律。只是由於修史為官家所把握，所以，民間的思想往往被忽視，甚至被歲月的風塵所湮沒。我進入這個問題時候，最深的感受就是原始資料的寶貴。這些資料的難求，固然因為保存本身需要冒太多的風險，所以大都屢遭劫難；同時也因為後來沒有得到整理出版的機會，往往長期塵封，或保存在私人手中，秘不示人。保存歷史的最好方式莫過於見諸公開的傳媒，否則隨時都有湮沒的危險。因此，推動這些民間思想史料的公開出版，一直是我的心願。然而，做起來卻不容易。一方面需要相對寬鬆的言論環境，一方需要尋找適當的運作方式與市場接軌，把這些條件湊在一起很難。

　　整理出版遇羅克的遺著，就是這種努力的一個嘗試。1998年，我和徐曉、徐友漁先後說起此事，他們都十分認同。尤其是遠在美國的學者宋永毅，給了我們極大的支持。他在文革中就把包括遇羅克的〈出身論〉、楊曦光的〈中國向何處去〉在內的思想文本編成《思潮集》，油印成冊，為此坐了四年牢。80年代出國留學，又重新把這個課題撿起來，編了一本《文化大革命和它的異端思潮》，在香港出版。他的研究領域，和我有許多相近之處。這本書，不少篇什都是他提供的。還有寫過《文化革命中的地下文學》的楊健、和遇羅克一起坐過牢的李恒久，都給予無私的支持，在很短的時間內就從四面八方集中了本書的全部內容。

　　文革既是本世紀中國和一段最不容忍獨立思想的年代，又是啟動了一批先驅者獨立思考的年代。許多思想的火花，往往來不及燃燒，就被國家機器的暴力撲滅了。從這個意義上講，遇羅克的命運非常特殊，一方面，他為思想付出了最高昂的代價——年僅27歲的生命；一方面，他的思想在生前卻得到一個空隙，從而大面積傳播，獲得了數以百萬計的讀者——其中有的是贊同者，有的是反對者，有的是公開反對而內心贊同者，有的是當時反對而後來贊同者。做為一個青年思想家的個案，他可以輻射出許多尚待深入研究的課題，相信會引起思想史、政治史、社會史、文革史等各個領域研究者的興趣。

　　編這本書的過程中，還遇到一件事。有兩位在電視臺工作的二十幾歲的朋友問起我最近幹什麼。我說，編了一本書，是關於遇羅克與〈出身論〉的。

　　他們接著問：遇羅克是誰？

聽到這個問題，我的心一顫，不免引起了連翩的浮想。

在中國，五十歲以上的人，大概都知道家庭出身意味著什麼。在那些年月，誰如果輪上一個「黑五類」的爸爸，誰就淪為「狗崽子」，不但升學、招工、當兵、提幹沒份，隨時還要受到人格上的污辱。甚至去醫院，也要問家庭出身，出身不好，有病也沒有治療的資格。然而，也就是那個時候，有一個青年工人，寫了一篇文章，戳穿了「血統論」的荒謬，發出了人與人生而平等的吶喊，他就是遇羅克。他為數以千萬計受到不公正待遇的人們說出了心裏話，得到了無數讀者的共鳴。然而，他的獨立思想不能見容於那個黑暗的時代，就在七十年代的第一個寒冷的春天，一顆專制的子彈，奪去了他年僅二十七歲的生命。在那個缺少英雄的年代裏，他無疑是夠格的英雄。我的同代人，不管是敬，是怕，是愛，是恨，誰也無法從記憶中把遇羅克抹去。

年青的一代，不曉得遇羅克是誰，這怪不得他們。他們趕上了新的時代，各人憑自己的本事在社會競爭，沒有人查問你是什麼家庭出身，父母有沒有歷史問題？誰家如果有一門海外關係，或者是名門顯貴之後，還可以成為驕傲的資本。當年壓得人直不起腰來的「黑五類」，已經不再令人恐懼，而是成了一種保健食品的品牌，還上了電視廣告。

然而，年青一代就不該瞭解當年曾經發生過的事情麼？不該知道遇羅克是何許人也麼？從道理上講，沒有人說不應該。但年青朋友們又的確不瞭解。他們所受的教育，沒有這一幕歷史；他們看得見的傳媒，沒有這方面的內容。我自不量力，想通過傳媒，重新回顧那一段

並不久遠的故事。但努力的結果是，無形阻力無處不在。我找了一家又一家出版社，老總都說書是好書，但我做不了主，要請上級把關。新一代對歷史的隔膜，恐怕就是這種把關的成效。

我們無權強迫新一代人沉浸在過去，但也無權對新一代關上通向民族記憶的大門。我甚至產生了一個悲哀的聯想，過去，那些沒有文字的民族，尚且能夠以說唱的形式，把祖先的英雄故事口口相傳，告訴後代，歷百代千年而不絕；我們有了文字，有了印刷術，有了廣播、電影、電視、電腦網路，已經快要跨入資訊社會的門檻，當代英雄的故事怎麼反倒連一代也傳不下去了呢？

這本書既將出版之際，終於和遇羅克的弟弟遇羅文取得了聯繫。這本書能出版，他當然高興。但他的感受是，這本書出得太遲了。當時距離遇羅克遇難，已經快30年了，平反也快20年了。經過這麼長的時間，才把他用生命寫成的文字整理出版，的確愧對這位死去的思想先驅。但思想史從來就是這樣嚴酷，且不說王夫之等古人的例子，就是當代的思想家，也是如此。張中曉的《無夢樓隨筆》，死後三十年才有機會出版；顧准的《從理想主義到經驗主義》，死後二十年才有機會同國內的讀者見面；而王申酉、陸蘭秀等思想先驅的遺著，還沒有在大陸問世的機會。這種狀況的改變，不止需要知識份子界的見識與努力，還有賴於新聞出版體制的改革。就社會的需要而言，我覺得想讀這本書的人是很多的。當我寫了一篇不足千字的短文，談到正在編一本有關遇羅克的書的事情，在《南方週末》發表後，接到了許多素不相識的朋友來自天南地北的電話，他們有的談到自己當年的遭遇；有詢問這本書的內容；有的希望先睹為快；有的表示要為這本書

的出版盡自己的力量。通過這些來自遠方的聲音，我感覺到一顆顆心在砰然跳動——遇羅克在人們的心裏活著！

這本書出版以後，開了一次座談會，那天遇羅克的弟弟遇羅文、遇羅勉和當年《中學文革報》的骨幹郝治、王建復等人都來了。大家坐在一起，心情十分激動。他們在發言中對我們三位編者表示感謝。我覺得，受到感謝的不應當是我們，而應當是遇羅克和他們這些遇羅克的戰友。如果説，中國的人權狀況比起三十年前有了一些進步，那也是他們和其他一些為此坐牢、受刑，甚至犧牲生命換來的。

開完會之後，遇羅文給我打來電話，説他的兒子那天也去了，回來後一下子變得深沉了。原來，家裏人再怎麼説他沒有見過面的伯父的價值他也不信。在會上聽到這麼多陌生人發自內心地表達對遇羅克的敬意，他才理解了父輩奮鬥和抗爭的意義。

1999年和遇羅文、遇羅勉、徐友漁、徐曉、雷頤、印紅標攝於三味書屋〈遇羅克遺作與回憶〉討論會

　　1999年春節，我和遇羅文又在徐曉家聚了一次，那天在座的還有一位趙潤身先生，他們在文革中都坐過牢。我提議他們把這一段經歷寫成回憶錄。遇羅文和趙潤身很快都寫出了數萬言的回憶錄，但一時找不到合適的媒體發表。接著，遇羅文又把獄中回憶錄擴展成一本書，講述他一家人的命運。這本書是1999年秋天寫成的。我曾經幫他聯繫了幾家出版社，他也四處聯繫。終於，在2000年5月，這本書由中國社會科學出版社推出。我應邀寫了一篇序：

　　1998年夏天以後，因為編輯《遇羅克遺作與回憶》一書，我一直設法與遇羅文先生聯繫，但找了許多線索，最後都中斷了。直到年底，我在《南方週末》上發表了一篇題為〈遇羅克是誰〉的短文，卻意外地接到了遇羅文的一個傳真。原來，他看了報，通過編輯陳明洋查到我的電話。由此我們相識而成為朋友。可惜認識太晚，聯繫上的時候，那本書已經出了軟片，開印在即。當時只好請他寫了一個簡短的〈跋〉補在書末，來不及讓他更充分地表達自己的想法。

　　和他相識一年多來，我們一起去人民大學參加過與學生社團的對話，一起去拜訪過文革中被迫害致死的鄭兆南烈士的兩個女兒，也一起接受過記者的採訪。我感到，他是一個頭腦清醒、閱歷豐富、充滿了社會關懷、對歷史有獨特思考的人。在很長的時間裏，他沒有發言的機會，被推入「沈默的大多數」的行列。由此我想到，人們的話語權受到政治的和市場的雙重制約。誰的聲音為權勢所反感，就很難向公眾表達：誰的聲音不能與市場利益接軌，也很難向公眾表達的機會。現在充斥於傳媒的多是既不觸犯權勢又能換取市場的聲音。就在這樣的氛圍裏，遇羅文的聲音就長時間地被拒於公共話語空間之外。

其實，他的心裏有太多的話要說，他的經歷本身就蘊藏了一頁珍貴的歷史。他和我都是老三屆，年齡比我稍長。他和他的家人所承擔的苦難，遠非一般人所能相比。他一家六口人，文革中竟有五人坐牢。用牢獄鉗制思想，不是蘇聯史達林時代獨有的現象。區別只是在於有人記錄和無人記錄。索忍尼辛寫了《古拉格群島》也應當有人記錄下我們中國人經歷的苦難。基本這種想法，我建議遇羅文寫一本回憶錄，記錄他的經歷和他們全家的命運。

遇羅文接受了我的建議。他不愧是遇羅克的合作者和《中學文革報》的創辦者。雖然多年從事技術發明，不與文字打交道，一經動筆，卻表現了很高的駕馭能力。他寫一部分，就給我看一部分。我的感覺是，他不但是位苦難的承當者，也是一位十分到位歷史見證人。他的文筆準確而洗練，記憶力極好，豐富的歷史細節從他的筆下從容地流出，展示出一幅廣闊深沉的歷史畫卷。他從1999年初動筆，到秋天就完成了這本書。書名取了個樸素而意味深長的兩個字——《我家》。

《我家》可以説是中國50年代到70年代人權狀況的一個縮影。中國當時發生的人權歧視不同於過去西方的種族歧視和印度的種姓制度，它不是以保護的或宗教的名義出現的，而是以防止資本主義復辟、保證無產階級江山永不變色的革命名義實行的。在這種秩序裏，數以千萬的人們一出生就註定不能享受與其他人同等的公民權利。因為他們的父輩或祖輩是地、富、反、壞、右，因為他們的親屬中有階級敵人，所以，他們天生就沒有資格和別人一樣去升學、參軍、就業和參加黨、團組織。

　　遇羅文的父母本來都是留學歸國、學有專長的建設人才，一個擅長工程技術，一個擅長企業管理。但不幸的是均在1957年被打成右派，從此不但他們自己被打入地獄，子女也淪為賤民。遇羅克本來是一個功課拔尖的好學生，但兩度參加高考都被拒於大學校門之外。遇羅文和他們另外幾個兄妹也在這種秩序中被打入另冊。這種人權歧視的理念和政策在文革前就以成型，到文革初期惡性發展，達到極致。當時所謂家庭出身不好的人們，不但失去了參與社會的公平機會，甚至連人身安全都受到威脅。

　　遇羅克當時能夠以一個二十幾歲的青年徒工的身份，成為人權思想家，不是偶然的。這種秩序的苦果已經讓他品嘗了多年，促使他思考了多年，準備了多年，他從馬克思到盧梭，沿著人類思想的長河進行了艱苦的搜索。直到1966年末及1967年頭幾個月相對失控的時候，他得到了一個發出自己聲音的機會。他不是抱怨個人和自己家庭受到不公正的待遇，而是為所有受到人權歧視的人們爭取公道，他從理論的高度對這種不合理的秩序發出了深刻的批判。這就是以〈出身論〉為代表的發表在《中學文革報》上的一系列文章。這些代表著良知的聲音一經傳播，馬上得到千百萬人，特別是在政治上被歧視的社會弱勢群體的強烈共鳴。

　　當然，遇羅克、遇羅文兄弟和他的志同道合者好景不長。這種聲音不能為統治者所容忍，1970年3月5日，遇羅克為此獻出了27歲的生命，遇羅文兩度陷入牢獄之災，其他許多朋友也遭遇了各種各樣的磨難。直到十幾年以後，中國領導人結束了以階級鬥爭為綱，調整了社會政策，家庭出身這片籠罩在千百萬人頭的陰雲，才逐步

散開。遇羅克雖然沒有看到這一天,但他以生命倡導的人權思想是不朽的。

人與人生而平等是一個永恆的母題。以革命的名義發生的家庭出身歧視雖然已經成為歷史的陳跡,但50年代產生的另一種不平等的制度安排,即把中國公民按城鄉戶口分割成兩類,農業戶口居民的地位低於非農業戶口居民的問題還有待解決。遇羅克為之獻身的人權理想還有賴於後人繼續努力。

《我家》又記錄了中國新聞報刊史上的重要一頁。遇羅文以當事人的身份,詳細記載了《中學文革報》誕生、發展、夭折的始末。這份報紙雖然只是當時數以千種的小報之一,前後只出了7期,活動不到半年,它是一群不知名、沒有財力、也沒有辦報經驗的年輕人倉促地辦起來的,青春的熱情在他們心中燃燒,他們代表著良知和正義。它因聲張人權思想而誕生,又因人權思想為當時政權所不容而夭折。這就使它成為中國新聞史上一個特殊的座標。在60年代中國大陸報紙當中,在整個20世紀後半葉的中國新聞報刊史上,它都堪稱最輝煌的一筆。

遇羅文在陝北和東北當了多年的知青,兩度入獄,他和他的家人、愛人、親戚、朋友、難友在那個年代所經歷的各種磨難,以及他們在磨難中如何頑強地求生,都是我們這個民族歷史的有機組成部分。

中國歷史學的傳統是重宮廷活動的記錄,輕底層活動的記載。這種畸輕畸重的格局到現在也沒有根本性的改變。高層人物在文革或其他運動中經歷的冤屈,被各種傳媒反反覆覆地講述;而平民百姓所受

的更多的苦難，又有多少忠實的文字記錄？小説、影視等等文藝作品雖然講了一些，但虛構性又使得這些故事不足以成為歷史的憑證：而歷史家對底層的遭遇雖有涉及，往往只是籠統地概括一下，少見細節的描述。其實，一個國家治理得怎麼樣，關鍵在於占人口絕大多數的普通人日子過得怎麼樣。底層的大眾不能安居樂業，再怎麼吹國家也是出了毛病。中國之所以要告別毛澤東晚年設計的軌道，最深層的原因就在於此。遇羅文這本書，可以讓讀者身臨其境般地進入那個年代的社會底層，從城市的貧民，到窮苦的農民，一直到牢房裏的囚犯。從這個意義上講，《我家》又是一份難得的60年代到70年代中國社會底層的政治、經濟、人際關係和社會心理檔案。

遇羅文一家也曾有過歡樂與榮耀，他的母親打成右派以前當過市人大代表，平反以後又擔任過區政協委員，他的弟弟也曾被評為市勞模，他父親當年設計的竹筋樓和他們兄弟發明的「前混式水切機」都令人自豪。但談到這些事情的時候，本書惜墨如金。他把主要的筆觸都用於展示他的家庭和我們整個民族共同經歷的苦難上面了。就我讀過的中國人撰寫的回憶錄而言，類似的寫法並不多見。多數情況是大談一生中怎麼過五關斬六將，而談到走麥城卻一筆帶過。這種反差正體現《我家》的特色所在和分量所在。

二十多年前朋友向我介紹過一首佚名詩人的〈痛苦頌〉，最後幾行我至今記憶猶新：「你雖然痛苦，卻不是人類的不幸。哪個民族承擔了你，就是說，他在奮起、攀登和高翔。」我是贊成這種痛苦觀的。道理很簡單，只有正視痛苦，才有可能治療造成痛苦的病因。一個人是這樣，一個民族也是這樣。

這篇序言寫完的時候，正逢遇羅克殉難三十年的祭日。俗話説：三十年河東，三十年河西。遇羅克三十年前還是當著萬眾公判的死囚，三十年後，當人們回顧20世紀的時候，卻把他推舉為思想先驅和為真理獻身的英雄。文明的進程終究是阻擋不住的。他沒有紀念碑，但這本書的結尾説得好：他的紀念碑，就建立在人民心中。

2001年，羅文決定移居美國。那年他已經54歲。他在北京有房有車，日子過得不錯。美國回來的朋友勸他，那邊是年青人的天堂。像你這把年紀，語言又不通，再去闖生活，壓力太大了。他還是樂觀地説，我去了沒問題。

2004年秋天我去美國，又一次見到遇羅文。這次見面，覺得他比三年前瘦多了。原來，他到美國後，從事房屋裝修，幹的都是體力活。由於他做的活兒質量高，所以活幹不完，但很辛苦。太太馬淑玲，春天剛來，感到語言不通，經濟壓力很大。他這麼大年紀洋插隊，居然挺過來了，而且很快適應了環境，並且有了房子，周圍的朋友卻對他刮目相看。我想，羅文畢竟是經過大苦難的人，不但坐過牢，還在陝北和東北當了多年的知青，現在累一點，對他來説不算什麼。

羅文有兩個兒子，大兒子清華大學畢業，到美國後讀研究生，有獎學金。小兒子上中學，將來考大學，經濟壓力很大。朋友建議羅文讓小兒子當兵，讀大學可以免收學費百分之八十。否則，為孩子掙學費太難了。美國軍隊只作榮譽、誠實、責任教育。有一個朋友的孩子已經到了不良少年的邊緣，參軍後精神面貌大變，很快就懂事了。但羅文寧願自己吃苦，卻未必願意兒子吃苦。

　　那天，遇羅文開車來接我去他家。他的新家安在巴爾的摩。巴爾的摩曾是美國第三大城，現在衰退了。遇羅文家住在一個古鎮一條街的末端，風景很好。他用八萬五買了一座上百年的老房子，兩座獨立別墅連在一起，面積很大，但只有一層的兩三間還能住，二三層都是危房，因為曾經失火，要全部重新修。他正一點點地修。他目前主要是給當地華人裝修房子，設計施工都是他們夫婦二人。每月收入還可以，但一天也不休息。因為接待我，才給自己放了一天假。他説，如果突破語言障礙，給洋人裝修，收入會更好一些。他們重建自己的家只能在業餘時間。如果裝修好這座房子，可升值到25萬美元。這樣羅文就有家底了。他本來想請我們吃當地有名的螃蟹，我説，這幾天上火嗓子疼，於是馬淑玲做了北京炸醬麵。

　　這個小鎮有130多年歷史，店鋪一家挨一家，都保持著當年的舊貌。建築古色古香。出售的商品大多是美術工藝品和古董。白天遊人很多，停了很多車，據說到晚上就空了。看了這條街，可以理解外國人到中國為什麼喜歡麗江、大理洋人街或陽朔西街。我們的老街其實是複製了外國的老街。

　　遇羅文陪我一邊逛、一邊説，郭沂紋是個好人。我要買個紀念品送給她。他記得郭沂紋屬豬，説我要買個有豬的工藝品送她。我們逛了好幾個店，總算選了一個很有藝術味的瓷器豬。正要付款，一看下面標著中國製造。再仔細一看，其他工藝品，很多也是中國製造。萬里迢迢，再把中國製造的工藝品帶回去，就沒有意思了。最後只好放棄了原來的打算，給郭女士帶回一瓶美國造的維生素。

編輯《孫越生文集》，也是研究民間思想引起的。因為孫越生也是文革中留下獨立思考的人。孫越生先生是1997年11月29日悄然去世的。生前，社會承認他是一名學者，因為在他有大量編輯和翻譯方面的成果公諸於世。但公眾很難瞭解他同時還是一位思想家。因為最能夠代表他思想獨創性的文字，在他生前只很少地發表了一些片斷，系統地展示他的思想成果的專著，在他生前沒有出版。在臨終前一年，他自費出版了1970年到1972年在河南息縣學部五七幹校期間創作的詩與畫《幹校心蹤》。這本畫冊，只印了600冊，讀者自然不會超此數。雖有邵燕祥先生在《文匯讀書週報》著文推介，但一般讀者還是沒有注意到此書的獨特價值。流放於這所五七幹校裏的知識份子，在中國的知名度相當高。楊絳的《幹校六記》，記錄的是這所幹校的經歷；顧准的《息縣日記》，記錄的也是這所幹校的經歷。楊健等著《無罪流放》，也記錄了10位學者對這所幹校的回憶。相比之下，孫越生當時創作的詩畫，不但是旗幟最鮮明的抗爭，而且點出一許多富於前瞻性的思想命題。只是礙於詩的體裁，未能展開而已。當然，流放於這所幹校的知識份子，當時各人有各人的具體處境。沒有留下思想記錄不等於沒有思考。不能以此簡單地證明誰比誰高。但證明孫越生這些詩所表達的思想在當時歷史條件下難能可貴，總不過分。

孫越生在80年代撰寫的《官僚主義的起源和模式》是一本被埋沒了的奇書。他痛感於人類受到官僚主義的危害如此之多，而研究官僚主義的卻如此之少，於是奮而以一人之力，闖進這座思想迷宮。在中國，第一個系統研究官僚政治問題的，是他的老師王亞南教授。王亞南以漢譯《資本論》聞名於世。但在我看來，王亞南在四十年代末完

成的《中國官僚政治研究》，對未來的影響力將不亞於《資本論》的翻譯工作。在風雨如磐的年代，王亞南運用馬克思主義的方法，對古往今來的官僚政治，特別是當時統治中國的蔣介石政府的官僚政治，作了的系統的剖析和批判，具有開創性的意義。當時，孫越生是王亞南寫作的助手。從此，孫越生繼續思考，幾乎思考了一生。他並沒有滿足於重複老師的結論，也沒有匍伏在老師所宗奉的馬克思主義經典作家的腳下，簡單地照搬他們的現成結論。他直接面對古今中外的官僚主義現象，特別是新中國成立後的官僚主義現象，同時放開韁繩，讓思維的野馬縱情馳騁，重新審視馬克思主義經典作家提出的、在輿論中已經成為定見的有關結論。官僚主義在他的視野裏，不只是個官員的作風問題，也不是什麼思想影響的產物，而是和人類自身歷史同樣悠久的痼疾，是對人類自身危害最大的痼疾。他不局限於對現實的各種官僚主義現象進行理論概括，而是深入到人類的起源、國家的職能、國家的消亡、剝削的性質等一系列根本性問題，質疑成說，另闢蹊徑。他提出的新說，邏輯之嚴密、理論之徹底，視野之開闊，都讓人心智大開。這本專著雖然沒有完成，但我的感覺是：已經構成了一個獨創性的理論體系。不論對於今後人們研究政治理論，還是實施政治改革，建設新的政治文明，都有深遠意義。

在當今中國，可以被稱之為學者的人數以萬計，可以被稱之為思想家的人卻寥若晨星。學者和思想家有原則的區別。在我看來，不論專業還是業餘，只要投入學術研究，並拿出一些言之成理的學術成果，就有資格稱為學者。然而，思想家就不同了。只有對重大的、帶有根本性的問題，提出自成一家的學說，這種學說不但具備獨創性，

而且能夠激發別人思考，啟發人類的心智，才稱得是思想家。思想家的標誌，不在著述的多少，而在思想的力度、深度和廣度。如果僅僅是運用別人提出的觀點和方法來論述問題，解決問題，而自己沒有獨特的思想創新，即使著作等身，也與思想家的稱號無緣。半個世紀以來的中國，可以稱之為思想家的人太少了。從客觀環境上講，缺少思想獨創的環境，規定人們必須按照領導人的思想而思想，知識界經過一輪又一輪的思想改造，已經失去了獨立思考的衝動。偶爾出現不願循規蹈矩的思想萌芽，馬上遭到風霜刀劍的扼殺。經過70末開始的思想解放，思想的環境有所改善，但真正讓人耳目為之一新的思想，仍然不可能一下子獲得通暢的傳播渠道。就是今天，新聞出版的行規也不是提倡獨創，而是要求合乎既定的規範。這樣，既使有思想家出現，他們的思想也難以為公眾所知。從這個意義上講，我國一度產生學者和思想家的土壤都很貧脊，現今產生學者的土壤已經脫貧，而產生思想家的土壤仍然貧瘠。

編書的過程中，我結識了孫先生的女兒孫沐霞。她告訴我，父親是為出書累死的。原來，孫先生的《幹校心蹤》是由兒子出資五萬元，自費出書。孫先生拖著病體，奔波於出版社和印刷廠之間。書出來了，生命的能量也耗盡了。他家裏還存著大量的手稿。我說，如果這本書出得成功，就爭取再編續集。

我沒有見過孫先生，只是在他彌留之際，寫過一篇名叫〈有眼不識孫越生〉的短文，竟然成為見諸公開傳媒的第一篇悼文。我也由此開始注意他的思想和文字。他去世之後，幾次和邵燕祥、常大林、李輝說起他來，都覺得應當推出他的文集，特別是讓他的遺作問世，使

讀者有機會瞭解這位活著的時候尚未來得到足夠關注的思想家，更重要的是，讓他留下的思想資源薪火相傳，燭照未來的文明進程。可惜的是，這本書已經編出十年，至今沒有問世。只是通過趙虹的努力，在河北的《社會科學論壇》，用連載的方式，刊登了〈官僚主義的起源〉的上半部。

編完了這兩本書之後，我又開始編輯《思想解放的先聲》。中共十一屆三中全會後，中國開始了改革開放的進程。改革開放的過程，同時是思想解放的過程。而新的思想，不是一朝一夕產生的。為決策者所逐步接受和採納的先進思想，實際上在文革結束前就有民間有識之士以不同形式提出來過。一些志士仁人，為了提出這些具有歷史前瞻性的思想，歷經磨難，甚至付出了生命的代價。這些人當中，既有張聞天、顧准、惲逸群等老革命，也有遇羅克、張志新、陸蘭秀、王申酉、武文俊等烈士，既有在改革開放中十分活躍的吳江、曹思源、張木生等先行者，也有楊偉名這樣敢於思考根本性問題的農民。當我們在20世紀快要結束的時候，回首中國人探求真理的歷程，更加感到這種探求的可貴。這些寶貴的文字應當成為20世紀中國思想史不可缺少的組成部分。

在搜集材料的過程中，我還與江蘇電視臺台長丁群先生取得了聯繫。

丁群先生文革前是省報記者，平反假錯案的年代任蘇州市委秘書長。張志新式的思想烈士陸蘭秀，就是在他一手推動下得以昭雪的。以後，他又寫成《陸蘭秀傳》一書出版，並由李銳先生作序。

陸蘭秀生前是蘇州市圖書館副館長。她40年代就參加中國共產黨領導的革命，對黨的歷史有較多的瞭解。她從事過理論工作，較為系

統地閱讀過馬克思主義的經典著作。這都促使她在文化大革命的高潮中產生了懷疑。最初，她只是不滿文革中的某些現象，比如批鬥她所信任的領導幹部，繼而不贊成打倒劉少奇等黨和國家領導人。她曾經寄希望於毛澤東、林彪，想通過上書，向他們表達自己的意見，由他們來糾正這些錯誤。但她的努力，馬上招來殘酷的迫害。她是一個意志堅強的人。迫害不但沒有嚇退她思考的勇氣，反而促使她的思考進一步深入。在失去人身自由的嚴酷環境裏，她明確地提出，文革是歷史倒退，是毀滅性的災難，使人民處於水深火熱之中，並冒死呼籲立即結束文革。對於當時正在全國如火如荼地進行著的清理階級隊伍和知識青年上山下鄉，她也提出了尖銳的批評。她說：「為了調動一切積極因素進行社會主義建設，要求立刻結束清理階級隊伍的工作，按照毛主席一貫政策，無條件解放還沒有解放的幹部。不要他們再多作檢查，不要他們認罪服罪。已經沒收的檔、書籍、用品，凡未上交可

和丁群、趙虹在南京

以整理出來的，請一律發還；凍結的存款和扣發的工資，避影響本人和實用性家屬生活，使低於一般工人生活的，請酌情補發。如因生活殘疾病等問題有債務的，也請發還部分，使夠償還。」「知識青年下鄉插隊落戶，不是共產主義方向，無論鑼鼓多麼熱鬧，大紅花多麼熱鬧，多麼鮮豔，歡送多麼熱烈，本質是不會變的。」追根尋源，她意識到中國之所以發生文化大革命這樣的災難，問題出在毛澤東身上，出在對毛澤東的個人崇拜上。她在一篇題為〈自由〉的文章中說：「思想的禁錮，現代迷信的盛行，可能只是文化大革命的特殊產物。我相信，在文化大革命受到歷史的審判之後，社會主義社會的自由度會有所擴大，人民獨立思考問題的自由會得到尊重。」並且，她寄希望於黨內的其他領導人能夠出來結束這場災難。可以說，陸蘭秀是文革中最早的批判者之一。可惜歷史只給了她兩年多一點的思考時間，從1968年表達獨立的見解，到1970年7月4日，便被殘酷地槍殺了。

我從李銳先生處得到丁群先生的地址，於是和他建立了通信聯繫。不久，得贈他寫的新著《劉順元傳》，讀後頗受教益。劉順元是當過中紀委副書記的老革命。抗戰勝利後在大連主持工作時，曾抵制蘇軍方面的大國沙文主義，被史達林所忌恨。以至於數年不能公開擔任領導職務。直到史達林去世之後，劉少奇才提議重新啟用他擔任江蘇省第二把手。我想，這些鮮為人知的故事，應當加以傳播，於是讓當時參與《百年潮》編輯工作的妻子向他約稿，專門介紹劉順元這段往事。

同時，丁群先生又整理出《陸蘭秀獄中遺文》一書，並讓我一起尋求出版機會。

我通讀書稿，感到十分沉重。這部書，包括了陸蘭秀在獄中的全部日記、文章和審訊記錄，這是一件具有開創性的工作。在歷次政治運動中，因獨立思考而坐牢殺頭的不止一個人。像遇羅克、張志新式的思想先驅，曾經出現過一批。在平反冤假錯案的時候，國內報刊曾經報導過其中一些人的事蹟。以後，他們留下的言論也曾得到或多或少的整理出版。但迄今為止，還沒有一位這樣的思想先驅者留下的文字和言論得到全面的整理出版。陸蘭秀留下的這些文字和言論，絕大部分產生於牛棚和囚室。這是最沒有思想自由和表達權利和環境。但她仍然頑強地表達，並且付出了生命的代價。三十年過去了，回頭看這些血寫的文字，我們一方面為陸蘭秀的精神而感動，一方面為思想專制的血腥而震撼。思想自由是人的基本權利。保障公民的思想權利，是現代文明社會的基本標誌。文化大革命期間，頒佈了「公安六條」這樣以表達思想致人死罪的政策，並開動國家機器實施，使中國公民的思想自由受到空前的踐踏。陸蘭秀就是殉難者的一個代表。這種慘痛的歷史教訓，人們永遠也不應該忘記。

陸蘭秀說，普羅米修士把上帝帶來的火偷給人間，受到了上帝的懲罰而終不悔；我非普羅米修士，說出這些可能被認為大逆不道的話，受到人們的懲罰也是終不後悔的。今天回過頭來看，陸蘭秀對文化大革命的反思，僅僅是一個開始，思考的深度和廣度都不免受到環境的局限。長達十年文革，她僅僅經歷了三年多，就被野蠻地殺害了。她沒有來得及看到文革的全部過程和全部惡果，也沒有來得及更加系統地挖掘文革的背景和原因。蘇州不處於全國的政治思想中心，可以得到的資訊有限；陸蘭秀早早就被關進牛棚，失去人身自由，沒

有機會和志同道合者討論交流。同時代的另外一些思想者，雖然處境也很艱難，但或者有交流切磋的機會，或者有較多的資訊來源，因而產生了更見條理和深度思想。如果在一個寬鬆自由的思想環境裏，人們可以要求思想者的成果，更加精粹，更加深入，更加縝密，但考慮到陸蘭秀是在那樣的環境裏思考和表達，後人無權提出更多的苛求。她的每一點先知的思想閃光，都應當得到後人的珍視。

和邵燕祥交談

丁群這本《陸蘭秀獄中遺文》編好以後，在大陸一直得不到出版機會。正好美國成家出版社尋求書稿，經我介紹，2000年總算在美國問世。

1996年，《東方》雜誌的朱正琳、梁曉燕要組織一個「文革30年祭」的研究專題，我與謝泳合作了一篇論文〈文革時期的民間思想概觀〉。《東方》總編輯鍾沛璋先生讀後說，文章不錯，可惜忽略了王申酉。

《東方》這組文章沒有發出來。但從此，我就開始留意王申酉。到了

1988年冬天，我請邵燕祥先生為《孫越生文集》作序，又提起王申酉的事。他説，可以找金鳳。並且當下拿出一本雜誌，上有一篇訪問金鳳的文章。其中提到，有關王申酉的書出不來，成為金鳳的一塊心病。

終於，我在北京空軍幹休所找到了早已離休的資深記者金鳳；終於，我讀到了王申酉的遺作。

金鳳早就把王申酉留下的日記、書信、自白和她的長篇報導編成了一本書，先是拿到工人出版社，趕上《開拓》雜誌刊登〈第二種忠誠〉的風波，沒有出成；後交給湖南人民出版社朱正先生，又趕上《查泰萊夫人的情人》的風波，朱正下了台，又沒出成。金鳳説起來十分感慨，她説，書出不來，我就好像欠著王申酉一筆債！

1998年，中國大陸的文化氣氛較為寬鬆。我馬上向一個書商推薦了這部書稿，他也與一家出版社説好，來年春天推出此書。鍾沛璋先生還趕寫了一篇序言。

然而，正當此書發排之際，大陸的氣氛卻緊張起來，不時聽説有出版社吃了紅牌，停業整頓。這樣，原來已經審查通過的那家出版社也收回了成命。此書擱淺，金鳳先生十分失望。

其後的三四年間，我先後將這部書稿送到四家中國大陸的出版社，編輯們看了都説價值很高，但又都説現在不好出，還得等一等。

我也不能消極等待。於是繼續搜集有關的資料。經鍾沛璋先生介紹，我找到上海華東師大前黨委書記施平家，他的夫人將施先生回憶錄中記述王申酉平反經過的文字給了我，讓我編入此書。

我寫了一篇〈尋找王申酉〉的短文，引起上海新聞工作者顧訓中先生的注意，他幫我與王申酉的弟弟王解平取得了聯繫。

　　旅居美國的學者宋永毅先生也是一位研究中國文革民間思想的專家，他從我處將王申酉的遺作拿去譯成了英文。

　　香港中文大學《二十一世紀》雜誌的劉青峰女士經宋永毅推薦，也很重視王申酉的價值，與我聯繫，將王申酉的遺作的片斷和相關評論文字發表於該刊的電子版。

　　直到2002年，我經過朋友找到香港高文出版社，他們決定出版社《王申酉文集》，這位傑出的思想先驅留下的遺著終於得以面世。

　　中國大陸五十年代到七十年代，是思想最為禁錮的年代，也是獨立的思想者從民間滋生的年代。思想理論界的知識者從整體上失去了獨立思考的能力，獨立的思想便從思想理論界以外產生。在那個年代迸發出獨立思想火花的，大部分出自在歷次政治運動中受到迫害的頭腦。王申酉文革前在華東師大讀書，就受到政治迫害，這成為他比同代人更早醒悟的精神動力。於是，他的思想比常人早想了一二十年——

　　他批評「在我們國家裏，還存在著『革命』功臣與廣大平民的不平等」是1963年；

　　他批評思想獨裁是1964年；

　　他批評「三面紅旗一出，三年困苦降臨到六億人頭上」是1965年；

　　他批評「在六萬萬人民中空前地培植起同封建時代類似的個人迷信、個人崇拜」是1966年；

　　他指出「毛在十年前劃了三十萬右派分子，他們絕大多數是無權無勢的耿真志士」是1967年；

　　在他1976年11月18日到23日寫的「供詞」裏，他全面地反思了建國以來一系列極左思想的惡果，提出了尊重價值規律，打破閉關鎖國，實行對外開放等系統的改革主張。

他的觀點，不過是寫在日記中，寫在給女友的書信裏。他沒有結社，也沒有把他的主張付諸政治活動，僅僅因為思想，因為他的頭腦裏產生了與當時統治者不一致的思想，僅僅因為他比領導人更早地提出了有利於中國繁榮進步的思想，於是被判處死刑，立即執行！讓我們記住王申酉被槍殺的日子吧：1977年4月27日。這個日子和遇羅克被槍殺的日子——1970年3月5日一樣，都都銘刻著國家機器的恥辱。蘇格拉底被殺死在2400前；布魯諾被燒死是在400年前；而中國殺死自己的思想家是20世紀70年代。遇羅克活了27歲！王申酉只活了31歲！中國人不是天生沒有思想能力，而是最傑出的思想者被推上了斷頭臺！

王申酉在80年代初平反時，首都的一些新聞機構組織金鳳等一流記者，花了很大的氣力去採訪，準備像宣傳張志新、遇羅克一樣大張旗鼓地宣傳王申酉的事蹟。然而，報導寫成之後，有關領導人卻提出：「藏之名山，傳之後世。」藏是藏起來了，一藏就是將近20年，文稿在金鳳手裏已經藏得發黃發脆。傳之後世，就不好說了。中國年青的一代，多多少少還知道有一個張志新，有一個遇羅克，從這個意義上講，他們的悲劇，總算給後人留下一點歷史的教訓。但王申酉是誰，不但後人不知道，就是經歷過文革的中國知識界也很少知道。如果這樣，他的血豈不是白流了麼？

王申酉的悲劇不是孤立的。還有人比他更為不幸。王申酉畢竟在撥亂反正的年代獲得了徹底的平反，還有一些思想者連這一點歷史的安慰都沒有得到。

舉一個例子：

　　湖南湘西溆浦人低莊公社楊和坪大隊小學教師武文俊，1976年投書國務院總理，提出了「重新建黨建國建軍十大綱領」。主要內容是：

一、中國進入資本主義不是復辟倒退，而是封建社會發展的必然規律。現在所謂「社會主義」實際上是社會奴隸主義，才是真正的復辟倒退。

二、煽動鼓勵人民之間鬥爭，說是階段鬥爭，其目的是為了鞏固它的奴隸主義制度。

三、國家應為社會契約產物，國家機構設中央、省（市）、縣、鄉、裏等級，國家應民主產生，為全國大多數人服務（為勤勞、正直、善良的老百姓服務），國家機關的負責人員，應由人民逐級普選產生，真正代表人民利益，並且每四年一改選，連選可以連任，但最多只能連任三屆（即12年）。國家政策由人民討論制訂，逐級彙總上報中央，最後頒佈確定。

四、建立一定軍隊，防禦外敵侵略，建立少量地方治安，解決民事糾紛和刑事犯罪。軍人來源由基層人民選送，服役期三年。願繼續服役者，根據情況加級加薪。

五、提倡言論、學術、出版自由，人民可以登報批評政府，提出建議，獎勵科技和對國家有貢獻的人材。

六、發展工農業生產。

七、財產問題，凡國有企業、工廠等仍為國家所有，集體財產仍為集體所有，給予獎勵，不願集體化者，由人民討論，財產平均分配（但不予獎勵），不許以強凌弱，侵犯他人財產和利益。

八、對原來幹部、除少數確有作惡者外，其餘一律不予追究。

九、國家徵收的賦稅，根據國家實際需要，稍有餘地地來決定人民的
　　負擔（儘量精簡機構、減輕負擔）。

十、大赦天下，釋放囚犯。

　　建國宗旨：創民主，除獨裁，立自由，滅殘暴，興文明，破野
蠻，建幸福，濟貧窮，天下必群起而服之，定無反心。

　　武文俊的「匿名信」是1976年4月12日開始醞釀起草，4月22日
寫成的。4月24日從漵浦縣城投郵。3個月後，即7月25日夜武文俊被
捕。經過167天的審理，武文俊就被槍殺在縣城對河的沙坑裏，時年
40歲。

　　他的親人於3年後開始上訴，要求復查此案。1982年5月18日，懷
化地區中級人民法院終審裁定：武文俊屬「有罪錯殺」。鑒於其家庭
生活困難，特給予其家屬生活補助費800元。這就是事件的結局了。

　　平心而論，武文俊的思想理論不如王申酉系統和深刻，但也有許
多閃光之處。但他至今也沒有獲得徹底的昭雪。如果不是《湘聲報》
編輯向繼東有意尋訪，他已經被歷史的塵土埋沒了。

　　王申酉、武文俊被殺害於1977年，無法歸罪於四人幫，也無法
歸罪到毛澤東的名下。同年被判死刑的「思想犯」知名的還有李九
蓮、鍾海源、史雲峰，不知名的不知還有多少。當時我在山西生活，
知道有一個「第四國際案」，為首的張明、趙鳳歧也被判了死刑。趕
上十一屆三中全會，最高人民法院急令山西刀下留人，他們才倖免一
死，獲得平反。據說，當時省裏一個領導幹部，不是為自己沒有成為
千古罪人而慶幸，而是後悔動作太遲，程式不當，沒有趕在大規模平
反冤假錯案之前把張、趙置於死地。以言致罪，因思想殺頭的血腥傳

統，固然可以遠溯到秦始皇焚書坑儒，但登峰造極則是公安六條。一大批「思想犯」被殘酷殺害，是20世紀中國歷史上又一幕慘劇。有人也許說，這都是「兩個凡是」的惡果。我覺得僅僅這樣認識問題是不夠的。在當時的各級領導幹部中，意識到公民有批評領導人的權利，不能以言、以思想給人定罪的，並沒有幾個。殺害這些思想先驅，都是在各省市黨委的常委會上討論過的，討論時不贊成殺人的極少，敢說他們無罪的則一個也沒有。有沒有思想自由，能不能保障公民思想無罪，是文明和野蠻分野的一個基本標誌。以言致罪，因思想殺頭的制度，不管打著什麼旗號，叫共和國也好，叫帝國也好，都是野蠻的制度。思想權利是天賦的權利，是每個公民與生俱有的權利。從這個意義上講，直到在胡耀邦等人努力下，廢除了思想犯的死刑，中國才算邁進政治文明的門檻。然而，古老的中國要想成為思想自由的沃土，中國公民要想充分行使思想、言論自由的權利，還有很長的路要走。實現這個目標，也是王申西留下的歷史使命。

　　文革中的民間思想者，還有一位就是前面說到的插隊同學盧叔寧。我一直建議他把自己的日記和書信整理出來，尋找發表和出版的機會。大約在1997年，他買了電腦，自己一字一句地錄入他當年的日記和詩詞。他整理出來幾封信，我推薦給徐曉，建議她編入《文革書信集》，但這本書直到2000年才由安徽文藝出版社以《民間書信》的書名出版。我又向《天涯》雜誌的主編蔣子丹推薦，她認為有價值，也和盧叔寧直接取得了聯繫，不知為什麼，始終未見選登。後來，大約是1988年的夏天，靳大成和奚躍華策劃「思想、學術、生活」叢書，找我組稿，我承諾寫這本自傳的同時，向他推薦了盧叔寧的書。

2000年2月，盧叔寧的書出版了。奚躍華讓我寫一篇書評，於是，我寫了以下的文字──

思想史上的倖存者
————讀《劫灰殘編》

這篇文章我早就該寫了，卻一直沒有動筆。今天，突然接到盧叔寧的母親打來的電話，問我在哪裡能買到兒子的書。這個電話一下子觸動了我的思緒，這篇文章再也不能拖下去了。

盧叔寧的母親和我的母親同庚，今年都是80周歲。她這一輩子過得太不容易了。自小就在上海進紗廠當童工，沒有上過一天學，結婚後才跟丈夫認了幾個字。丈夫在文革初期不堪凌辱，死於非命。她是家庭婦女，卻讓五個兄弟姐妹互相幫助，都讀了大學。如今，在深圳教中學的兒子出了書，她跑了好幾家書店也買不到，於

1991年和盧叔寧（右）、文重萍（左）在蛇口

是給我打來電話，要買一本兒子的書看一看。這本書就是盧叔寧的《劫灰殘編》（中國文聯出版社2000年2月出版）。

朱學勤有一篇〈思想史上的失蹤者〉，大意是說1968年前後，在知青中出現過一些獨立的思想者，但他們的思想結晶沒有留下來，他們也沒有堅持思考下去，所以在思想史上失蹤了。文章傷感而富於激情，當時引起了不少讀者的共鳴。比起那些失蹤者來說，我想，盧叔寧可以稱之為倖存者，因為他這些寫於1967年到1976年間的日記和書信，雖然沒有完全保存下來，畢竟留下了其中的精華，並且終於獲得了出版的機會。今後人們研究這個時期的思想史的時候，他的文字有可能進入歷史的視野。

文革十年，既是中國思想專制登峰造極的年代，也是思想的潛流在堅冰下湧動的年代。在民間，出現了很多新思想的萌芽。文化大革命十年現在被看作是一場政治運動，其實當中包含著若干場運動，每一場運動都會使一批人成為打擊目標，他們的家屬子女同時隨之成為受害者。因為樹敵越來越多，統治基礎便日益縮小。於是隔一段又出來「落實政策」。在這個過程當中，多數受害者寄希望於有朝一日，皇恩浩蕩，自己通過落實政策重見天日，他們不敢想、也想不到是國家中樞有問題，是這個體制有問題。但畢竟有一部分人，在遭遇不幸之後，開始懷疑和追問。所以，從懷疑林彪，到懷疑江青和中央文革，到懷疑文革的必要性，乃至懷

疑最高領導人晚年正確性的思潮，從文革初期就沒有中斷過，到文革後期已經成為一種相當廣泛的政治思潮。1976年春天發生的四五運動，就是這種思潮的社會表現。就我見過的文獻，比如吳江寫於1976年上半年的〈文化大革命的起源〉，王申酉寫於1976年的長篇供詞，曹思源1976年起草的〈左傾領導路線必須清算〉，都稱得上是這種思潮的系統闡述。盧叔寧的思想也屬於這一思潮。他這本書不是系統闡述自己某一階段思想結晶的文獻，而是十年中思想變化發展的記錄，其特色在於思想過程的展示。

我即是盧叔寧思想過程的見證人，也是他這些獨立思想的受益者。他和我是中學同學，我是67屆初中生，他是66屆高中生。年齡雖然只相差四歲，但在文革發生的時候，15歲的少年與19歲的青年閱歷的差別還是很大的。我們在學校時並不認識。1969年初到山西沁縣插隊，才熟悉起來。我所在的長勝村在縣城南邊10里，他所在的李家溝在縣城北邊20里。見一次面也不容易。但因為都有關心時政的興趣，所以每年要聚一兩次。

就我自己的思想狀況而言，一直到插隊的時候，都是當時主流宣傳的接受者和擁護者。而盧叔寧的思想，最早讓我感受到他思想異端性的有兩件事。1970年陳伯達在九屆二中全會上受批判以後，小道消息慢慢地傳到了我們知青點。於是，我們村的幾個同學找到段柳的楊小平，又寫信約了盧叔寧，一起聚到縣城西邊40里的後泉知青點，在一起討論了一

次。當時有人提出陳伯達是小資產階級的代表的觀點，盧叔寧當場反駁。他怎麼說我已經記不清楚了，好在這本書裏對C的分析就是指陳伯達。我印象最深的是，他最後預言，看著吧，下一次鬥爭就到了軍內。話說到這兒，我也沒敢想他是指林彪。我們那個縣裏消息是很閉塞的，農村的消息更少。盧叔寧和我一樣，不會有更多的資訊來源。像當時高層進行的批陳整風，黃、吳、葉、李、邱作檢查，我們都不可能知道。他是靠一種對中國政治形勢的整體觀察，來做出自己的判斷的。不到一年的功夫，發生了「913事件」，我們馬上感到，歷史的進程被盧叔寧言中了。於是，又請盧叔寧來在段柳聚了一次。當時盧叔寧心情很振奮。他把秘不示人的日記拿出來，給我們幾個同學唸了幾段。這下子才知道他對林彪早有系統的批判，對毛澤東晚年的路線也有根本性的懷疑。當時讓大家感到十分驚訝。我們面對林彪事件的思想震盪還沒有理清頭緒，他已經提出毛主席晚年重蹈了史達林晚年的覆轍。雖然經歷了文革頭幾年的疾風暴雨，應該說已經見過一些世面，但盧叔寧的觀點還是讓我們感到振聾發聵。

今天看起來，盧叔寧當時能夠產生一種超前的思維，一是與他個人的處境有關。文革前他本是高才生，數學競賽得過獎，文章登過報，考重點大學沒問題。但在文革的第一年，他父親就因不堪凌辱而棄世。當時自殺是很嚴重的「罪行」，叫做自絕於人民。這樣，盧叔寧和他的兄弟姐妹也就

被打入另冊，一切機遇都與他絕緣。這自然是促使他較早地開始覺悟和思考的動因。其二是他有自己的思想資源。到文革發生時，馬克思列寧主義毛澤東思想成為國家的主導思想已經近二十年。這就成為我們這一代人幾乎唯一的思想背景。盧叔寧自然處在這種環境，所以，他的思考和批判，也是從這裏出發的。但馬列主義毛澤東思想對於每個人來說其實也是千差萬別的。對於一般人來說，林彪提倡背「老三篇」，就跟著背「老三篇」；中央號召學「五篇哲學著作」，就跟著學「五篇哲學著作」。但有些人卻不是這麼聽話，你提倡背「老三篇」，他偏要讀毛澤東的長篇大論；你提倡讀毛著，他偏要讀馬克思的原著。盧叔寧就是這類人。所以，對於馬克思主義來說，他沒有離經叛道；但對於主流宣傳來說，他已經在離經叛道的路上走得很遠了。我印象中，他和我談論過文革前為了反修內部出版的一本錫蘭人古納瓦達納寫的《赫魯雪夫主義》，那本書是批判赫魯雪夫在史達林生前如何阿諛，史達林死後又如何翻臉的。這本書現在看起來能不能站得住腳已是問題，但當時卻成了盧叔寧懷疑林彪的思想資源。

他的思想還有一個重要來源，便是魯迅。我知道他對魯迅的書不是一般地愛好，而是有著認真的研究。他在序言裏說魯迅是他平生唯一敬重的人，這是真心話。我曾和他有過一段出遊的經歷，當時我還沒有讀過多少魯迅的書，他講起魯迅來如數家珍。具體的話我記不住了，印象較深的是他把

魯迅和郭沫若作了比較，對前者懷著真誠的敬意，對後者卻頗有微詞。在文革中，魯迅也被抬得很高，卻按當時政治宣傳的需要進行了改造。但盧叔寧系統地讀過魯迅的原著，所以魯迅在他心目中，不是任人塗抹，任人利用的。他心中的魯迅是獨立的、批判的，是對現實充滿了懷疑精神的。

　　由於篇幅的限制，這本書沒把盧叔寧保留的全部思想資料收進去。我就知道他大約在1973年寫過一首題為〈清江河的傳說〉的敘事長詩，其寓意明顯地是批判閉關鎖國，倡導對外開放。

　　1977年恢復高考，盧叔寧的分數很高，但那一年的錄取方式是兩條線，對66、67屆高中畢業生的要求高於一般考生，而且儘量分配到師範院校，於是他被錄取到地處長治的晉東南師專。畢業時，本來作為高才生的他可以留校任教，但又遇到人事上的傾軋，只好回縣城中學教書。這時知青們大多已經走了，那種關注國內外發展動向的思想環境不復存在。縣城裏土生土長的知識者關心的更多的是自己周圍的一攤事，國家大家對於他們來說可能過於飄渺。周圍失去了對話呼應的民間思想群落，一個人便很難孤獨地前行。當一個國度之內的思想環境失去了公開地橫向交流的可能時候，偏居一隅的智者可以憑自己的膽識比眾人走得更遠；而當思想重新活躍起來並有了和國際接軌的機會，誰的思想要想站在時代的前沿，就必須身處思想文化界的中心，起碼也要與這個中心保持經常和密切的對話。偏居一隅的冥思方式就不可能再領風騷了。縣城的文化氣氛自然使盧叔寧倍感寂寞，80年代後期，當深圳特區招人的時候，他決定遠走南國，到蛇口工業區

當了一名中學教師。然而，這仍然不是一個思想的環境，在那個商業氣息十足的城市裏，周圍的同事們都熱衷於炒股，他顯得那樣隔隔不入。直到20世紀末，他才同深圳大學一些關注思想文化動態的朋友建立聯繫。世紀之交的中國，仍然是一個需要思考的時代。不知這本書的出版，能不能再一次點燃他思考的激情？

　　有一次我到北師大與文學社的青年學生座談。有一位學生問我，你既然研究民間思想，為什麼不寫一部民間思想史？他這個問題提得很好，這也是一件我想做的事。但我不是先寫專著，而是邊搜集資料，邊整理出版。原因一是感到社會需要這些思想資源，學術為天下之公器，讓大家共用比我一個人獨享受更好。二是只有整理出版，才可能引發更多的思想資源浮出水面。如果自以為奇貨可居，秘不示人，別人也不會把這些資料提供給你。等資料相對豐富了，寫史才水到渠成。

書海弄潮

過去中國人按職業分為士農工商四類。士相當於知識份子，排在四類之首；商排在四類末尾。這也反映了當時對商人的歧視。到了1990年代，中國大陸進入市場經濟，商人，也就是從事各種經營活動的人，成了整個社會的弄潮兒。對於知識份子來說，與他們打交道已經不可避免。但當時知識界人士有兩種不適應，一種是不屑於和商人打交道，一種是不善於和商人打交道。不善於同商人打交道，就成了知識界普遍的弱點。

我就是帶著這樣的弱點，開始面對走向市場的圖書出版界的。回想1990年代初，知識界普遍為出書難所困擾。我參與過策劃一本《老插話當年》，就深深地感到不適應市場之苦。

當時，我還在太原。蔣澤新見到東北的知青出版了一本《北大荒風雲錄》，內蒙的知青也出了本《草原啟示錄》，找我說，我

們也編一本山西知青生活錄吧。當時有個書商，一看知青的書發行很好，也願意包銷。於是和他口頭上達成協定。

要辦事，總得有點啟動資金。華晉裝潢公司經理金光澤是北京老知青，從前還在《小說月報》上發過作品，於是找到他，又和李銳、張立華、銀宏等幾位北京老知青商量，聯名擬了一封徵稿信。原來想在太原和北京兩地的報紙都登一登，老金也願意掏點費用。可誰知北京的報紙有規定，拿不出好幾種證明，掏錢也不給登。可我們手裏還是一張白紙，出版社不知道是什麼樣的書，怎麼肯為我們出證明？這樣，在大範圍中徵稿的打算便無法實現了。於是，只好以輾轉傳遞資訊的原始的方式組稿。

稿子組得倒不慢，兩三個月的工夫，就收到了三四十篇，近三十萬字，經過篩選，內容、文筆俱佳的也有二十幾萬字。這時，原先達成口頭協定的書商已經沒了蹤影？怎麼辦，我找到《山西經濟報》和《山西青年》雜誌，他們分別開闢專欄，先後選登了二十來篇，算是先對作者有個交代。同時，我們幾個一商量，書還是要出，並且要拿到北京出。一來北京是全國的文化中心，二來當年的北京知青大部分在北京。於是，我拿上稿子找到剛剛調回北京工作的老知青宋慶光。他在中殘聯工作。中殘聯有個華夏出版社，曾經出過一些有影響的書。老宋與總編一聯繫，滿口答應。原來那總編也當過知青。接著，宋慶光和張寧在北京又組了一些稿子，把書編出來，約30萬字，這已是1992年的夏天。華夏出版社指定趙小燕當責任編輯，她先看稿，再徵訂，又用了幾個月。徵訂回來的數字只有600本。這下子出版社沒了積極性，於是，書稿放在華夏白白拖了半年多。

　　一個偶然的機會，我在成都與原先在一個村插隊的繆力巧遇。她剛從團中央調到大眾文藝出版社當副總編。說起這本書，她說，拿到大眾文藝出版社來吧，三個月見書。我自然高興。把這個資訊告訴老宋。後來，老宋看書稿放在華夏實在沒戲，於是決定轉到大眾文藝。

　　繆力也是山西老插，但涉及具體問題，她當然要考慮自己的出版社的利益。她向老宋提出，先給出版社兩萬塊錢啟動資金。這可把老宋難住了。老宋雖然很能幹，編過好幾本書，自己也寫過專著。但他過去是教師，當時是機關幹部，一直沒有完全脫貧。家裏想裝一部電話都得朝別人借錢。他想到了做生意的老朋友高銀秀。高銀秀不是知青，但和許多知青都是朋友，包括我，包括張寧，他是下海的文化人，對這本書的文化意義很理解。他慷慨地答應借給一萬塊錢，並且馬上打到大眾文藝出版社的帳上。同時，我和繆力協商，啟動資金降到一萬。於是，書稿被又一次審閱。責編白愛菊也是山西老插。我原以為這下子可以很快見書了。誰知又拖了一年。先是和該社意見不一。我們原計劃把幾篇表現知青命運坎坷，且文字水平較高，催人淚下的文章打頭，他們要讓幾篇表現當時戰天鬥地先進事蹟的文章打頭。我們又不願意改變初衷。接著是該社內部出現矛盾。最後臨到付印，又發現軟片上錯誤百出，只得一一重新修改。這樣，本來三個月能印成的書，竟然印了一年。弄得我和老宋都覺得與作者們不知說什麼是好了。

　　高銀秀借給的一萬塊錢變成了一千八百多本書。我們還得把書賣了，才能還清欠賬。好在這幫老知青，都十分仗義，你一百，他一百，四處推銷。再者書裏的文章，有情有意，有血有淚，許多人拿

起來都放不下。一些作者說，不是印多了，而是印少了。五千冊的確不多。有的知青朋友說，應當出續集。從道理上說，自然應當出。在山西插隊的，光北京知青就有五萬人，還有天津知青兩萬多，山西本省知青多少萬。這本書裏涉及的不過是九牛一毛。當年，《紅旗飄飄》、《星火燎原》出了多少集？知青回憶錄出個十集八集的還不應該嗎？但是，當時沒有經驗，出版社的美編把封面設計得太差，一點視覺衝擊力也沒有，加上出版社給我們的書按碼樣的65%算，已經沒有迴旋的空間，所以1800本書也沒有完全出手，欠高銀秀的錢也沒還。我就是有心義務勞動，也不敢給朋友找麻煩了。

在這種情況下，一些書商已經抓住了文人急於出書，又不善於面對市場的心理，開始作自己的文章。山西社會科學院有一個姓李的年青同事，當了書商，策劃了一套名叫《跨世紀中學生文庫》的叢書，找我約稿。當時我手裏正忙著，沒工夫寫。經不住他再三要求，我就說，那就找幾個朋友寫吧。於是，我找擅長音樂的朋友宋慶光寫了一本關於音樂的書，找擅長圍棋的賈秀文寫了一本關於棋文化的書，找擅長哲學的魏光奇寫了一本關於中西哲學的入門書。為了防止意外，還讓他們分別與小李簽了合同，每本書10萬字，一千字40元，交稿時付30%稿費，出書時付全部稿費。書寫得很順，質量很好，很快也印出來了，就是稿費遲遲不付。先是遇上賈秀文買房，我找李交涉，你說什麼也得給，他總算是付了2000元；後來是魏光奇買房，我又找李交涉，他推來推去，付了1000元。後來我說，你如果不能給現金，給書也行。為這事，我前後找了他不下幾十次。從太原，一直找到北京，腿都快跑細了。結果其餘的稿費還是沒要到手。聽說李某後來發

了財，我卻再也找不到他的蹤影。一想起這件事，我就對宋、魏、賈三個朋友感到內疚。但這還不算是最糟糕的。有人專門為書商寫書，不但錢拿不到，書也出不來，才更是白辛苦。

　　吃一塹，長一智。有這次的教訓，我再與書商打交道，就多了一個心眼。中國現在還沒有進入規範的契約社會，私人之間的一紙合同，沒有太強的約束力，所以，必須有其他防範措施。1998年，有一個書商想出戴煌的書，托我介紹。我很尊敬戴先生，和他也很熟，於是帶這位書商去戴先生家組稿。組稿，無非是請戴先生把若干單篇文章編成一集，戴先生也願意。當下簽了組稿合同，書商拿出一些錢，作為定金。戴先生表示，不要錢。我說，錢您一定要收。如果您不收，書編出來，出版遇到阻力，泡了湯，讓您白辛苦一場，我就不是成人之美，而是給您添亂。戴先生這才收了定金。後來這本書出得很順。

　　我參加編輯的《顧准日記》出版以後，一些書商大概覺得我能策劃一些有影響的書，於是紛紛找我聯繫。通過與他們打交道，我感到，不能因為有的書商不守信用，就對書商一概抱有偏見。書商俗稱「二渠道」，他們的存在，有助於活躍中國的出版機制。如今的書商，和80年代情況已經有所不同，知識結構越來越高，其中不少人，原來就是出版社的編輯，辭職下了海。一般來說，書商的首要動機當然是掙錢，而不是思想文化建設。但是他們賺錢的衝動，帶來了一種官辦出版業所不具有的效率。出版社出一本書用半年時間也不為慢，而書商用個把月的時間出一本書卻十分平常。出版社規矩繁瑣，什麼三審制，齊清定發稿之類，書商不講這一套，他們可以邊錄入，邊校

對，邊設計，邊送審。他們天然地站在出版業壟斷性體制的對立面，有一種衝破言論禁錮的衝動。他們對讀者心理的把握、宣傳促銷的手段，對我都有啟發。當然，某些書商也有讓學界掃興的地方，一些嚴肅的書籍被他們包裝得花裏胡哨，面目全非。為了搶速度，往往蘿蔔快了不洗泥，校對一般比較粗。在支付版稅時，他們往往隱瞞真實的印數，多印少會。但這些缺點不是不可避免的。我還是主張看到書商的積極意義。一些具有嚴肅思想文化內涵的選題，找準表達方式，也可以為市場所接受。讓書商達到賺錢目的的同時，知識份子也拓寬了言路，擴大了公共輿論空間，向社會貢獻了自己的思想資源，這也是一件好事。

改革開放以來，中國已經發生了從計劃經濟社會向市場經濟社會的深刻變化。在物質生產領域，市場對資源的配置居於主導地位。而在文化生產領域，行政性壟斷仍然居於支配地位。現在一方面，要求現有的報社、出版社實行事業單位的企業化管理，讓他們面向市場實行經濟核算，自負盈虧，在市場中謀求獨立的經濟利益。另一方面，市場又不對所有投資者開放，國家保持對新聞出版的行政控制，創辦新的報社和出版社的批准權都在中央政府的主管部門。在這個領域，對於民營的競爭者，基本上採取不准入政策。這種政策，與中國社會市場化的現實，已經越來越不相適應。

中國傳媒的分佈，原本不是由社會需要和市場法則來篩選，而是按行政系統設置的。比如中央的部級機構有權辦出版社，地方的省有權辦出版社，一些省會和計畫單列市也有出版社，而其他中小城市就不能辦出版社，私人更不許辦出版社。當然，市場經濟的因素會

頑強地向各個領域滲透，出版自不例外。書刊既然作為商品在市場上流通，一些投資者當然要介入這種商品的生產經營過程。最先放開的是零售環節，但經營者很快就不滿足於在經營的最後一環分吃殘羹剩飯。於是，先是向批發環節進軍，接著向編輯出版環節滲透。姑且對盜版現象存而不論，僅僅看一看投資者合法或准合法的投資方式。在出版界，最先出現的是買賣書號，即由出版社收取管理費，審查書稿，發放書號，其他環節由書商操作。後來行政管理部門禁止買賣書號，書商的投資方式又改為包印包銷。所謂包印包銷，其實書商並不只是掌握印銷兩個環節，首先還是由書商買斷他認為市場看好的書稿，經出版社審查通過，才談得上包印包銷。即使行政主管部門的政策對書商一再約束，在圖書市場上，「二渠道」的規模還是日益壯大。現在，圖書市場競爭越來越激烈，新華書店發行能力萎縮，許多出版社體制僵硬，幾乎已經面向市場的能力。一些新華書店和一些地方出版社，已經靠對中小學教材出版發行的壟斷，來維持生存。一部分出版社與書商合作，失去是不可迴避的選擇。所有這些做法，在嚴格的計劃經濟體制下是不可能出現的，在規範的開放的市場體制下則是不需要的。這都是計畫與市場交錯，新舊體制並存狀態下的妥協性產物，是一種在法律和政策界限模糊地帶的變通產物。妥協和變通是出於無奈，協辦往往不能切實可靠地保障投資者的權益。所以，投資者當然不滿足於這種變通，而希望成為名正言順的合法的新聞出版業獨立經營主體。這就必然導致立法的訴求。既然在物質生產領域已經否定了所有制方面的歧視，承認不同所有制經營主體在市場上擁有平等的權利，那麼，在精神文化生產和傳播領域，非國有制經營主體，

自然要求打破單一國有制的壟斷，要求立法規定不同所有制的經營主體在這一領域擁有平等競爭的權利。從這個意義上看書商和二渠道，便更能理解他們出現的意義。

我和書商合作過幾本書，但更多的書還是在出版社的本版書。

最初，是應光明日報出版社徐曉之約，我和孫瑉編過一本《世紀之交的衝撞──王蒙現象爭鳴錄》。從70年代末以來，王蒙一直是公眾視野裏的新聞人物。但在每個時期卻有各不相同的意義。最早是《重放的鮮花》的代表，80年代前期是意識流小說的弄潮兒，80年代後期成為主管文化的開明的高級官員，90年代又成為中國思想文化界的焦點人物。這本書並沒有收選90年代有關王蒙的所有爭論，而是只收選了有關人文精神、躲避崇高、不爭論的智慧和處世哲學引起的爭論。與王蒙有關的這些爭論，已經引起了文學藝術界和思想文化界的極大關注，與此同時，還沒有哪一個討論引起這麼多報刊的介

1999年和徐曉（左一）、遇羅文、孫瑉（左四）在三不老胡同一號院內合影

入。為了全面地反映這些爭論的面貌，使之具有較高的文獻價值，編者盡可能在目力所及的範圍內加以搜集，並持中性立場。參與爭論各方的意見，都按原貌收入，而不是按照編者的私見加以閹割。

有人把這些爭論看作一場鬧劇，看作個人意氣之爭，看作文人相輕，爭出風頭的表現。這都是皮相之見。我以為，這些爭論乃是當今中國幾代知識份子不同價值選擇相互衝突的聚光鏡和晴雨表。

現在，每一個中國知識份子都無法繞開一些基本問題，比如，在現有的社會政治格局中，在迎面撲來的市場經濟大潮裏，你到底充當什麼角色？是適應者，還是拒絕者？是調和者，還是批判者？站在體制內，還是體制外？強調理想，還是遵從經驗？以昨天為座標，還是以明天為尺度？所有這些，當然都不是簡單的二值判斷，而是包含著多種多樣的選擇。王蒙之所以引人注目，因為他的選擇不是處於哪一極的端點，而是處於多種選擇的中間，很容易成為別人的鏡子。況且，他把自己的選擇公諸於眾，引起別人和他碰撞的衝動。這是不奇怪的。衝撞是一種觸發，不論是別人觸發了王蒙，還是王蒙觸發了別人，都有利於思想的活躍。曾經在太長的一段時間裏，中國的知識份子只能接受派定的角色，沒有權利選擇不同的角色，沒有權利表達屬於個人的而不是欽定的價值觀，因而實際上不存在不同選擇之間的觸發和衝撞。萬馬齊喑，那才是思想發展和文化建設的莫大悲哀。

我覺得，這種衝撞的意義不限於所討論的問題本身，同時在於讓中國知識份子學習一種屬於多元格局裏的遊戲規則。由於歷史的原因，王蒙那一代知識份子和比他們年輕的幾代知識份子都是在沒有正常思想爭論的文化環境裏進入表達的，因此，培育健康和文化人格，

對誰都是一個新課題。在現代的遊戲規則面前，大家都是學生。這種碰撞的過程，本身就是學習的過程。只有在這個過程之中，才能逐步驅散罷黜百家的獨斷論的心理陰影。

如果說，過去許多年的思想批判都是單向的，審判式的，好比推鉛球，那麼未來的思想文化交鋒必定是雙向和多向的，好比打排球。各方在規則面前擁有同樣的權利。地不分東西南北，人不分男女老少，不管你是名人，還是新手，在講壇上人人平等，各種思想互相激蕩，文化才有生機和活力。如果誰還堅持用推鉛球的規則賽排球，那就顯得滑稽了。因此，我把現在的爭論，看作是在體驗排球手法的同時，學習排球規則。這種學習，也許比討論問題本身更有意義。

接著，我又編了《反思郭沫若》。對郭沫若的關注，起因也是研究顧准。顧准在〈關於海上文明〉一文中說郭沫若可憐。廣州朋友朱子慶讓我給《南方週末》寫一點有關顧准的文字時，我就這件談了一點感想。接著，又寫了一篇反思郭沫若的隨筆。在《書屋》上發表後，被發行量十分巨大的《讀者》轉載。

郭沫若研究在中國是一門顯學。從本世紀20年代就有研究郭沫若的文章問世，到現在已經80年了。在80年代，對郭沫若的研究達到鼎盛，不但有專門的學術團體，還有專門的學術刊物，研究性、回憶性、傳記性和資料性的專著文集更是數不勝數。我不是「郭學」界中人，然而當我流覽了一些「郭學」研究成果之後，卻發現他們的基調都是相似的，那就是歌頌或論證郭老的成就。郭老在學術上和藝術上當然有成就。但這是不是他的全部呢？余生也晚，中學還沒畢業就趕上了文化大革命。我雖然沒有見過郭老本人，但在電影電視上是見

過他出席國務活動的，在報紙上也讀過他不時發表的政治性詩詞。當然，對於他在文革初期和批林批孔中的尷尬處境也有所體會。因此，我感受的郭老，已經是暮年的郭老了。後來，郭老在「科學的春天」開始不久就去世了，當時官方評價極高，有與魯迅並肩的美譽。但我和周圍的朋友私下議論時，總覺得我們這一代人對郭老的感受與官方的評價有較大的差距。當然，這也只是一種感性認識，不是建立在研究基礎上的理性判斷。

進入90年代以來，中國學界對於20世紀中國知識份子的歷程開始了較為深入的反思。在這種背景下，反思郭沫若的文字時有出現。一些文章把郭沫若作為一個生活在19世紀末到20世紀70年代的中國知識份子加以考察，從而看到他身上所體現的中國知識份子的悲劇。這種悲劇在每個知識份子身上的表現千差萬別。郭沫若因為經歷和地位的特殊，悲劇發生在他身就有了一種典型意義。雖然許多人都產生了這樣的認識，然而到目前為止的林林總總的有關郭沫若的出版物中，還沒有一本專門把他當作一個中國知識份子來反思的書。於是，我想在這方面做一次編輯嘗試。

這本書的緣起可以追溯到1996年冬天。當時，海南科技出版社的編輯洪聲讀了陸鍵東的《陳寅恪的最後二十年》之後，問我能不能以郭沫若的晚年為題，寫一本類似的書。我覺得他的提議很好。但反思郭沫若的晚年是一個大工程。我不知道陸鍵東先生寫《陳寅恪的最後二十年》用了多長時間，以我的經驗推測，從搜集材料到成書，不會少於三到五年。如果寫郭沫若的晚年也用這麼長的時間，顯然不是海南科技出版社的期望。於是，洪聲提議我先生編一本書，作為反思郭

沫若的一個基礎。書很快編出來了，出版卻不順利，主要是領導有顧慮，於是就把書稿放下了。1998年，老朋友杭海路又和我説起此事，找到同樣對此事感興趣的作家出版社編輯唐曉渡的支持，於是再一次重編此書。

這本書的宗旨，不是全面評價郭沫若的學術成就和藝術成就，也不是全面估價郭沫若的文化貢獻和歷史地位。僅僅是對以前國內出版的各種研究、評介郭沫若的書籍作一次拾遺補缺。因此，本書編選的基本上都是反思郭沫若的悲劇和弱點、對郭沫若進行學術商榷的文章，讚揚郭沫若成就的文字本書基本上沒有收入。實際上，對郭老歌功頌德的文章要遠遠多於反思郭老的文章。我不否認這類文章的價值，但這種文章和書籍已經出得很多了，在書店和圖書館也比較容易找到，我再選似有重複之嫌。再則，如果追求平衡，書勢必太厚，定價太高，就增加了讀者購買的負擔。所以我索性只收一面之詞，不求完璧了。

鑒於郭沫若與陳明遠通信的真偽引起爭議，而不止一位學者對郭老晚年的反思都以這些通信為依據，所以將圍繞書信真偽的有關文字一併編入此書。需要説明的是，這些文字中的一部分在爭議過程中沒有得到公開發表的機會，所以本書是第一次發表。我作為局外人，沒有條件調查事情的全部真相。但我願意看到爭議各方充分發表意見，擺事實，講道理，也許這樣有助於這樁疑案水落石出。

書中有我寫的一篇文章，名叫〈難以澄清的謎團〉，在《南方週末》發表後受到一些非議。起因是蕭乾先生的夫人文潔若聽馮家昇夫人説，郭沫若佔用了馮先生的科研成果，老太太心裏很不痛快。文潔

若老師建議我採訪一下馮家昇夫人。老太太已經87歲，原先是位畫家。我請她說出一些證據，她實在說不出來。但從她一肚子委屈可以推測，馮先生生前為這件事是很不痛快的。如果對郭沫若沒有意見，他也不會和不瞭解這個專業的夫人說這件事。寫這篇隨筆的時候，我當然知道這是一種冒險。但我一個平頭百姓，又能上哪查閱第一手資料呢？我只有通過傳媒把疑點公諸於眾。那些對我的文章火冒三丈的人，也不得不承認郭沫若得到了馮家升的幫助，但郭沫若的書裏又確實沒有提到馮家昇的幫助。如果我不寫這篇文章，他們為什麼不主動回憶一番郭沫若請教馮家昇的往事？比起郭老來說，文革中的馮家昇顯然處於弱者的地位。所以我把同情心放在馮家昇一邊。如果郭沫若挨江青的整，我的同情就會轉到郭的一邊，因為江青比他更有權勢。但在他與沈從文、蕭乾、朱光潛這些人的關係上，我的同情當然在後者一邊。讀毛澤東在文革中的批示，其中的一段還談到九大政治報告的修改採納了郭沫若的意見。文革十年，郭沫若雖然受過一些壓力，但在整體上挨整的知識界裏，他還是少數受到特別保護的，並且活躍在中國政治舞臺上，不時發出贊成主流宣傳的聲音。這就是我反思的前提。

《反思郭沫若》出版以後，海南出版社有一位編輯又來找我寫《郭沫若畫傳》。我說，我不寫了，但可以讓邢小群寫。他和小群簽了合同，小群也按時完成了，但他卻不出了。幾經周折，直到2005年，此書才以《才子郭沫若》為題，作為「重說文壇三劍客」叢書之一種，在同心出版社出版。

我還和高增德先生合編了六卷本的《世紀學人自述》。本書雖然是200位社會人文學者分別撰寫的自述，但合在一起，卻構成了一幅

20世紀中國學術史和知識份子命運史的全景圖。有人把知識份子比喻為民族的大腦。而社會人文學者,應該是民族大腦中最具有理性的重要部分。他們的心路歷程,自然集中地濃縮著民族的精神歷程。所以,從一定意義上說,學者群體的心路,就是民族的心路。

進入九十年代中期以來,中國現代學術史、思想史、文化史和關於中國知識份子命運的研究,逐漸受到學界的關注,成為顯學。反思本世紀中國人走過的道路的書籍,也越來越受到讀者的歡迎。這不是一個偶然出現的文化現象。就知識界而言,這實際上是一種深層的社會關注。就讀者而言,這是一種理性的覺醒。在行將步入新的世紀的時候,中華民族具有反思歷史的自覺,認真回顧一百年來的歷程,總結經驗教訓,才能更好地前瞻21世紀的進程。

由中國古代的學術與西方的近代學術碰撞而產生的中國現代社會人文科學,誕生於上一次世紀之交,經過五四新文化運動的洗禮,發展至三十年代,已經形成了比較全面的學科分類和相當的研究規模,產生了諸多的學術流派和富有活力的學術傳統,出現了一批堪稱一流的研究成果。然而,到五十年代,幾乎所有的社會人文學科都失去了自身的特點,被改造成為意識形態的附庸,有的學科,如社會學、心理學,在反右以後乾脆被取消。到了文革時期,文、史、哲、經,都成了「無產階級專政下繼續革命」的工具,成了革命大批判的嗽叭筒,不管是有名無實的學科,還是無名無實的學科,到此已經全部停止了學術生命。直到七十年代末,中國大地上開始了又一次思想解放,社會人文學科才得以起死回生。各學科的重新建設大約開始於七十年代末,到八十年代大體上已經全面鋪開,過去有過的學科又都

有了，國際上有的中國沒有的學科也建立了，甚至一些中國獨有的學科也產生出來。然而，比起學科的恢復，學者的人格和學術自信的恢復，大約還要晚十年。老一代學人經過反右、文革等歷次政治運動的摧殘，生存都到了朝不保昔的地步，哪還有健康的心態從事學術研究和思想創造？到了八十年代初，心態還是如履薄冰，如臨深淵，一下子找不回當年的學術自信和風采。中年一代的學者從教條主義的陰影下掙脫出來，想要衝破思想的牢籠，更有一個艱難的過程。直到九十年代，「獨立之思想、自由之精神」，才在學術界得到越來越廣泛的認同，得到越來越多學人的身體力行。內傷的深重，使中國社會人文學界經過二十年的努力，才重新與曾經有過的學術傳統接軌，同時敞開懷抱，呼吸全人類思想文化的八面來風，使得社會人文學術重新走向興盛。收入本書的200位學者自述，基本上反映了中國現代社會人文科學曲折的發展軌跡和坎坷的奮鬥歷程。

這套書的啟動，可以追溯到1978年底。當時高增德籌備創辦《晉陽學刊》雜誌，設計了「中國現代社會科學家傳略」專欄，向健在的老年學者約組自傳，同時也請學生和親屬為先哲立傳。當時的著眼點，首先是搶救史料。那些成名於二十年代到四十年代的學者，一部分沒有熬過階級鬥爭的疾風暴雨，已經過早地辭世，健在者也年逾古稀，乃至過了耄耋之年。請他們留下第一手的敘述，成了當務之急。有的學者年老體弱，已經不能執筆，只好口授整理。有的學者剛剛寫完自述，就駕鶴西去。這二百位傳主，一半以上已經成為古人。這些自述的成稿年代不一，其中有一部分完成於八十年代初期，當時有的傳主經過多年失語，尚未完全恢復學術自信。如果晚幾年寫，他們的

思想可能更為解放。然而，自然規律又不容許我們等待。所以，他們留下的文字不免反映了當時中國學界大病初愈的特點。雖然今天的讀者可能感到不盡如意，但這本身就具有一種獨特的歷史價值。一些學者後來撰寫的自述，心態逐漸開放，就不只具有史料性，同時具有現實的思想性了。因為是自傳和他傳同時組稿，有些重要的學者，當時有他人為之作傳，所以沒有約寫自傳；因為本書純屬民間行為，有些重要的學者，沒有聯繫上。這些缺欠，只好等本書有進一步擴大規模或增編續集的機會時來彌補。

這套書的編排，以傳主的年齡為序，而不按傳主從事的專業分類，主要不是因為有些傳主跨越幾個專業，不好分類，更重要的是希望形成一種歷史感。那些出生於上個世紀末，親身感受過新文化運動的是第一代，出生於本世紀前一二十年，在三四十年代開始學術生涯的是第二代，出生於二十年代末到三十年代，在中華人民共和國建立後開始學術活動的是第三代。雖然每位學人的具體命運各不相同，但同代人的命運卻有頗多相似之處。學術的命運，知識份子的命運，都不是孤立的，而是和一定時期的政治、社會、文化大環境聯繫在一起的。個人聰明才智的發揮，很難不受這種大環境的制約。幾代知識份子的不同命運，留給我們太多的思考，太多的感喟。本書的傳主，以第二代為多。而一些第一代的學者自述，當時沒有搶救得到，不免留下永遠的遺憾。

這些自述，對於現代學術史、教育史、思想史、社會史的研究，都有獨特的價值。大部分傳主，在本學科有較強的代表性，所以，他們的自述，反映了那個學科學術思想的發展脈絡，反映了一些學派的

基本觀點和學理，講述了他們的師承、交流和治學經驗，這是學術史方面的價值；這些學者還敘述了求學的經歷，早期的講到舊式的私塾和本世紀最早的新式學堂，一些人講到留學的經歷，許多學者還有執教的經歷，這是教育史方面的價值；其中一些學者參加本世紀不同歷史階段的重大思想論爭，有的還是論爭中的關鍵人物，他們的回憶，為思想史留下了重要的證言，這是思想史方面的價值；在20世紀中國，學人曾經作為一個獨立的社會階層而存在，也曾在全能政治的環境中，失去了獨立的社會角色，這些自述，反映了學者階層的命運變化，這是社會史的價值。

近年出版的學者傳記、年譜或評傳日漸其多。但我們還是感到自傳在其中有著不可取代的價值。自傳、日記、書信都是第一手資料。雖然第一手資料的可靠性也需要辨析，但畢竟是其他研究工作的原始依據。沒有原始材料作基礎，其他研究就成了空中樓閣。這就是我們格外看中自述價值的理由。

這些文稿成書出版經歷了許多周折。八十年代初，高增德剛一著手組織《中國現代社會科學家傳略》的時候，山西人民出版社就找上門來，要出這套書。高先生當時也沒有經驗，雙方訂的是君子協定，沒有想到簽下一紙合同。出版頭幾卷的時候，主要的阻力來自意識形態。胡適的傳能不能出，錢穆的傳能不能出，傅斯年的傳能不能出，都要大費周折，審稿通過每每遇到阻力。後來的阻力就來自市場的壓力了。80年代末，商潮湧起，學術趨冷，嚴肅純正的學術書籍印數驟減，再加上出版社更換領導班子，當初與高先生談君子協定的人都退了，繼任者看從中得不到什麼好處，於是毀約，使這項學術工程半途

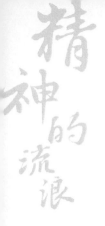

和王一方（左）許醫農（中）合影

而廢。從此，這就成為高先生的一塊心病。還有十來本書的稿子在手裏壓著，而提供自傳的老學者們眼見一個接一個辭別人世，真是無奈。其間，我也設法與多家出版機構聯繫，終於北京十月文藝出版社總編輯李志強先生慧眼識珠，使得高先生手裏的自述部分，以《世紀學人自述》的名義，得以面世。

和王一方一起編《野菊文叢》，則是一次愉快的合作。前面談到，我的一個隨筆集《尊嚴無價》收入青島出版社的《野菊文叢》。書出版後，發得不錯，又再版一次。於是，當時但任該社總編助理的王一方，提出再組織《野菊文叢》第二輯，找我策劃組稿，我提出，這次不以雜文為主題，而以思想為主題。中國的雜文，多是選擇時事新聞發表議論。報紙上登雜文很及時，但雜文書籍容易給人以時過境遷的遺憾。相比之下，討論思想文化問題的隨筆，就顯得耐久性強一些。按照這種價值取向，我組織了藍英年的《青山遮不住》、林賢治的《守夜者箚記》，邢小

精神的流浪

群的知識份子採訪錄《凝望夕陽》，崔衛平的《帶傷的黎明》，馬鬥全的《南窗寄傲》，程映虹的《西窗東眺》，第二輯和第一輯數量一樣，也是六本，總題為「思想者雜語」。

藍先生以反思俄羅斯文壇為主題的隨筆，是90年代中期以來中國文壇上一道引人注目的風景。藍先生是北京師範大學教授，原先以翻譯為主，譯有帕斯捷爾納克《日瓦戈醫生》等名作。他過去也寫一些研究論文，發表於專業學術刊物，不為圈外讀者注意。《博覽群書》前主編金成基曾與他在山東大學共事。在金先生督促下，他為《博覽群書》開了一個專欄，講的雖然都是蘇聯（俄國）的事，但對中國讀者卻有莫大的啟發。進而《讀書》、《隨筆》也邀開專欄，一發不可收拾。中國一度政治上一邊倒，思想文化包括文學藝術都是以蘇為師。藍先生的文章讓蘇聯文壇的真相大白於中國讀者面前，許多過來人都有茅塞頓開之感。藍先生的文章早就編輯成冊，交到上海一家出版社，不知什麼原因，壓了很長時間才退稿，只好轉到其他出版社，至今未見書。藍先生又將近年新作再編成一冊，進入這套叢書。

邢小群的書以口述歷史為主，也有一些狀寫人物的散文。主體是她對一些曾經在1957年蒙難的知識份子的採訪錄，其中包括蕭乾、吳祖光、李慎之、戴煌、邵燕祥、朱正、曾彥修、溫濟澤、馮亦代、鍾沛璋、唐達成、梅娘、袁運生、仇士華、許漢三等。這些知識份子，歷經長達20年之久的噤聲之後，九死未悔，老而彌堅，重新發出世紀的強音。邢小群把這些聲音彙聚在一起，從中可以集中地體味中國思想界老一代的脈搏。

程映虹是何兆武先生的弟子，專攻思想史，現在美國教書，我沒有見過他，通過何兆武先生，組來他的稿子。他現在美國從事中國革命和古巴革命的比較研究。在格瓦拉去世30周年掀起的熱潮中，他的一篇唱反調的文章曾起廣泛的關注。而更早引起我注意的則是書中的〈砍頭與主義〉：「在主義面前蔑視自己生命的人，常常容易發展到為了主義而踐踏別人的生命。在這些人身上，人性中對於抽象概念的崇拜發展到狂熱，便掩蓋了人性中本來應有的對於自然生命──不論自己的還是他人的敬畏。因此，自己越是不怕砍頭的人，一旦砍起別人的頭來越是毫無顧忌，這是為了主義。」近看中國，遠看人類，20世紀為了強制人們服從某一主義付出的代價太大了。

林賢治則是一位具有鮮明個性的作者。我曾寫過一篇文章，把他比喻為中國思想界的三匹野馬。出這本書前和他只有兩次接觸，一次是我去廣州，一次是他來北京。林賢治年齡比我大一些，我沒有問他哪是年出生，但我覺得他也是老三屆。後來我看介紹文字說，他當過農民，當過鄉村醫生，沒有讀過大學。他出過一本文集，名叫《平民的信使》。書名出自一篇談論別林斯基的文章。他是這樣寫的：「在專制的政府和愚昧的民眾中間，終於生長出了一種敏感而又不安分的人物，叫知識階級。俄國知識階級承受了德國形而上作家的精神遺產而特別富於頭腦，但是卻又能擺脫抽象事物的纏絆，長於實踐性活動。既然他們意識到每個人都是現在制度的一部分，所以絕不會滿足於自我拯救，而因社會福祉的縈懷作整體的獻身。這是一支自覺的軍隊，他們所加於自身的責任感，對歐洲乃至全世界的知識者良心，無疑構成一聲空前強大的、衝擊永久性的衝擊。就在這支隊伍中，別林

斯基，以其平民的本色而成為最令人注目的一員。」他對別林斯基的推重，使我覺得他的志向也是想做一名平民的信使。他大約是80年代初以詩人的角色步入文壇，後來傾心研究魯迅。當時，他剛剛在《黃河》雜誌上發表了一篇題為〈胡風集團案：20世紀中國的政治事件和精神事件〉。邵燕祥先生看了以後説，半年以內不會出現更好的文章了。那次在三聯韜奮圖書中心開林賢治的《人間魯迅》座談會，好幾位與會者都對給他篇長文發通行證的謝泳説：你辦了一件大好事！林賢治不願意人家説他是學者。他跟我説，你不要迷信「學者」，也不要當什麼「學者」；崔衛平把學者和作者進行了區分，在她看來，學者是闡釋別人的學問的人，作者才是提出自己的學問的人。這些想法都很有意思。中國知識份子缺乏的就是原創性。對於原創性，我們雖不能至，也該心嚮往之。讓林賢治的文集參加《野菊文叢》，自然能為這套書增色。

崔衛平在電影學院教文藝理論，卻熱心於思想方面的探求。她在出版無望的情況下，翻譯了一本哈威爾的文集。由此，引起了許多思想隨筆。她思考的重點是我們外部生活遭到嚴重破壞和傷害之後留下的「內傷」。她從身邊瑣事開始，從她年幼的女兒開始，從她自己作為一個女性開始，一直討論到哈威爾、米奇尼克、昆德拉、克里瑪等千萬裏外的思想家。如果説，診治外傷是一門宏觀的歷史學和政治學，那麼，診治內傷則是一門細緻入微的心理學。這正是崔衛平見長的地方。在人們渾然不覺處，她卻查出了致命的病灶。

馬鬥全和我既是山西大學歷史系的老同學，也是《晉陽學刊》的同事。他長於考據，國文功底很好，為人也很正直。清貧傲骨，長

於考據，喜好詩詞，近幾年有感於文壇的種種怪現狀，寫了不少關注現實的散文隨筆。他古書讀得多，不免要以古人的道德文章為座標，審視當今士林的風氣。他有詩云，「文運轉衰休問價，詩心難改但憂民」。他見我推薦智效民的一本文集參加長春出版社的《求索文叢》，問我能不能介紹他也出一個集子。我請他編出來，王一方看了很滿意，於是《野菊文叢》裏又有了一位山西的老朋友。

《野菊文叢》第二集出版以後，社會反映尚好，王一方又開始策劃第三集。當時，書商高曉詩手裏有一本吳江先生的文集。這種書，印數不會很大，不適宜二渠道運作，於是他問我能不能幫吳老推出這本書。吳江先生在真理標準討論過程中是有過歷史性貢獻的，他在《文匯讀書週報》等媒體不斷發表重新認識中國傳統學術文化的文章，也很有力度。讓他的《文史雜論》進入《野菊文叢》，無適能夠增添這套書的份量。同時，我還組織了聞一的隨筆集《山外青山》和王毅的隨筆集《重回羅馬》。加上我的《午夜翻書》和王一方組織的江曉原和劉兵的書各一本，第三輯也是六本。以後，王一方離開青島出版社，《野菊文叢》就此也劃上了句號

2004年春天，劉碩良先生來北京，約我去聊一聊。劉先生已經七十多歲，是國內頗有聲望的出版家，在灕江出版社任上，一手推出了諾貝爾文學獎系列圖書；後來他又主編《出版廣角》雜誌，使之成為討論中國出版改革的中心平臺，並約我為之開專欄；近幾年，又創辦了《人與自然》雜誌，長期贈我閱讀。

這次劉先生來京是要成立一個碩良文化公司，並兼任長江文藝出版社社長顧問和外國文學編輯室主任，意在以體制內外結合的公司

方式推動優秀圖書出版。他問我有什麼書稿可以推薦。當時趙誠寫的《黃萬里傳》正愁沒處出版。我向劉先生推薦,他用三個月時間就在長江文藝出版社以《長河孤旅》的書名隆重推出,贏得知識界一片好評。

接著,我又向他推薦了王芝琛的書稿《一代報人王芸生》。

我和王芝琛先生是90年代末認識的,介紹人是老朋友智效民。智效民因為撰寫研究王芸生的文章,和王芸生的哲嗣王芝琛建立了聯繫。他們經常通電話。老智告訴我,王芝琛對他說,你的幾個朋友,高增德、謝泳,我都認識了,有機會還想和丁東認識一下。

王先生比我年長,我自然應當去登門拜訪。當時正好謝泳來北京辦事,我就和他一起去看王先生。王先生居住的復興門外大街22號樓,我去過幾家,比如李銳家、丁玲家、老同學常大林家。所以,到了王先生家,並無陌生之感,聊起來更是一見如故。我們不但有很多共同的朋友,而且談古論今,有很多共同語言。當時山西省作協的《黃河》雜誌改為大型知識份子刊物,由謝泳主持,王先生讚不絕口。他請我們一起到馬路對面的小餐館吃飯,還在談論這份雜誌。後來,這份雜誌迫不得己,改回純文學期刊,王先生又大呼可惜。

王先生那年62歲。他告訴我,退休好幾年了。他1961年畢業於哈爾濱軍事工程學院海軍系指揮儀專業,一直從事國防科技工作。1980年,父親病重,把在外地工作的他召到身邊陪侍,向他追憶了平生的重大事件。那是一個大地行將復蘇的早春季節,王芸老雖然快要走到生命的盡頭,但畢竟是見過大世面,有過大閱歷的一流學者、一流報人,他預感到,國人對20世紀的歷史評價,將會出現重大的變化。於是,向兒子說出了鬱悶在自己心裏多年的話。生命的最後三個月,他

陸續與兒子談到一生經歷的很多重大歷史問題，比如中蘇關係、西安事變、《大公報》和國共雙方的關係等等。他一邊説，王芝琛一邊錄音。王芸老體力已經很差，有些問題只是點到為止，語焉不詳，王芝琛當時不能完全理解，但畢竟留下了最重要的線索和鑰匙。父親臨終的心願，王芝琛看得很重。1991年，他54歲，決定提前退休，專門從事與《大公報》相關的歷史研究。十幾年間，他「埋頭大公報故紙堆中，悉心研究，並採訪大公報故舊，廣搜博聞，於大公報研究，卓然成家。他積累大公報材料之豐富，於大公報史事之熟悉，朋輩中無人能及。」（唐振常語）。其實，王芝琛從小就喜歡文史。考大學的時候，本想報考北京大學的文科。但父親一輩子舞文弄墨，後半生為此傷透了心，説什麼也不許兒子學文。哈軍工的名聲當時並不亞於北大、清華，一入校就穿上軍裝，這是很多青年夢寐以求的。但這並非王先生興趣所在。所以，他退休後如同鮫龍歸海，很快成為文史天地的高手。

　　我在和他見面以前，就在《老照片》、《文匯讀書週報》、《黃河》、《書屋》等報刊讀過他的文章，印象頗好。唐振常説他文章最大特色是「信而有徵，以事實為依據，不空談，不虛誇。」「不作危言高論，但直道其事，直述其經過，讀後自然形成結論」。我的感覺是，王先生善於在有限的篇幅內，儘量傳達更多的有效資訊，他選擇的細節，往往一下子抓住要害，乾淨利索，快人快語，沒有一句廢話。這一點，説起來容易，做起來其實很難。現在學院派的訓練，往往反其道而行之，很簡單的事情或道理，偏要拉成很長的文章。引經據典，裝腔作勢，讓人不勝其煩。從這個意義上講，王先生喜歡文而沒進文科院校，或許是一件幸事。否則，讀了文科，染上那個時代的

通病，文章能不能寫得像現在這樣好，就很難説了。

2000年夏天，中國工人出版社編輯王建勳先生和我商議，策劃一套學術隨筆，名為《學燈文叢》。組稿時，我首先想到的就是王先生。他不但文章好，而且主題集中，不曾結集出書。和他一聯繫，他也很高興，原來2001年9月26日，是王芸生先生百年誕辰。2002年6月17日，是英斂之在天津創辦《大公報》百年紀念。在這之前，如果能把他關於《大公報》的隨筆成書出版，可謂正逢其時。書編得很順利，出版有一點小周折。畢竟，以圖書的形式重新評價《大公報》的歷史地位不是一件無關痛癢的小事。最後，出版社想了一個兩全之策，在卷首加了一段「出版人語」，表明出版社「對作者的許多觀點不能苟同，故在編發時做了若干刪節。」

然而，這本名為《百年滄桑》的集子問世之後，還是引起了出人意料的反響。2002年，《大公報》誕生百年之際，舉行了隆重的紀念活動，王芝琛的

和王芝琛、王建勳在《百年滄桑》
出版時合影

観點幾乎成為輿論的共識和紀念的基調。幾十年間潑在《大公報》上的污水，基本上被蕩滌一清。

王芝琛的研究，改變了學界和輿論界對老《大公報》的歷史定位。現代報紙在中國誕生一百多年來，實際上存在著兩個傳統，一個是黨派報紙的傳統，一個民間報紙的傳統。上個世紀五十年代以後，後一個傳統中斷了。改革開放以後，中國社會開始了深刻的轉變，報業也從此前三十年單一黨報的格局中開始走向多元的進程。此時此刻，人們回顧總結當年以文人論政，不黨、不賣、不私、不盲為特色的《大公報》，以及民國時代其他民間報紙的傳統，便不難認識到他們的歷史意義和未來意義。

1926年9月，張季鸞提出了《大公報》的「四不「方針」——

第一不黨。黨非可鄙之辭。各國皆有黨，亦皆有黨報。不黨云者，特聲明本社對於中國各黨閥派系，一切無聯帶關係已耳。惟不黨非中立之意，亦非敵視黨系之謂，今者土崩瓦解，國且不國，吾人安有立袖手之餘地？而各黨系皆中國之人，吾人既不黨，故原則上等視各黨，純以公民之地位發表意見，此外無成見，無背景。凡其行為利於國者，吾人擁護之；其害國者，糾彈之。勉附清議之末，以彰是非之公，區區之願，在於是矣。

第二不賣。欲言論獨立，貴經濟自存，故吾人聲明不以言論作交易。換言之，不受一切帶有政治性質之金錢補助，且不接受政治方面之入股投資是也。是以吾人之言論，或不免囿於知識及感情，而斷不為金錢所左右。

第三不私。本社同人，除願忠於報紙所固有之職務外，并無私圖。易言之，對於報紙並無私用，願向全國開放，使為公眾喉舌。

第四不盲。不盲者，非自詡其明，乃自勉之詞。夾隨聲附和是謂盲從；一知半解，是謂盲信；感情衝動，不事詳求，是謂盲動；評詆激烈，昧於事實，是謂盲爭。吾人誠不明，而不願自陷於盲。

縱觀世界各國，報紙和政黨、政權之間，大致有兩種關係，一種是從屬的關係，一種是獨立的關係。執政黨派的報紙，充當政權的喉舌順理成章；非黨派的報紙，在強大的國家機器面前，選擇獨立卻並非易事。新記《大公報》標舉不黨、不賣、不私、不盲，就是想選擇獨立的關係。儘管有人總相證明它和當時執政的國民黨之間有某種依附關係，其實這是不公正的。《大公報》雖然不可能超出當時的環境，但確實為踐行「四不」做出了盡可能大的努力。王芸生從1941年到1949年主持《大公報》筆政。這8年，他為了堅持言論獨立，多次碰蔣，蔣介石請他兼軍委會參議，送來聘書和薪水，被他退回。頗不給面子。1947年，中統特務抓了《大公報》記者唐振常，他便給上海市長吳國禎去電話：今天不放人，明天就登報！《大公報》當時對國內外重大事件的態度，有的與國民黨不同，有的與共產黨不同。報紙想在兩黨之間「中道而行」。自然既不能讓國民黨高興，也不能讓共產黨滿意。但是，今天對《大公報》作歷史的評價，是應當以當時某一黨的政策作為評價依據，還是應當站在歷史的高度加以重新檢討呢？比如雅爾達會議，蘇美英三大國的巨頭，為了讓蘇聯早點對日宣戰，背著中國，把屬於中國的主權和利益許諾給蘇聯，作為中國人辦的報紙，難道沒有權利發出批評的聲音麼？因為它「不黨」，所以，在三、四十年代國共兩黨的對峙中，不論是當朝的國民黨、蔣介石、還是尚未執政的共產黨、毛澤東，都不曾低估它的影響力。1941年，

《大公報》總編輯張季鸞逝世，蔣介石出席葬禮，毛澤東發去唁電，給予高度評價。繼任者王芸生，在與國共雙方領導人接觸中，也得到了很高的禮遇。兩黨對峙的時候，自然都希望居於中間的《大公報》發出對已方有利的聲音。但當一方完勝，中間力量便不再成為影響天平左右的法碼。《大公報》的「四不」方針，從此成為絕響。

王芝琛不以新聞史研究為業，但他對新聞史研究的貢獻，卻遠遠高於許多專業人士。他的書受到知識界的好評，瀋陽一家出版社的編輯也來向王先生約稿，請他寫一本《王芸生傳》。為父親立傳符合王先生的心願。從資料的掌握、情況的熟悉、理解的深刻諸方面，他也是為王芸生立傳的最佳人選。2002年新年春節期間，他廢寢忘食地趕寫此書，按時完稿。那家出版社的編輯將書稿交給領導審閱。領導看了卻說，這本書既不能得大獎，又不能賺大錢，出它幹什麼？出版社拒絕履約，而且不作任何補償。王先生一介書生，失望之餘，只有長歎！王芸生是什麼人？他不但是中國現代報界鉅子，而且是中日關係研究的開山人，連毛澤東都不曾小看過他。如今，他的傳記到了這等勢利的出版人手裏，卻如同廢紙！我聽說此等情況，也唏噓不已。

沒有別的辦法，只好從頭努力。兩年來，我的朋友宋慶光、陳敏等先生，都有意尋找投資，出版此書。無奈他們本身不在出版社，掌握不了出版的全過程。

2004年5月30日，突然收到王芝琛先生的一封信，告訴我查出癌症，病得不輕，希望想想辦法，讓他有生之年，看到這本為父親寫的傳記問世。

我吃了一驚。王先生那年才六十七歲，雖然有糖尿病，但和他多次來往，覺得他精神一向很好。怎麼突然間就遇到這樣的災難？

這時劉碩良先生的文化公司已經成立。於是，我把王芝琛的書稿推薦給劉先生，並請他儘快出版。他痛快地答應，三個月內一定讓這本書印出來。

在此期間，王先生在腫瘤醫院切除了結腸的病灶，但肝部和肺部已經擴散，正在化療，能不能闖過鬼門關還未可知。我陪劉碩良先生的副手汪正球去王先生家簽合同。剛剛出院的他，明顯瘦了一圈，說話也不如從前那樣有中氣。他對我說，我不想死。我感到，這部傳記，維繫著他生活的勇氣和生命的意義。

2004年9月初，《一代報人王芸生》作為「背影叢書」的第二種出版。此書出版後不久，被《新京報》和《南方都市報》聯合主辦的首屆華語圖書傳媒大獎評為2004年度歷史傳記類圖書獎。接著鳳凰衛視《口述歷史》欄目又採訪了王芝琛，播出了題為「一代報人王芸生」的專題節目。更為感人的是，一批八十多歲的老大公報人，每人出資幾千元，一共湊了幾萬元，要捐給王芝琛治病，以這樣的方式向他表示為《大公報》正名的敬意。王芝琛沒有收老人們的捐款，但這使他感到莫大的欣慰。一年以後，王先生與世長辭。

我向劉碩良先生推薦的第三部書稿是沈容的《紅色記憶》。

我認識沈容老，是因為她的先生李普。最初的接觸，還不是因為出書。

2001年初冬，山西記者高勤榮的妻子到新華社老記者戴煌家求援。高勤榮因為揭露運城假滴灌的黑幕，得罪了當地權貴，被羅織了

三項罪名，判處徒刑十二年。戴煌經常為弱者打抱不平，有「青天」之譽。他和我商量怎麼辦。我說，可以通過《南方週末》等媒體呼籲一下。署名的時候，他徵求了鄰居李普沈容夫婦的意見，把他們的名字放在前面。戴煌說，他們資格比我老。

十六大前夕，作為列席代表的李銳起草了一篇關於政治體制改革的意見，準備提交大會。最後定稿前，把老朋友李普沈容夫婦請到自家客廳，請他們一起推敲。當時我也在，目睹了他們認真的討論。

除此之外，我還和他們夫婦一起參加過飯局、郊遊，但和沈老談不上有多少思想交流。只是形成了一種印象，沈容是一個很隨和的老人。

直到去年冬天，李普老找我去他家商量編輯李銳米壽文集的事。臨走的時候，李普拿出一篇列印的文章，遞給我說，你可以看一看。

回家之後，我打開一看，原來是沈容的一篇近作——〈熱鬧的月壇北街〉。我一口讀完，不禁連聲讚歎：太精彩了！

我多年從事編輯工作。遇到一位好作者，就是編輯的一次節日。這幾年，我第一次讀到章詒和的手稿、何方的手稿，都像過節一樣高興，如同哥倫布發現新大陸。

為了證明自己的判斷，我讓妻子邢小群看，她也稱讚：「好」。不久，山東畫報《老照片》主編馮克力來北京組稿，我又讓他看。他作了兩個字的評價：「絕了！」並且提議，把沈老的文章拿到自己編的雜誌上發頭條。我說，聽說沈老不想發，有些事情比較敏感。他說，那就找沈老磨一磨。我們一起去找沈老商量，沈老又拿出幾篇文章。大家當場決定，有照片配合的，發《老照片》；沒有照片配合的，發廣西師大出版社的《溫故》。

不久，劉碩良先生和我商量圖文書的選題。我說，沈容的文章很精彩，照片也很豐富。他說，可以出。

於是，我去沈老家，向她提議，將這些年寫的回憶性散文編一本書，書名取她兩篇文章題目裏的地名《從西柏坡到釣魚臺》。沈老說，還可以加上紅岩村。我說，那就叫《紅岩村　西柏坡　釣魚臺》吧。後來，劉先生將這本書交北京十月文藝出版社出版，責任編輯丁寧，是我妹妹，她說，這個書名審批起來比較麻煩，於是改成了《紅色記憶》。

李普老讓我為這本書寫一篇序。中國的習慣是長者作序。沈老是長輩，我這個晚輩為她作序，真是一點自信也沒有。

這本書，由二十幾篇散文組成，合在一起，是一幅完整的人生長卷。沈老回憶生平經歷，主旨不是作為光榮炫耀，而是作為歷史反思。反思是人類前進的精神動力。二十世紀的中國，充滿了激烈的階級鬥爭。沈老參加革命六十多年，她曾感慨，活過來真不容易。雖然身為老革命，也擔任過比較重要的職務，但運動一來，想過老百姓的日子都很難。在頻繁的政治運動中，避免挨整和保持正直，往往成為兩難選擇。沈老直面慘澹的人生，如實地講述其中的酸甜苦辣，展示出她青年時代忘我地投身革命，中年無可奈何地經歷政治運動，晚年走向覺悟的心路歷程。

聽李普老說，與他的文字相比，家裏的女兒和孫輩更喜歡沈容的文字。李普的文字以思想見長，近年出了好幾本隨筆，在知識界頗有影響。但在家裏卻不如老伴的文章更受歡迎。我想，這是因為沈容的文章充滿生動的細節，故事性強，文筆明快，略帶幽默。議論很少，

即使有一點，也是點到為止，而很少長篇大論的思辨。這種情趣重於理趣的風格，於一般讀者來説，自然更親切，更有魅力。

　　沈老的文字，有著鮮明的女性特點。這不只是因為她身為革命隊伍裏的女性，和其他女同志，包括高級領導的夫人們，有更多的交往，還因為她敘述的細節更能體現女性的特殊視角。她親身經歷過許多重大的歷史場面，但對金戈鐵馬、政治風雲，卻很少直接著墨。相反，她寫了很多吃飯穿衣，兒女情長，以及很多人與人之間的感情冷暖、世態炎涼。這方面，正是以往歷史記載的薄弱環節，卻又是復原歷史氛圍的基本元素。從中以小見大，更能體會歷史的真諦。通過這本書中，我不光看到沈容是一個老革命，老幹部，老記者，老導演，更看到她是父母的女兒，丈夫的妻子，女兒的母親。説家常話，講親情事。她的悲歡，是自家事，又是我們民族二十世紀悲歡的一個縮影，是大歷史的一個側影。

　　沈容出生於江南一個世代為官的大家庭。抗日戰爭時期，她還是中學生，就參加革命，在中央大學外文繫念書，到新華日報當記者，都受紅岩村周恩來領導；國共和談期間，在軍調部葉劍英手下做翻譯；和談破裂後，她到山東解放區採訪過劉伯承、鄧小平；中共中央遷到河北平山西柏坡期間，她在附近的東柏坡工作，毛澤東、劉少奇、朱德都見過；建國後，她在天安門城樓上採訪過國慶活動；從新聞界轉到電影界。粉碎四人幫以後，她又到中宣部恢復前的中宣口工作，進釣魚臺辦公。乃至蔣介石、沈鈞儒、賀龍、廖承志、林彪、江青，中國政治舞臺上各路風雲的人物，她都有或多或少的交往和目睹。比她年輕的，很難有這種經歷了；比她年紀大的，往往又沒有精

力寫作。在今天的圖書市場上，講述開國一代領導人的出版物並不少，但多是取自二手材料。由當事人自己撰寫或口述的，不是很多。有可能接觸和敘述開國一代領導人的，大體上有三種情況。

第一種，本身就是擔任一定職務的領導幹部，他們的回憶錄當然受重視。但他們發表文字，比較謹慎，往往按照一定的口徑精心過濾，一些歷史細節被篩選掉了。史學家注意到，有一些領導幹部的回憶錄，不是出自本人的手筆或口述，而是秘書人員抄自別人的文字，某些史實並不準確，以訛傳訛。

第二種，作者是高級領導人身邊的服務人員，他們和領導人有近距離接觸，由他們講述的故事，細節比較生動，頗能吸引讀者。但也有一個局限，都是仰視的角度。一些體現歷史深層的東西，由於史識所限，被忽略了，或由於感情支配，被迴避了。

第三種是外國記者，他們有平視對話的角度，發表時也較少拘束，其史料價值更高。但採訪過開國一代領導人的外國記者畢竟只有有限的幾位。

沈容是記者出身的中國知識份子。她觀察和敘述的角度不同於前兩種人，而與第三種接近。在她筆下，對象保持著原貌，沒有被罩上神聖的光環。沈老告訴我，那些涉及高層領導人的文字本來不準備出版，只想讓女兒看看。發表和出版純粹是動員的結果。這種放鬆的心態，有利於秉筆直書。紅岩村、西柏坡、釣魚臺，這都是高級領導人生活和工作的地方。在大眾傳媒和文藝作品裏，已經變成宏大敘事的一部分。前些時候，舉行西柏坡展覽，請一些老幹部去參觀，沈老去的時候，發現前後左右雖然有好幾個老同志，但四十年代末真正經歷

過西柏坡現場的，就她一個。講解員的說明詞中，哪些地方迴避了值得記取的歷史教訓，她是一清二楚的。因為腦海裏則保存著現場的原汁原味，筆下的人物也就有了人間煙火氣。這種視角，也構成了本書的獨特價值。

書剛剛編成，沈老就病了。開始，我聽說醫生診斷為良性腫瘤，也就放了心。沈老文章的獨特價值，已經為有識者發現。《南方週末》往事版，連續發了三篇，《文匯報》也發了一篇。碩良文化公司與十月文藝出版社，也在為這本書精心設計。直到2004年12月15日早上，丁寧給李普老去電話，討論版稅方面的細節，方知沈老已經於當天早上駕鶴西去！沈老的大作，還未面世，已成絕唱！怎不讓人扼腕歎息！

我相信，沈老這本書，不但會引起許多老友的共鳴，還會引起更多的不相識的讀者感慨。可惜的是，那些不相識的讀者，已經沒有機會與沈老本人交流。他們只能目送沈老的背影，一個已經遠去但長久不會消逝的背影。

沈老去世以後，我去看望李普老，他說，多虧你發現了沈容的價值，可惜還是發現晚了。她病了以後和我說，還有十幾個題目，來不及寫了。李老告訴我，改革開放初期，傅聰要求回國看看，當時幾個相關的主管部門互相推諉，誰也不願意先出面。是沈容出面說，你們不辦，我辦，她當時在港澳辦促成此事，完成了傅聰回國探親的心願。如果沈老動筆，一定能記錄下許多鮮為人知的細節。

書出版以後，讀者好評甚多。但有北京市新聞出版局卻以鄧小平的一張照片沒有送審為由，責令出版社停止發行。好在北京市委副

書記龍新民當年曾在沈容領導下工作。李普給他去了一封信，經他過問，此書重新送審報批，周旋了半年，才開了綠燈。

我妹妹丁寧在北京十月文藝出版社當編輯，因為這種關係，此前我們還共同促成了另一部傳世之作的問世，那就是韋君宜的《思痛錄》。

《思痛錄》是奠定韋君宜歷史地位的代表作，是一二九知識份子的絕唱。韋君宜從70年代中期文革尚未結束便開始動筆，直到中風之後的90年代初才最終完成。她自己是一個成就卓著的出版家，原先卻沒有指望這部著作能在自己活著的時候出版。因為，她太清楚這部著作的份量和中國出版界的規矩了。當時她已經行動不便，於是，把這部著作的出版事宜委託給兒女親家牧惠。她知道牧惠和出版界有廣泛的聯繫，更知道牧惠懂得這部書稿的價值。

牧惠陸續通過邵燕祥、林賢治在《散文與人》上、通過鄭惠在《百年潮》上、通過謝泳在《黃河》上發表了《思痛錄》的部分章節。然而，出書的事，聯繫了多家出版社，都不成功。有的出版社已經排了版，最終還是打了退堂鼓。1997年12月，韋君宜八十大壽，她的清華老同學，一二九運動老友于光遠，又一次當面催促牧惠，並寫文章說，韋君宜之所以痛苦地活著，就是想看到這本書的出版。

這時，十月文藝出版社推出了一套名為《百年人生》的叢書，體裁是回憶錄，要求作者必須是老年名家。我妹妹找了幾個名家約稿，都不如願。我說，韋君宜有一部回憶錄，在牧惠手裏，你和社領導商量一下，看行不行。她向領導彙報了此事。領導說，如果是牧惠的回憶錄，我們不敢出。韋君宜的回憶錄，可以。其實，牧惠的回憶錄名叫《漏網》，早就出了。他們只知道牧惠的雜文有鋒芒，還不知道韋

君宜的回憶錄説什麼呢！我説，找牧惠聯繫這部稿子可以，但一定要帶著合同去，取稿的同時簽合同。我怕他們和其他出版社一樣，看了稿子又打退堂鼓，簽個合同總有一點約束。

領導同意了。1998年2月下旬的一天，我和丁寧來到沙灘牧惠先生家裏。當時就取了稿子，簽了合同。我説，能不能兩個月出書？丁寧説，還是簽三個月吧。牧惠也同意。

丁寧把稿子拿回社裏，讀後大吃一驚：原來此書的分量是如此之重！在此之前，還沒有一本書，如此真誠、如此痛徹地反思半個世紀以來的政治運動，——不但反思極權體制的荒謬，同時也解剖自己的靈魂。她所發愁的事，合同已經簽了，書出不來怎麼向牧惠交待！

好在總編輯李志強先生給了她有力的支持。他看了稿子説，我看這部書可以出，個別地方刪一點就行了。於是，他們一審、二審、三審，前後刪了三遍，十二萬字的書稿，刪了約一萬字，終於通過了。

就在這時，又有人出來阻攔。此人是一位高官的夫人。那位高官也是韋君宜的同學兼一二九老友，已經去世。韋君宜在1957年險些被打成右派，得這位高官相助，幸免於難。但書中直言不諱地提到，他雖然保了我，但把別人打成了右派。那位夫人可能不願意讀者知道這些事，打長途電話追到美國，向正在出差的韋君宜的女兒施加壓力。韋君宜的女兒何嘗不想讓母親的著作早點問世？但當時丈夫正面臨提拔，他不無顧慮。和牧惠溝通，牧惠堅決頂住了壓力。

1998年5月12日，《思痛錄》第一批樣書終於印出。牧惠破例向單位要車，帶著丁寧，來到協和醫院，把樣書送到了韋君宜的手上。韋君宜已經説不清話，但看得出她十分激動。牧惠也十分激動，他曾

這樣述説當時的心情：「出了醫院，我舒了一口氣：我終於完成了任務！我終於完成了于光遠流著眼淚給我下達的任務！」。

書出了以後，牧惠向思想文化界的好友分送不下百冊，一時間好評如潮，出現了全國爭讀《思痛錄》的盛況。書一再脱銷，一版再版。這時又出了新問題。當時牧惠只想快出書，合同簽的是千字45元。我在場還提了一句版税的事。丁寧説，要簽版税，得回去重新請示領導。牧惠説，只求快出，別請示了。我知道，他是怕夜長夢多，出版社變卦。現在書賣得這麼火，版税當然比稿費多。韋君宜的女兒找到出版社，要求變更合同。出版社説，可以從現在起重簽合同，變為版税，以前的部分沒法變。於是，韋君宜的女兒又提出牧惠簽的合同無效。牧惠很傷心。本來，他還想把他所搜集的關於《思痛錄》的評論文章編一本書。為了避免矛盾，他只好退出。於是，把文章全部交給了孫瑉。由邢小群和孫瑉出面，編了一本《回應韋君宜》，幾經周折，在大眾文藝出版社出版，使得《思痛錄》的回聲，得到了集中的展示。中國知識界對歷次政治運動，尤其是延安整風和搶救運動的認識，由此確立了一個刷新的座標。

胡發雲的長篇小説《如焉》的出版，我也起了一點推手作用。這本小説原來是人民文學出版社和《當代》雜誌向作者約稿。但寫成之後，他們不敢出。胡發雲的朋友蕭遠把電子文本傳給我，我連夜讀完，眼睛為之一亮！我感到，這是進入新千年以來最優秀的長篇小説，是當代小説中罕見的與時代精神保持同步的作品。如此切近地展示幾代中國知識分子的精神歷程和人格分化，深入地解剖後極權時代的體制機理的中國小説，此前還不曾有過。於是，我連夜轉發二十

幾個朋友。反饋最快的是袁敏。她原來是作家出版社編輯，經她之手推出了《束星北檔案》這樣的傑作。次日上午，她還沒有讀完全書，就給我打來電話，問這部小說是否已經有了著落？我說沒有。她說：我要了。她已經應聘擔任《江南》雜誌主編，馬上就要走馬上任。她說，我當主編，有終審權，這部小說就由我出。她上任後的第一期《江南》，以80%的篇幅刊登了《如焉》。《如焉》也給她帶來了回報。《江南》原來每期只印二、三千冊，這一期加印到一萬多冊，還供不應求。

《如焉》在《江南》發表以後，我和胡發雲也成了很好的朋友。2005年4月，胡發雲所在的武漢市文學院，召開了一次《如焉》學術討論會，我應邀參加。並由此引發了一場中國當代文學是否存在道義缺席的爭論。接著，《如焉》經過刪節，終於公開出版了單行本。《如焉》傳播開來，得到很多有識之士的讚許。後來，我去美國普林斯頓大學參加學術討論會，見到漢學家林培瑞教授，他也對《如焉》給予很高的評價。當然也有一些作家和文學評論家，對此書的藝術風格不以為然。對此書更不以為然的是官方文宣機構。2007年初，這本小說成為鄔書林宣佈的八本禁書之一。胡發雲和章詒和一起，為公民的憲法權利，公開發出了抗爭的聲音。

還有一些好書，即使左刪右改，在大陸也難以出版。只好拿到境外面世。

王濱生、王笑梅夫婦，分別畢業於北京大學和北京師範大學歷史系，1990年代移居美國，經過一番奮鬥，成為白領職員。他們買了別墅，衣食無憂，卻總想為中國文化做點什麼，於是註冊了一家小型出

版社，名為溪流。王笑梅回國探親時，輾轉託人找到我，問能不能介紹一些優秀的書稿讓她們出版。當時，我正巧遇到兩部價值很高的書稿，苦於沒有出版機會，於是介紹給她。

其一是《羅章龍回憶錄》。羅章龍是中共創始人之一，後來在黨內鬥爭中被排擠出局。他活到90多歲，其晚年撰寫回憶錄，記錄了很多被正史遮蔽的細節，價值之高自不必說。其二是陳為人的《唐達成文壇風雨五十年》，在我看來，此書的價值在當今中國作家傳記中首屈一指。作者和傳主我都認識。

唐達成是1999年去世的。那年10月5日的上午，我給他家去了一個電話。接電話的是一個陌生的聲音。他告訴我說，他是唐先生的弟弟，剛從美國回來，問我有什麼事？我向他問起唐先生的身體近況。他說，已經垂危。我問可否去醫院探望，他說醫生已經謝絕一般人探視，就是專程從國外趕回來的親屬，醫生也有限制。我放下電話，心裏很難過。

當天晚上19時50分，唐達成永遠地停止了呼吸。

我初識唐先生是1980年代初，當時他正擔任《文藝報》編輯部主任，在沙灘北街2號大院的簡易房裏辦公。我當時還在山西大學唸書，假期回北京，陪妻子邢小群一起去那個院裏找人。邢小群說，咱們去看看唐達成。他和小群的父母是老相識。倒楣的時候發配山西太原鋼鐵公司從事體力勞動，小群在山西上大學時就認識了他。我第一次見唐先生，覺得他很健談，為人也很熱情。他問過小群父母的近況，便談起當時流行的小說。小群的專業是中國當代文學，我當時對「傷痕文學」也很感興趣。但談到史鐵生的〈午餐半小時〉，我們卻和他看法相左。我們認為這篇小說很好，寫出了社會底層的真實狀

況。他卻認為小說的調子太灰暗了。現在想起來，剛剛獲得右派改正的他，熱切地盼望生活中多一點亮色，希望文學有助於推動國家的中興，也是可以理解的。小群還問起，華國鋒怎麼下去了？唐說，他主張「兩個凡是」，他不下去，很多事情推不動。當時，他對上層的脈搏是很瞭解的。

再一次見面是1985年，當時他已擔任中國作家協會黨組書記。小群當時借調到作協下所屬的《詩刊》工作，問他能否正式調人。他和我們見面時仍然很平易，但涉及到進京戶口指標，他卻感到愛莫能助。轉眼到了90年代。小群到北京大學當了一年訪問學者，呼吸了北京大學的空氣，越發不想繼續在山西教書。這時，唐先生早已從作家協會的領導崗位上退了下來。可能他覺得以前對小群的調動沒有幫上忙，所以，這次主動把小群推薦給剛剛創刊的《環球企業家》雜誌主編馮立三，後又得到其他許多友人的幫助，小群總算進了北京。

我們再次去唐先生家裏，本來是表示感激，但見面後聊起來卻感到共同語言很多。從政治到歷史，從理論到藝術，談得都很投機。他說，當時在作協主持工作，就像是巴金《家》裏的覺新，老一輩怨自己對年青人管教不嚴，年青人嫌自己思想不夠解放，夾在當中，日子並不好過。現在總算退下來了。他還說，自己從事了這麼多年評論，現在苦於跳不出日丹諾夫那套思維和語言，很羨慕邵燕祥、李國文，他們的文章沒有那些八股。

邢小群到《環球企業家》供職以後，採訪了幾位經濟學家。湖北的《今日名流》雜誌按圖索驥，也來向她約稿。其實她於經濟學是外行，採訪純係工作需要。考慮到名流雜誌要寫名人，於是問對方是

否可以寫點文化名人，比如唐達成，對方同意。這樣，邢小群對唐先生反右前後的經歷進行了一次採訪，同時還採訪了唐先生的夫人馬中行和在電影界已經有些名氣的二兒子唐大年。文章在《今日名流》發表後，他們希望繼續寫。唐先生也說小群的文筆不錯，鼓勵她多寫一點；同時鼓勵我也多寫一點：「你們思想比較敏銳，文筆也可以，應該多在全國性的報刊上發文章。」於是，邢小群有意識地確立了選題，陸續採訪了邵燕祥、馮亦代、溫濟澤、曾彥修、李慎之、朱正、蕭乾、鍾沛璋、戴煌、梅娘、袁運生、許漢三、仇士華等1957年的蒙冤者，並集成《凝望夕陽》一書。此書出版後，她送給唐先生指正，唐先生回贈了《世象雜拾》、《書林拾葉》兩本新著。我當時寫了一篇文章，名叫〈告別御用的悲劇〉，討論文革中一些知識份子捲入寫作組的教訓。唐先生很感興趣，建議我聯繫中國古代的皇帝和御用文人之間的關係，加以深化。我採納了他的意見，他還把這篇文章向南方的一家雜誌作了推薦。

　　每次到唐先生家，他總是口若懸河，滔滔不絕。他晚年的思想越來越活躍，反思越來越深入。他身在文學界，和我談到文學並不多，話題多是半個世紀以來中國革命的經驗教訓和成敗得失。對於「左」的那一套，他深受其害，也深惡痛絕。對於官場上日甚一日的捧場和奢侈，他也很不以為然。他參加了全國人大常委會委員一個代表團訪問德國，因為同行的都是部級幹部，公家給訂的是頭等艙。他說，沒有必要嘛，幹嘛浪費國家這麼多錢？

　　在和唐先生天南海北地閒聊的時候，他經常會提到50年代文藝界的一些鮮為人知的往事。比如他說很尊敬馮雪峰先生，但50年代

初馮雪峰化名批判蕭也牧，也很左。說自己右派摘帽後，曾調回作協工作，趕上大連會議，由他記錄。不久這個會就因「中間人物論」挨批，西戎說，達成啊，你記錄那麼細幹什麼，你記少些，我們的罪過也少點。可自己當是戴罪之身，哪敢不認真記錄呢？他還講了周揚很多鮮為人知的往事。我問他，為什麼不把這些寫下來呢？他說，手上老有事。常有一些年青作家把新作拿來，請他評論，他不好推卻。我說，評論的事情，您不寫，別人也可以寫。回憶的事情，您不動筆，別人無法代替，我知道，他在50年代和80年代，兩度處於中國文學界的漩渦中心，是許多重大事件的目睹者和親歷者。歷史本來應由事件和細節構成的。我們現在看到的當代歷史，往往意念先行，被簡化成黑白兩極，只有好人和壞人，紅臉和白臉，歷史過程本身的複雜性全被過濾掉了。只有當事人的回憶，才能用細節恢復歷史的豐富性和真實性。談到這裏，唐先生告訴我，李澤厚也建議他寫回憶錄。後來我見到沙葉新先生，說起此事，沙先生說，唐先生生病前最後一次出門，他們一路同行，他也曾當面向唐先生提過寫回憶錄的建議。可見，這是不少人的共識。

看唐先生比較忙，我就自告奮勇說，我拿個答錄機來，您口述，我整理。有一次，我還真請他講述了批判《苦戀》的前前後後。他如實地述說了他和唐因完成那篇署名文章過程中的千般無奈，最後還是耀邦出面，才讓他們度過了難關。這些意思整理出來以後，唐先生以他多年的辦刊經驗，反問我：能發表麼？我說：看機會吧。當然，什麼時候發，在哪兒發，我尊重您的意見。

　　1997年，《百年潮》雜誌創刊，要發表張光年先生的日記，其中談到批判《苦戀》這件事，社長鄭惠先生覺得語焉不詳，怕讀者看不懂，想請唐先生寫一篇回憶文章。當時唐先生已經查出肺癌，剛做手術不久，難以伏案寫作。於是我說，我這裏有一盤錄音帶，可以整理出來請唐先生審定。

和唐達成交談

　　這篇訪談錄在《百年潮》發表後，產生了一些反響。於是我再次向唐先生建議，繼續進行口述錄音。他同意了，但又有些猶豫。我隱約感到，唐先生一是覺得現在看病還要依賴組織，有些事情公開出來會不會引起一些人的不快？二是動手術以後，身體確實越來越不好，經常處於低燒狀態。只是有一次，邢小群為了編《回應韋君宜》這本書，請他談了一次同韋君宜的交往。以後再也沒有談成。再見面，就是在協和醫院的病房裏了。在那種環境裏，我也不好意思再提回憶和錄音的事情了。

　　他去世時不過71歲，在平均壽命普遍延長的今天，並不算高齡。那天，

陳徒手和我談起他走得如此匆忙，也感到十分遺憾。他是在唐先生去世前兩個月，對他作了一次最後採訪的，顯然，還有許多問題沒來得及說。

唐達成走了以後，馬中行就一直沉浸在悲傷之中。一些朋友去看望她，她總是說：他不在了，我活著還有什麼意思。她的痛苦與無助，使我也感到揪心，只能以沉重的歎息和語塞面對。

1950年代初，他們相識的時候，都是那樣年輕。馬中行是一個美麗的女子，在舞臺上扮演過安娜‧卡列尼娜；她又是一個有才情的女子，以至於有讀者訂報就是為了閱讀她的專欄文章。但是家庭出身讓她不能抬起頭來做人。原因就是父親在臺灣，母親帶著她們兄弟姊妹留在了這片故土。但是這一義舉，並沒有讓幸福的陽光照在孩子們的身上。儘管她是電影學院的校花，卻始終像醜小鴨一樣，活得卑微，以至於到了談婚論嫁的年齡，竟無人敢追求。在那個年代，有人為她心動，卻不敢拿自己的政治生命下賭注。這時唐達成出現了。他在政治上正春風得意，倍受信用，二十幾歲就擔任了文藝報總編室副主任。但他敢於正視內心所愛，毫無顧及地選擇了她，任山重水復，關隘幾多，絕不動搖。她說，從此她不再自卑，從此有了做人的自信。

誰知好景不長，屬於他們的幸福甘露剛剛品嚐，兩個人的處境又倒換了過來。唐達成寫文章與周揚商榷，又在工作中流露出對丁玲的同情，於是被打成了右派，趕出北京，在監督改造中苦苦地求生。他們有一張合影照片，1959年攝於唐山柏各莊農場。這個地方因為許多著名作家都在回憶錄中提及，已經進入了文學的史冊。但我看了這張照片，還是感到一種難言的觸動。他們倆人都在笑，馬中行的笑容

裏能讀出久別重逢的喜悦，唐達成的笑容中分明是強作歡顏的苦澀。背後的磚牆，提醒我環境的嚴酷。如果説中國也有12月黨人的妻子，我就會聯想到馬中行。以後，唐達成發配到哪裡，馬中行就追隨到哪裡。後來，唐達成改正了，擔任了中國作家協會的領導。感慨地説：「沒有她，我活不到今天」。

　　有一次，唐達成提出，我要作手術。器官有病，卻沒有急性發作。馬中行當然不願意。唐達成説，我不住院，你讓我怎麼辦？我在位，就要在處分別人的決定上簽字。我們吃過這麼多挨整的苦，我怎麼能再去整別人。馬中行含著淚，只好同意他的選擇——割開自己的軀體，為了內心的良知。

　　馬中行也有牢騷，老是圍繞他轉，接待客人，侍奉老人，操心兒子，而她自己也是一個知識女性，有自己的精神追求啊！後來，唐達成退了，病了，她也沒有牢騷了。從發病，到去世，兩三年的時光，全副的身心，又都無怨無悔地獻給了他。

　　唐達成走的時候，留下遺囑，不設靈堂，不作遺體告別。但也留下了一個心願，就是想讓自己晚年的書畫作品能和更多的人見面。於是，馬中行又為這最後的心願奔波。終於，在炎黃藝術館舉辦了他的書畫作品展。開幕式那天，去了幾百個朋友和故舊，氣氛素穆而莊重。許多人説了許多發自己內心的話，稱讚老唐生前的為人，這使她感到欣慰。但她也知道，完成另一半心願：出版一本書畫作品集，是一椿更難辦的工程。難就難在一個錢字上。唐達成生前有過權，卻從來沒有想到用權去撈錢。如今沒有錢，書畫集便不好出了。有朋友建議，我們用認購的方式，集資把這件事情辦了吧。領導説，不需要大

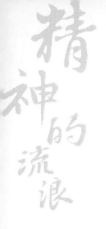

家集資，組織上負責這件事。於是，她又開始了對組織的期盼。終於，領導批出專款，由他們學美術的大兒子設計，印出了他的書畫作品集。

唐達成的遺願實現了，馬中行卻失去了繼續生活的目標。大兒子在美國，不常回來。小兒子是導演，兒媳是作家，他們合作的電視劇收視率很高，她卻不能接受。一度，她想到天國去，與他會面。然而，人間還是挽留了她。這時，唐達成的生前好友陳為人主動提出要為老唐寫一本傳記。這樣，她才感到有事可做。傳記成稿後，馬中行心裏還很不安：傳記能這樣寫嗎？但如潮的好評，終於使她放心了。那天，我去看她，她說：我把自己的隱私都曝光了。說話的口氣，流露著不盡的喜悅。

然而，這種喜悅沒有持續幾天，死神又一次突然襲來。她住進了危重病房。我去看她時，她已經不能說話，也不能認人。她能不能再次闖過鬼門關，醫生也沒有把握。我只能默默地祝福她，但願奇跡能夠出現。直到2005年5

和鄭惠（左一）、崔衛平（左二）、馬中行（左三）、邢小群參觀唐達成書畫展

月17日上午，她終於撒手塵世。大年告訴我，按照母親的意願，也不設靈堂，不舉行遺體告別儀式。以後將父母的骨灰一起撒進大海，他們會在天國重聚。

2002年12月的一天，山西的朋友陳為人打來電話，說他到了北京，想找我和小群聊聊。我們在馬中行家見了面。此前不久，陳為人在《黃河》雜誌上發表了一篇紀念文章，反應不錯。他說，想在這個基礎上，寫一本唐達成的傳記。至於怎麼寫，寫成什麼樣子，他還沒有想好。馬中行表示，全力支持配合他的寫作。我和小群當即贊同，並坦率直陳，要寫就寫真實的唐達成，寫出唐達成命運背後的東西來。並建議參考陳徒手的《人有病，天知否？》。

分手以後，我對陳為人的計畫並沒抱太高的期望。當時，我不知道他與唐達成的關係深到什麼程度，不知道他對唐達成晚年在京城的生活瞭解到什麼程度，也不知道他對當今傳記寫作乃至整個思想文化的發展把握到什麼程度。唐達成的特殊意義，不在於他是一個文藝評論家、書法家和畫家，而在於他是1950年代和1980年代中國文壇旋渦中心的親歷者。

2003年夏天，正在女兒家探親的陳為人從蒙特利爾給我發來了本書前六章的初稿。幾十萬字，我是在電腦前一氣讀完的。我預感，這本書不是一般的成功，而是非常成功！當即給他回信，希望他一鼓作氣，趕緊完成。

接著，陳為人又用一年多的時間，不但完成了初稿，又反覆推敲，改出二稿、三稿、四稿、五稿。一部沉甸甸的大作，終於殺青。

讀過這部書稿後，我才意識到：寫唐達成傳，最合適的人選，非陳為人莫屬！

我覺得，到目前為止，中國當代作家傳記中，當屬此書水平最高。它視野開闊，材料詳實，思想銳利，感情飽滿，文筆流暢，特別是對當代中國政治和文學關係的複雜肌理的透視，對八十年代中國文壇高層人際關係和心理氛圍的挖掘，達到前所未有的深度和廣度。我相信，此書出版以後，將成為研究中國當代文學史難以繞過的必讀書。

此書成功的原因有許多方面：

首先，陳為人與傳主唐達成的關係非同一般，在唐達成的朋友中，或許沒有第二人。至今陳為人稱唐達成為唐師傅，稱馬中行為馬師傅。這是工廠裏習慣的稱謂。當年，作為文學青年的陳為人，是在唐達成最落魄的時候拜他為師，成為他身邊幾位追隨者之一的。試想，身為檢修工、勤雜工，有時還要當運屍工的唐達成，身邊有人向他討教文學，不正是給了他一線人生意義的希望？正是在唐達成的指導下，70年代，陳為人發表了一些作品，太原市推薦他上了山西大學的工人作家班。陳為人與唐達成一直保持著無間的師生、朋友之情。他目擊了唐達成從大落到大起的全過程。他不只是近距離的目擊者，甚至因常常是唐達成的傾訴對象，而成為他生活的參與者。陳為人是有心人，無論出於學生對老師求教的心理，還是出於對朋友間傾訴的珍惜，或是出於對高位狀態下唐達成心態的研究，他總把與唐達成談話的內容很快記下來。這樣，當他揣摩分析唐達成時，也有了可靠依據。唐達成為人的真純也在這裏，他沒有因時過境遷的騰達，疏遠昔日的朋友。而陳為人，或是其他人，如果在唐達成登上高位再與他相識，已不可能建立如此深厚的交情。

　　其二，陳為人是從山西省作協秘書長位置上退下來的。如果説，唐達成曾是中國的高層文藝官員，陳為人也當過中層的文藝官員。沒有在文藝界從政的親身體驗，很難深切地體會到官場的遊戲規則、文藝體制的微妙和人際關係的複雜；也很難深切地體會唐達成內心的苦悶、躊躇和選擇的無奈。由文人而文化官員，是某些作家夢寐以求的人生目標。沒有嚐過官員滋味的，可能總想嚐一嚐。唐達成和陳為人，都是嚐過了其中的酸甜苦辣，也就有了驀然回首的反省。陳為人從官位上退下來以後，想重新拿起筆。先是動手寫長篇小説，後又決定放下未完的小説，寫唐達成傳的。他追溯唐達成的心路歷程，何嘗不是重溫自己的心路歷程。先做這件事，無疑更有挑戰性，也更有魅力。他寫唐達成其實也是在寫他自己。

　　其三，陳為人的寫作的動機比較純粹。現在的作家傳記研究，有幾種動機。有的是學位論文，有的是某一級別的科研專案，有的是受作家本人或親屬的囑託，有的是出版社的約稿或文化公司的策劃。而陳為人寫《唐達成傳》，不同於其中的任何一項。他完全是受到內心的驅使。沒有一個機構給他提供一分錢的經費。他為了完成採訪活動，自己投入了旅差費幾萬元。為了節省旅費，他住在馬中行家，妻子對他非常理解，給他做飯，並錄製資料，全力支援他寫作。人説，知識份子的意義莫過於立功、立德、立言。我想，此書的寫作動機也可以歸之為「立言」二字。他不僅僅是寫唐達成，也是審視幾十年來在體制下的文化人的命運和精神。這種動機，使他決意不受外在干擾，一鼓作氣，一吐為快，吐罷方休。

其四，陳為人選擇了一條明智的研究路徑。中國的當代作家傳記乃至整個當代文學研究，有一種重文本而輕人本，重作品而輕社會的偏向。寫唐達成的傳記，如果把研究重心放在唐達成已經公開發表的作品上，至多只能看到冰山浮出水面的一個尖頂。陳為人沒有止步冰山尖頂的描述。他把更大的氣力投入到水面之下的挖掘。

如何挖掘呢？陳為人從兩個方面著手。一是檔案。現在要想查閱官方檔案沒有條件。但唐達成留下了私人檔案，他家保存了一批文件、手稿、書信、筆記和日記，馬中行和唐大年也向陳為人開放了自己的日記、筆記，再加上張光年日記等同代人的出版物，這就使陳為人獲得了大量第一手史料。二是口述歷史。這是本書最有特色的一個方面。陳為人為寫這部傳記，到北京、上海採訪了七十幾位與唐達成有過交往的同事、朋友、當事人，即包括和唐達成關係友好的人，也包括和唐達成發生過衝突和磨擦的人。得天獨厚的資料佔有，就使陳為人的傳記成功了一大半。因為我們這些想明白文藝界內情就裏的人，往往看原始資料的心情更為迫切。從那些口述人的語氣、措詞中，都可以品出百般況味來。

中國的當代作家傳記，通行的寫法都是以時間為經，作品為緯，敘述作家的生平故事和創作成就。即使講一點作家的局限，往往避重就輕。而陳為人寫唐達成，卻跳出了俗套。他無意溢美傳主。而是截取傳主經歷的幾次重大政治運動，以傳主命運跌宕為線索，輻射半個世紀波譎雲詭的歷史風雲，追求一種大人生的敘述。

其五，陳為人廣泛吸收當今思想界的文化資源。他為了寫這部書，買了很多書，看了很多書，涉及文學、歷史、哲學、政治、心

理、社會諸多領域。陳為人是小説作家出身。如今的小説家，好多人都有一種知識自足感，不屑於關注思想文化領域的新知。陳為人年近耳順，卻仍然保持著求知的渴望。

史學意義上的人物傳記，有別於文學意義上的傳記體小説。一般來説，寫慣了小説的人，從事史學範疇的傳記寫作有利有弊。利是文筆生動，富有激情，不呆板；弊是容易襲用小説的虛構手法，失去了史筆的真實。在這本書中，陳為人發揮了小説家的長處，避免了短處。在他敘述的過程中，你能體會到作者內在的激情，卻沒有輕率地主觀虛構。當然，有些議論如果再節制一些，也許更好。

其六，陳為人在這部傳記的寫作過程中，集思廣益。我不知道他先後徵求過多少人的意見。光我親歷過的討論，就有兩次。有一次在馬中行家裏，我和崔衛平意見相左，爭得面紅耳赤，只好又請張鳳珠參與進來，才取得一點共識。

陳為人吸收大家的意見，絕不是隨波逐流。關鍵之處，他是堅持主見的。在社會上，唐達成的基本角色是文藝評論家。陳為人為唐達成立傳，在這方面卻沒有過譽之詞。他對唐達成文藝評論方面的成就，評價有所保留。這一點引起了馬中行的不快。書稿出來後，馬中行甚至一度後悔：我這麼支持你寫作，你卻這樣評價作為批評家的唐達成？陳為人和馬中行為此發生了爭執。作為妻子，希望別人對丈夫評價更高一些，也是人之常情。但身為作者，為了遷就親屬的情緒，如果無原則地拔高，就不值得稱道了。好在不幾日，看過書稿的陳丹晨來到馬中行家，誠懇地對她説：這本書，水平遠在我新出的《巴金傳》之上。老唐很幸運，交了個好朋友。聽了這話，馬中行自然很受

用。2005年4月下旬，我最後一次看馬中行，她說，既然大家都說這本書寫得好，我也就放心了。沒過幾天，馬中行突發腦溢血，再也沒有睜開眼睛。但我想，她在辭別人世之際，心情是愉快的。她和陳為人的爭論，已經劃上了圓滿的句號。

《唐達成文壇風雨五十年》出版後，獲得了海內外文學界和思想界的一致好評。陳為人從此被大家刮目相看。溪流出版社也建立了一定的聲譽。

溫故知新

《老照片》由山東畫報出版社出版，1996年第一輯問世。最早的創意者是現在擔任三聯書店副總編輯的汪稼明和現任《老照片》執行主編的馮克力。當時，他們編輯了一本大型工具書《中國百年圖片史》，感到搜集來的許多寶貴歷史照片沒有用上，很可惜，於是嘗試出一種雜誌型的小書，把這些照片用起來。沒想到，問世後受到讀者的熱烈歡迎，居然發行到三十萬冊。到現在，《老照片》已經出了55輯，成為兩個月一本的定期出版物，有了固定的讀者群，發行量穩定在3萬冊以上。不瞭解中國大陸出版政策的朋友看了《老照片》會問，這明明是雜誌，為什麼稱為叢書。因為中國的出版管理部門對期刊實行嚴格的審批制度。中國大陸的出版社都是國營的，但他們想申辦一個新的刊物也十分困難。於是一些出版社就採取變通的辦法，用書號出版編排方式與期刊相仿的圖書，俗稱「以書代刊」，又叫「雜誌書」。

《老照片》就是中國大陸到目前為止出版期數最多的雜誌書。中國的郵政部門，看到某些定期的「雜誌書」有不錯的銷量，開始辦理訂閱業務。「雜誌書」也可通過書店和郵局兩條渠道和讀者見面了。

《老照片》在形式上的特點是圖文並重，價格低廉。中國大陸的出版物，在《老照片》出現之前，以圖片為主體的畫冊和以文字為主體的書籍是兩個不同的品種。畫冊用銅版紙等高檔紙張印刷，定價在人民幣100元以上，一般讀者買不起。書籍一般用書寫紙、膠版紙印刷，有圖片則用少量銅版紙插頁置於卷首。圖文混排的也有，但圖片往往印刷質量不高，不具有獨立的審美價值。《老照片》的定價最初是人民幣6元，後來一直保持在8點5元，最近才提到10元。它以普通書籍的價位，推出了圖片與文字同樣精美，相得益彰的讀物，填平了畫冊與書籍的鴻溝。許多出版者看到這個商機，紛紛模仿，圖文並重的普及型圖書從此成為中國出版界常見的風景。

《老照片》更重要的特點是內容方面，它之所以受持續受到讀者歡迎，是因為適應了中國大陸讀者反思歷史、保存記憶的需要。《老照片》創辦於1996年，那年是中國發生文化大革命30周年，第二年，是中國發生反右派鬥爭40周年，第三年，是中國發生大躍進40周年。這些歷史事件，對中國社會產生巨大的影響，給當代中國人民造成了巨大的創傷。然而，從1990年代中期開始，這一幕幕並不久遠的歷史，已經成為官方有意遮蔽的重點。在此之前，有關反右、大躍進和文革的書籍，如果和官方的結論一致，不論學術質量高低，出版還不困難。在大學的必修課裏，也有這方面的內容。到了1990年代中期，有關反右、大躍進和文革的出版物乃至文藝作品，一律嚴加控制。名義上是要

求送審，實際上不准出版、演出和播放。就連在官方機構供職的專家按照既定口徑寫成的專著，都感到出版阻力重重。到今天，這種局面持續已經達十年以上，年青一代人對反右、大躍進和文革的無知，已經成為普遍的精神狀況。再擴展一點，中國公眾對100年來本國歷史和世界歷史的瞭解，也是片面的和扭曲的。例如2005年紀念世界反法斯戰爭和中國抗日戰爭勝利六十周年，大陸相關內容的印刷物、展覽和影視很多，但對於抗日戰爭中主戰場的情況、國民黨軍隊和蔣介石政府的作用，一般公眾仍然很難從大眾傳媒裏得到基本的瞭解。

中國大陸的史學現狀，可以説還處在顧准所揭示的中國「史官文化」傳統當中。顧准説，「『史官』所壟斷的，他們所負責管理的文化資料，無不與政治權威有關，他們所考慮的問題，無不與維護政治權威有關。」「所謂史官文化者，以政治權威為無上權威，使文化從屬於政治權威，絕對不得涉及超過政治權威的宇宙與其他問題的這種文化之謂也。」[註1]

何方先生在《黨史筆記》最後一章專門討論延安整風以來的中共黨史編纂學。他認為中共黨史編纂學具有以下特點：

1，貫徹始終的個人崇拜精神。為尊者隱。

2，重「實用」而輕「求是」。

3，黨史研究實行「人治」，由權力最高者定調。

4，公式化和片面性，好人全面好，一輩子好，壞人完全壞，一輩子壞。籮筐主義，壞事都往壞人身上推。

5，誇大成就，掩蓋錯誤。

6，拒絕公開性和透明度，檔案不解密，檔案保管黨政不分。[註2]

何方所概括的黨史編纂學的基本精神和方法，其實就是大陸官方對待歷史的主旋律。在歷史教學、研究、傳播諸方面，中國大陸的知識生產和流通無不處於這種主旋律的籠罩之下。

在這種基本的文化格局當中，《老照片》的編者本著一種良知，想為穿越歷史遮蔽、保存歷史記憶、復原歷史真相，做了一點力所能及的工作。編輯雖有做良史的願望，但落實到具體的編輯行為，只能在現有的條件下，小心翼翼地繞過雷區，迂迴探索。具體操作中有以下特點：

一、以個案為主，從私人視角切入歷史禁區。比如三十八、三十九輯連載了章立凡的〈章乃器在文革中〉，這個專題可以說既涉及反右，（章乃器在1957年是最著名的右派）又涉及文革，但因為採取兒子回憶父親的方式，講的都是個人所見所聞，所以還有表達空間。再比如最新的四十二輯第一篇是邢小群採訪王元元、延濱夫婦的〈日常生活中的耀邦叔叔〉，發表後反響很大，成為紀念胡耀邦誕辰90周年過程中最受關注的文章之一。胡耀邦晚年的沉浮，涉及高層的政治敏感區。口述者是胡耀邦的幹女兒和忘年交，本身不是高層政治人物，卻從一個特殊的視角目睹了高層政治風雲的諸多細節。

二、重視平民記憶，與正史對話。在《老照片》裏，不知名的普通人結合私人照片回憶往事的文章佔有很大的比重。這形成了《老照片》一個突出的特色。一般情況下，平民很少有機會把自己的記憶記載下來，形成文字，公之於世。但這些文字和圖片一旦公之於世，便進入歷史的範疇。讀者會發現，給主人公帶來悲傷

的，不盡是正史中的丑角；給主人公帶來喜悅的，也不盡是正史中的英雄。這種私人記憶，與官方正史有吻合的一面，也有不吻合的一面。正是不吻合的一面，才有獨特的價值，給人們豐富和深化對歷史的認識提供了生動的證據。

三、著力擦拭被遮蔽的歷史亮點。在二十世紀中國歷史當中，國共兩黨及其互相之間的政治鬥爭曾經受到最多的關注。但在此之外，自由主義思潮和獨立知識份子對民主憲政的追求其實一直不曾間斷。他們雖然不是政治舞臺的主角，但他們的追求與當代人類文明的潮流更為一致。《老照片》先後發表過關於胡適與《獨立評論》、張季鸞、胡政之、王芸生與《大公報》、儲安平與《觀察》、雷震與《自由中國》等多組專題，講述了自由主義知識份子的政治追求。中國大陸在20世紀50年代到70年代，以言治罪，獨立思想者受到迫害甚至殺害，曾經是政治生活中的常態，一些思想先驅為了探索真理付出了生命的代價。在這方面，《老照片》先後發表了張志新、遇羅克、王申酉、林昭、楊偉銘等人的專題，講述了這些思想烈士驚心動魄的經歷。《老照片》最受讀者歡迎的一個專題是關於水利學家黃萬里的〈但教莫絕廣陵散〉。上世紀50年代，中國修建了三門峽水庫，不但耗資巨大，而且遺害至今。黃萬里是中國水利界對這項工程旗幟最鮮明的反對者，為此被打成右派。在他生前，十分寂寞，在公開的紙媒體上只有《老照片》介紹了他的命運。黃萬里去世後，得到中國知識界的尊敬，成為科學界的人格楷模。

四、不斷發掘重要的歷史見證人，以刷新歷史的成見成說。

五、關注細節，注重眼位。「眼位」是圍棋的術語。一塊棋，有兩隻眼，就活了；做不出兩隻眼，就死了。關鍵的細節就像「眼位」一樣重要。抓住了關鍵的細節，文章才有活力，歷史才有意味。比如《老照片》第24輯發表了閻銘的文章〈我的父親與一號命令〉，作者的父親閻仲川在文革中任副總參謀長，在1970年10月記錄、整理了林彪根據毛澤東意見發出的「一號命令」。林彪出事以後，一號命令的賬算到林彪頭上，閻仲川為此蒙冤多年。文章詳細講述了此事決策的始末，這些特定的細節就成了歷史的「眼位」。

六、突破籠筐主義，還原歷史的豐富性。比如聶元梓，1966年曾經領銜北京大學第一張大字報，是文革中的風雲人物，因此被判刑14年，在大陸的輿論中早已是負面形象。但老照片第41輯發表的鄭克中的〈北大文革二三事〉，卻講述了作者在1966年10月，父親被打倒，遣返農村，不能再給他提供生活費了，於是向系裏彙報，系裏又向校文革主任聶元梓彙報，聶元梓很快批給他每月十七塊五的助學金，使他過了難關。這些情節，有助於讀者擺脫理解歷史的片面性。

七、讓形象說話。《老照片》一個最突出特色，就是每個專題必須有照片，而且至少是20年前的照片。沒有相關照片，再好的文章也不能編入。這雖然是一種自我限制，但也是形成特色的必要自律。圖像和畫面，有獨特的魅力，能夠傳達許多文字以外的資訊。例如第十四輯有一張唐達成打成右派以後在唐山柏各莊農場勞動勞動改造，妻子馬中行去探親的照片。照片上兩個人都在笑，妻子是

久別重逢的喜悅，丈夫是強作歡顏的苦笑。背後是農場的磚房。從中可以感受到豐富的歷史內涵。

《老照片》在1996年底問世時，孫瑉對我作了推薦，我一看不錯。當時我還參與《中國攝影報》的工作，於是建議該報召開一次小型研討會，請孫瑉和中央電視臺讀書時間的主編朱正琳參加，一起探討《老照片》的文化意義。這次會的紀要登出來以後，成為對《老照片》現象的第一次認真的反饋。

2001年在青島，參加老照片的文化解讀座談會的部分與會者在嶗山

《老照片》曾被一些出版社和書商模仿、搭車，熱了一陣，又涼了下來。這時，馮克力和張傑找到我，問我能不能提供一些選題。我見他們第九輯發了一組張志新的照片，第十輯發了一組遇羅克的照片，就告訴他們，我手裏有一張王申酉的照片，他們拿去發在第十二輯上，配了一段我寫的文字〈尋找王申酉〉，很快又被一家雜誌轉載了。他們覺得和我志趣相投，於是邀請我和邵建擔任特約編輯，參加《老照片》的組稿工作。從第十四輯起，我開始幫助組織

稿件，比如韋君宜的女兒楊團談《思痛錄》寫作始末，馬中行的〈憶達成〉，都是我找來的稿子。

有一次聚會，我認識了當代中國紀實攝影代表作〈上訪者〉的拍攝者李曉斌。當時他才45歲，卻已經退休。我們一見如故。當時我想到，〈上訪者〉不會是孤立的一張照片，當時可能還拍攝了同類題材的照片。一問李曉斌，果然如此。在1977年到1979年期間，他拍攝了許多全國各地的群眾到北京上訪申冤的照片。1998年紀念十一屆三中全會二十周年，中央電視臺下面的攝製組曾經找李曉斌做節目，請他把這些照片都整理出來，但人家最後還是只用了那一張有名的〈上訪者〉，其餘的都擱置起來。《老照片》的原則是選用二十年以上的歷史照片。李曉斌手裏這些反映當年爭取平反冤假錯案的照片一晃已是三十年，成為共和國一段歷史的珍貴紀錄。現在拿出來，仍然讓人感到一種心靈的震撼。

幫助《老照片》組稿，更值得一談的是首發了章詒和的文章。

章詒和大姐是章伯鈞的女兒，是中國藝術研究院研究戲曲學的專家。我早就在《今日名流》上讀過她回憶父親的文章，在其他媒體上也讀過她的戲劇評論，印象很深。但直到2001年前一個偶然的機會，才得以與她相識。

當時，她那篇關於羅隆基的文章〈一片青山了此身〉早已完成，香港有人表示願意出版，但覺得篇幅不夠成書，於是她想找謝泳聯繫，與謝泳此前寫的《羅隆基傳》，加上羅本人的一些文章，合成一書出版。她通過章乃器的兒子章立凡找到我，我又找到謝泳，在她家見了面，談得很投機，她還請我們吃了飯。臨別時，她送給謝泳一份文章的複印件。

　　吃飯之後，我和謝泳準備參加晚上的另一個聚會，中間有兩個小時的空檔。於是到日壇公園的長椅上，一邊休息，一邊展讀這篇文章。

　　我和謝泳把別針拆開，我看一頁，傳給他看。三萬多字的文章，我是一口氣看完的。當時的感受便是：太精彩了！謝泳讀完了，也連聲讚歎：好文章！好文章！於是，我找了一個小店，複印下來。

2003年，和章詒和在北海公園

　　認識章大姐不久，馮克力和張傑來北京，我趕緊向他們通報：最近認識了一個高人，她的文章可不是一般水平。他們兩人讀了我保存的章詒和文章複印件，也很興奮。要我帶他們去拜訪章詒和。於是我和章大姐聯繫，去了她家，談了約稿意向。章大姐又送我們兩篇文章，一篇是寫儲安平的〈兩片落葉，偶然地飄落在一起〉，一篇是寫史良的〈正在有情無思間〉。馮克力、張傑看了之後，就向章大組提出在《老照片》發表的願望。但章大姐當時沒有同意。她說，現在不能發表，免得媒體打擾，

讓我安安靜靜地再寫幾篇。她說，你們需要稿子，我可以給你們介紹張申府的女兒，或別的作者。但我心裏清楚，能達到她這個水準的作者，打著燈籠也不好找。所以對她說了實話，《老照片》並不缺稿，缺的就是你這樣的稿子。

馮克力和張傑回濟南後，經常來電話催我，問章大姐是否同意發表她的文章。我就給章大姐去電話說，《老照片》的社會反響不錯，發表別人的稿子，從來是要求作者提供相關照片。但您只要同意我們發表，我們自己尋找照片。

她還是不同意。

就這樣過了一年。直到1992年8月的一天，章大姐突然給我來了一個電話，說，我要過60歲生日了。我決定自我慶祝一下，你們可以發表我的文章了。於是，我馬上給濟南打電話，通知《老照片》趕快上章大姐的稿子。

他們設法從史良的親屬那裏找來一組照片，在1992年底，發表了她的〈正在有情無思間〉。印出後，馮克力告訴我，這篇稿子太絕了！不光是文化人看好，印刷的工人，出版社的校對，也特別喜歡。

我說，既然這樣，章大姐的稿子你就接著發吧。

當時，馮克力已經拿到了那篇寫張伯駒的〈君子之交〉。這篇文章遠遠超過《老照片》以往文章的篇幅，但我對習慣刪文章的馮克力說，這篇文章你一定不能刪，如果刪了，以後章大姐的文章就不會給我們了。於是，馮克力決定分兩輯連載，並約我寫了一篇書末感言，我以〈破例的理由〉為題，寫了以下的話：

　　《老照片》26輯刊登了章詒和的〈正在有情無思間——史良側影〉，讀者反映強烈。於是，編者又向章詒和約來了另一篇大作〈君子之交——張伯駒夫婦與我父母交往之疊影〉。過去，人們只知道張伯駒是民國四公子之一，是對國家有特殊貢獻的大收藏家，陳毅元帥去世時，他送的輓聯引起毛澤東的稱讚。但對他的性格特點，卻知之甚少。而章、張兩家，卻是患難之交，作者經歷了許多讓人迴腸盪氣的故事。

　　此文的篇幅是40000萬字。《老照片》過去發表的稿子一般都在8000字以下，超過萬字的長稿就是極特殊的了。但章詒和的文章實在是太精彩了。既使不談照片，就以文學而論，也是難得的散文佳作，文章雖長，卻一氣呵成，讓人捧起就捨不得放下。我覺得優點起碼有三。一是她筆下的人物，多是現代歷史上的名人。而那些最生動的細節，卻不是來自他人的文字記載，而是來自本人的親歷。二是知人論世的獨特見解。比如對比張伯駒把官方的獎狀卷起來掛在房樑上，而柳亞子把唱和的詩詞裱在客廳正中：「這兩個文人做派很不同：一個把極顯眼的東西，擱在極不顯眼的地方，浪漫地對待；一個將極重要的對象，作了極重要的強調，現實地處理。」三是感人肺腑的人格力量。所謂「富貴不能淫，貧賤不能移，威武不能屈」的人格理想，得到活生生的體現。這些都是中國當代文壇上所鮮有的，也是《老照片》殷切期待的。就我們的編輯能力而言，還想不出既節省篇幅，又不傷筋動骨的兩全之策。於是，只好決定將全文分成兩次

發表，二十八輯先登前一半，二十九輯再登後一半。但是，這並不意味著我們改變了編輯方針。對於一般來稿，我們還是希望作者寫得短些，精粹些。

接著，《老照片》又連載那篇寫康同璧母女的〈最後的貴族〉。康同璧的照片很難找，但《老照片》又不能不配照片。後來請吳家瑾老師找到老攝影家牛畏予，才找到她在文革前拍攝的康同璧。

同時，章大姐又完成了那篇關於聶紺弩的〈斯人寂寞〉。她知道朱正對聶紺弩有研究，問我認識不認識朱正，我說認識。她說，能不能讓朱正提點意見。我從她手裏拿過稿子寄給朱正。朱正收到後，才看了一半，就興奮之極。當時《新文學史料》正在組織一個紀念聶紺弩百年誕辰專輯，已經二校，朱正也寫了文章。於是，朱正給編輯部去電話，問是否來得及加稿子，還說，實在不行，把我那篇撤下來，換上章詒和這篇。編輯說來得及換稿，朱正顧不上把文章看完，就上了公共汽車。於是，這篇文章上了《新文學史料》聶紺弩百年誕辰專輯的頭條。

章大姐的散文寫夠六篇的時候，馮克力想在山東畫報出版社出這本書，章大姐也同意讓山東畫報出版社優先選擇。但那家出版社的一把手不敢做主，於是把這部傑作拱手讓給了別人。

在此期間，我介紹朋友陳徒手認識了章大姐，陳徒手又把章大姐的書推薦給了人民文學出版社。他們當然知道這本書的份量，但也有種種顧慮。這時，上海文匯出版社的總編輯提要坐飛機來北京與章大姐簽合同，人民文學出版社社長劉玉山於是下了決心，搶先一步，在2003年12月中旬讓《往事並不如煙》問世。12月19日，章大姐邀請

一些朋友到滬江香滿樓聚會慶賀，大家都有如釋重負之感，為這本奇書能在中國大陸出版感到由衷的高興。

章大姐是研究中國戲曲的專家，過去的影響主要在戲曲界。她雖然到了花甲之年才開發表散文，但起點非常高。這些散文在《老照片》、《同舟共進》、《新文學史料》上刊出，尤其是被熱心人貼到互聯網上以後，早已不脛而走，為海內外讀書人爭相傳閱。雖說文無第一，武無第二，但我還是要說，她是「當今中國散文第一人」，是「文起當代之衰」。她的散文，註定會給中國的文學史乃至思想史和政治史留下一個新的座標。比如章伯鈞、羅隆基關於不列顛百科全書的感想，比如康同璧老人在文革高潮中請章伯鈞、章乃器聚會，都為歷史增添了不能迴避的細節。章詒和的散文，寫的都是她親自接觸過的老一代人物，比如羅隆基、儲安平、史良。聶紺弩、張伯駒、康同璧，還有她的父母章伯鈞、李健生。這些人，都是在中國現代歷史佔有一席之地的名人。但是，他們到了章詒和的筆下，一個個卻都鮮活起來，幾乎每個細節都產生了攝人心魄的力量，彷彿讓我們看到他們的音容，聽到了他們的呼吸，走進他們的內心世界。畫虎容易畫人難。90歲的老畫家黃苗子是認識這些人的，他看了之後說，他們就是這個樣子！90多歲的老學者季羨林也是認識這些人的，他看了之後說，讓二姑娘（指章詒和）多寫！

有人看了這本書，懷疑文章中的對話有想像的成份。章詒和是嚴肅的學者，她的這本書雖然是一本回憶性的長篇散文，但涉及到的人和事，都有嚴謹的考證。如果看到書後面的對人對事的詳細注釋，就會明瞭她的苦心。她涉及到的主要人物都有生平小傳，這種注釋已

經詳盡於一般學術規範，你讀了它會更深切理解章詒和所談到的事情的意味；對問題判斷的依據，她也不以一條引文或一面之談為定論。她說，除了我自己直接聽到的，我一定做到所提到的事情必有出處。即使是聽到的，也得有第三人的證明，我才敢寫進去。其實，她的文章出手很慢，每寫一篇要翻很多資料，和很多人核對事實。寫到刻骨銘心之處，滿臉淚水，難過得幾天寫不下去。她說最終是要寫她的父母，但還不知什麼時候可以動筆。我曾問她，您那時年齡不大，父親和您的談話，您能記得很清楚嗎？她說，民主黨派的人家，大約沾了「民主」二字，很多話是可以和子女說的；不像一些共產黨幹部，自律性那麼強，很少和子女談國家大事。

據我所知，她坐牢十年，回憶是支撐她活下去的力量。從1978年出獄後，她就開始了對記憶的恢復和整理，這件事情她已經持續了20多年。有關羅隆基和儲安平的文章在80年代初她就開始動筆了。為寫這本書，她採訪了很多人，保存了大量的資料和錄音。她與我們聊天，經常會一句一句地復述某人對她觸動很大的談話，我相信她的這種記憶。幾年來我和她接觸較多，有些事她在不同的場合曾經重複說起，我發覺那些關鍵的細節，包括人物對話，她講幾次都是一致的。所以我覺得她的書不存在文學的想像或虛構。

章詒和的散文寫能如此之好，不是偶然的。

其一，她從小就在中國一流知識份子雲集的氣氛裏生活，得到過張伯駒夫婦那樣的大師級人物的親自指點。中年以後又從事專業研究工作，飽讀詩書，具有寬廣的精神文化視野和深厚的學術底蘊。

其二，她嚐過大苦大難。父親是一號右派。自己文革中坐牢十年，親歷了中國社會底層的「悲慘世界」，從地獄裏走過一遭。

其三，她寫文章超越了功名利祿的誘惑，完全是出於歷史的責任感，為著執行父親的囑託。中國的一些文學家們，寫作時往往名利方面的考慮過多，其境界自然無法與之相提並論。

其四，她人格高尚，人品是文品的基礎。舉兩個我見到的例子：

吳思是章詒和2003年底才認識的朋友。她讀了吳思的「潛規則」系列，評價很高。當她知道吳思輸了官司，十分氣憤。她立即給吳思發去郵件，這樣寫到：「昨日從丁東那裏得知你打官司一事，大驚。這是個原則問題，我是堅決支持、同情你的。我能為你做些什麼？你需要我做些什麼？有陸鍵東麻煩於昨，有吳思敗訴於今，誰將敗訴於明？可能是我，或者是其他的人。法律和知識界應該聯合起來，抵抗這種濫施的權力。」在她看來，吳思有寫陳永貴的權利，陸鍵東也有寫陳寅恪或別的什麼的權利。現在家屬一告狀，法院就判作者敗訴，又是賠款，又是登報致歉，學者出示的大量證據，法院輕率地棄之一旁，更談不上聽取學術界內行的意見，這是對史學的極大傷害。我也覺得這個問題很嚴重。前幾年，發生過一個古鑒茲敗訴王國藩的案子，已經影響了公民從事文學創作的權利。據說最高人民法院已經糾正。現在又發生吳思敗訴案，影響到公民從事學術研究和新聞報導的權利。事關公共利益，章詒和是不願意袖手旁觀的。

2004年正月，我到香港中文大學短期訪問，正好章詒和、余杰都在這裏。他們年齡差一倍，原來並不認識。雖然章以前也看過余杰的文章，見面卻是初次。余杰這幾年經常招來非議。我們在訪問期間正好遇到龍應台的一次沙龍性質的講演，談她從政的體會。余杰對龍應台期許較高，覺得她對臺灣、對香港都有尖銳批評，唯獨對大陸過於溫

我和邢小群在香港中文大學與章詒
和、吳國光、崔衛平、余杰合影

我和邢小群在中文大學與龍應台合影

柔。就向她提出了這樣的看法。主持人怕有麻煩，有意不想讓龍應台回答余杰的提問，當然龍應台還是比較誠懇地做了一些解釋。余杰有感而發，第二天就寫了一篇評論龍應台的文章，還沒有公開發表，僅僅以手稿示人，就受到周圍一些人更猛烈的批評。有的批評者雖無惡意，但總想把余杰規範一下。章詒和卻十分看重余杰的不規範，給他的發的電子信中說：「遠看近瞅，你都很美。你選擇的路，是正確的。無論你走到哪裡，行至何處，我都會注視著你。」後來她對我說，中國現在有幾個余杰？不能要求講話都是四平八穩。余杰這樣的青年太少了！

《往事並不如煙》成為閱讀熱點之後，一度許多媒體都想採訪她，但她基本上都謝絕了。書剛出版，章大姐就去香港中文大學訪問。最初，接受不接受邀請，章詒和還在猶豫，香港的朋友勸她說：章詒和，你的書出來後會不得了，你還是來我們這裏躲避一下為好。章詒和這才決定來香港。果然，人

民文學出版社的編輯打電話給章詒和說：書出來後，我們一天什麼事都不能做了，一直在接尋訪您的電話。電臺、報紙、刊物，電話被打爆了。編輯擋不住，諸多媒體要採訪她，有些電話被追蹤到了香港。章詒和對我說：「如果你要幫我解釋，可以說三點：一，我年齡大了（已逾六旬）；二、精力不足了（身體不好，工作時間有限，想寫的東西還很多，惟恐寫不完）；三、水平有限（不懂外語，不懂古文）。」她還說：「我只有一個心思，就是集中精力寫作。所以，對我的書說好說壞的我都不看，我不想受干擾。我覺得心裏的那種痛感和孤獨是化解不了的，否則人和字兒就會飄起來。那些能做學問的人都是有定力的，我也有自己的定力。」

《老照片》使我和馮克力成為朋友。馮克力覺得，光有《老照片》這樣一個平臺，還不能充分利用他多年積累的作者資源。在《老照片》前任總編輯劉瑞林調到廣西師範大學出版社擔任副總編輯以後，他又和劉瑞林策劃，在廣西師大出版社出版了《溫故》書系，邀我和張冠生擔任特邀策劃。

《老照片》也好，《溫故》也好，其靈魂都是以民間的方式保存歷史的記憶，啟發讀者，溫故知新。我參與組稿和策劃，也是為了穿越歷史遮蔽，承擔中國知識份子的社會責任。

英國作家喬治‧奧威爾在小說《1984年》中借人物之口說過一句名言：「誰掌握了歷史，誰就掌握了現在。」官方很清楚，掌握歷史的解釋權，就掌握了輿論的制高點。一切都是為了維持穩定，維護執政地位。所以中國知識份子面對的是體制性的歷史遮蔽，是有組織的阻斷民族記憶。權力造成的刪除和遺忘，對科學的發展、文化的傳

承、社會的進步，都有嚴重的負面作用。凡是成功的民族，後代總是以前輩的終點為起點，不斷地向更高的境界攀登。文明就像一個牢固的鏈條，一代又一代地延伸，壯大。這既需要執政者的開明，需要知識界的自覺，更需要創造一個包容性很強體制來保證文明的傳遞。如果執政者偏愛刪除和遺忘，他們的行為又得不到制約，文明的鏈條就會被人為地切斷。在二十世紀，我們這個民族走過了很多彎路，我們一次又一次回到前人探索的起點，一次又一次從頭出發。有時付出巨大的代價攀上某個高度，卻驀然發現不過是前輩曾經登臨過的山峰。在二十一世紀能否走出周而復始的怪圈，還是一個嚴峻的課題。

遮蔽歷史的力量除了來自政治權力，還來自另外兩個方面。

一是當事人或親屬後代的干擾。研究當代的歷史，比研究上古的歷史還難。因為久遠的歷史，當事人早已經不在人世，親屬也不在人世，不論怎麼評說，與活人的利害關係不大。而晚近的歷史，主人公或者主人公的親屬還活著，一旦公開褒貶，就涉及一些人的利益和感情。現在，一些回憶文章對歷史人物有負面的議論，往往招來親屬的訴訟，我們在編輯過程中為了避免麻煩，只好隱去其名，或用符號代替，讓讀者猜謎。這雖然有損史學的完事性，也是一種不得已。

二是來自通俗文化的競爭。揭示歷史真相，可以偏重於上層，也可以偏重於下層。上層的真相難於曝光，下層的真相易被忽視。揭示兩方的真相都很重要。對於一般公眾而言，上層政治是黑箱運作，自己的命運受其支配，卻不知運作的真實過程。越不知道，越有瞭解的渴望。當時過境遷，禁忌出現某種鬆動，一些似是而非的傳奇故事便粉墨登場，搶先迎合公眾瞭解真相的饑渴。中國書刊市場上流行的宮

廷內幕、紅牆傳奇並不少，它們在細節上盡可花裏胡哨，無中生有，但在對歷史的判斷上，與主流宣傳的價值取向並無二致。通俗文化以娛樂感官為宗旨，以商業利益為目的。嚴肅的歷史可以被熱鬧的戲說取代。這種文化氛圍的受眾，將傾向於享樂型的資訊接受，不屑於瞭解沉重慘烈的歷史真相。這也是我們不能不面對的現實。

單少傑在〈略談中國史學的雙重職能〉一文中提出，中國歷史學家負有雙重責任，除了負有澄清史實的學術責任，還負有明辨是非的道義責任。一些居於權力頂峰的人，制度對他沒有制約，但他畏懼歷史的譴責。只有讓那些生前有福無德的人死後留下罵名，讓那些生前有德而無福的人死後留下盛名，才能維繫社會公正，使一個民族不至於價值失衡。歷史感的匱乏直接導致道德感的喪失。只知現在，只考慮當下的利益，不知過去和將來，人將無異於行屍走肉。只有告別無知，才能建立良知。

我十分清楚，不論是《老照片》，還是《溫故》，都有著極大的局限性。官方的歷史觀可以通過中央電視臺這樣的主流媒體每天向幾億觀眾宣傳，可以通過統一的教材向大中小學生學生灌輸。而《老照片》的經常讀者不過幾萬人，在中國不是大眾而是小眾。傳達的歷史真相也不是整體的系統的歷史圖景，而只是一些有意味的碎片。已經發表的見解也不是徹底的，在相當程度上是有所保留的。有些能夠深刻揭示歷史真相的圖片和文字，還不敢發表。人類的歷史，能夠得到記載的永遠只是一小部分，被湮沒的是多數。由於恐懼、疾病、無知和私心，由於人類記憶功能的生理局限，很多重要的歷史資訊都沒有進入公共傳播和研究視野，而永遠地消失了。歷史成為一個巨大的黑

箱，今天我們能夠窺見的，不過是其中的一隅。從主觀方面講，由於水平、眼界、精力、財力等原因，我們能夠接觸的資訊十分有限，我們能夠做成的事情十分有限。只能說，我們將繼續努力。

　　以上觀點，2005年12月我在澳門舉辦的「歷史與記憶：反思過往，建設未來」國際學術研討會上，以〈《老照片》與歷史記憶〉為論題作了介紹，與會者多有共鳴。

2005年澳門歷史與記憶國際學術研討會合影

【注釋】

註1：《顧准文稿》238-239頁，北京，中國青年出版社，2002

註2：參見何方：《黨史筆記》633-702頁，香港，利文出版社，2005

口述歷史

基於同樣的認識，我還在中國社會科學出版社參與主編了《口述歷史》。

雖然我在大學讀的是歷史系，但介入口述歷史有一定的偶然性。1996年春天，朱正琳剛剛從《東方》雜誌退出來的時候，告訴我他有一個想法，想搞一套中國的口述史叢書，問我能不能找一些出版社的編輯合作。出版社的編輯，當時我比較熟悉的是兩個人，一個是我妹妹丁寧，另一個就是徐曉。於是，我們四個人坐到一起，討論了朱正琳草擬的方案，並開始尋找稿件。朱正琳找到了一部採訪東幹人的稿子，學術性比較強，大家感到其市場前景吃不準；我去找白吉庵先生聯繫他對晚年梁漱溟的採訪筆記，他說已經答應了另一家出版社；徐曉找賀黎、楊健拿到了一本關於「五七幹校」的採訪錄，但送審過程中又遇到了重重阻力。不久，朱正琳去中央電視臺參加創辦「讀書時間」節目，從此被捆上了電視臺的戰車，忙得四腳

朝天，再也無力旁顧口述史的計畫。於是，那個策劃沒有哭出一聲，便流產了。

　　別人放棄了這個念頭，徐曉卻沒有放棄。當年我和她一起參加《華人文化世界》雜誌改版的策劃，她就提出，要設置一個「口述實錄」欄目，作為這本刊物的特色。她是那種喜歡表現自身主體性的人，執著地要讓刊物按自己預想的方案辦。我對編雜誌的理解與她不完全相同。我想，只要把作者手裏現成的好文章編進去，比約請作者命題寫作更有把握。她的思路落實起來當然很費精力，很累。當時，她的散文〈永遠的五月〉正被讀者看好，不少朋友都勸她多寫一些。但她卻把寫散文的事扔到一邊，一心按照即定目標四處組稿。刊物改版幾期之後，「口述實錄」一欄陸續刊登了楊健、劉延民、王艾等人的採訪錄，果然引起反響，總算是沒有辜負巨大精力的投入。後來，由於資金等原因，雜誌的改版沒有堅持下去，但徐曉對「口述實錄」的興趣卻一發不可收拾。

　　1997年是恢復高考20年，她又策劃一本77、78級大學生口述實錄。這個選題提出之後，許多人都很感興趣。有人的興趣是採訪，有人的興趣是接受採訪，有人既採訪別人，又接受別人的採訪。我本人也是77級，當時無意成為被訪者，但幫她促成了盧叔寧、梁曉燕兩人的訪談。沒想到，對後者的採訪，又給這本書的出版增添了波折。總算有驚無險，這本名為《洗禮歲月》的書還是在中國社會出版社問世了。

　　後來，徐曉終於把賀黎、楊健的《無罪流放──66位知識份子五七幹校告白》一書在光明日報出版社推出。「五七幹校」是什麼？現在20歲以下的人已經不甚了了了。作為文化大革命標榜的「新生事

物」，作為中國知識份子精神和肉體的
煉獄，「五七幹校」遠遠沒有得到充分
的揭示和反思。此書採訪的當事人既有
學術界的，也有文藝界的，既有文化名
人，也有普通人，既有在中央直屬系統
的幹校的，也有在地方幹校的，既有老
人，也有跟隨父母下幹校的子女，涉及
面十分廣泛。當時這本書稿已經寫成
五年，66位採訪對象中已有5位駕鶴西
去。這五篇口述，成為他們留給未來的
歷史證詞。這本身就足以凸現口述史的
學術意義和文化意義。知識份子的職責
之一，就是同社會健忘症抗爭。口述史
就是這種抗爭的重要方式之一。

　　大約在2000年，《老照片》編輯
張傑介紹我認識了林彪的女兒林豆豆。
林豆豆在中國社會科學院近代史所工
作。當時，湖北黃岡的一家企業在北京
開了一個餐館，請林豆豆當名譽董事
長。我猜他們可能是想借助她的知名
度，擴大餐館的影響。林豆豆為成立口
述歷史研究機構已經策劃了好幾年，卻
未能正式啟動。這家餐館答應給林豆豆

《文強口述自傳》出版後和林豆豆（前
右三）、劉延民（後右三）、郭沂紋
（後右二）、王南海（後右一）、俞景
華（後右四）等聚會。

提供一間辦公室。於是我和林豆豆在餐館見了面。我向林豆豆表示，願意為推動口述歷史研究盡力。但我是一介書生，沒有辦法弄到啟動資金，而口述歷史不是賺錢的事業。林豆豆說，她可以爭取一些資助。但過了好長時間，資助也沒有到位。轉眼到了2001年夏天，林豆豆給我打來一個電話，告訴我已經和文強聯繫好，給他做口述史，問我能不能參加。當時我已經參加《大學人文讀本》編委會，這個項目正在緊鑼密鼓地啟動。兩件事同時參與難以做好。我說，我有事顧不上，但可以介紹一個朋友做這件事。於是，我就把中國經貿大學的劉延民女士介紹給林豆豆。當時文強已經97歲。劉延民和文強談了六次，文強就去世了。好在他一生的大部分都說了。劉延民很快整理出一本《文強口述自傳》。

與此同時，中國社會科學出版社出了一本《舒蕪口述自傳》，社會反響較好。出版社覺得口述自傳既有學術價值，也有一定市場價值。文史編輯室

2002年，《口述歷史》編委會在中國社會科學出版社門口合影

主任郭沂紋找我，問我能不能幫她組織一些口述自傳的書稿。我説，正好有一部《文強口述自傳》。但是，我建議，最好不要光出口述自傳。而是搭建綜合的平臺，推動口述史學的研究和出版。可以推出的品種既包括口述自傳叢書，也包括雜誌型的《口述歷史》，還包括專題口述歷史和口述史學的理論著作。她同意我的建議，並且取得了該社會領導的支持。由該社前總編輯王俊義和我共同擔任《口述歷史》叢書的主編。2002年，口述歷史第一輯出版，我寫了「編者的話」：

《口述歷史》是一套連續出版的叢書，以發表口述史學的敘述性文字為主，同時適當刊登探討口述史學的理論批評文字。

編輯這套叢書的目的是為著推動中國口述史學的發展，為關注中國近現代歷史的讀者提供閱讀資源。

近些年，始於美國哥倫比亞大學的口述史學在中國發展很快，參與者不但有史學工作者，也有新聞記者、作家和社會學、人類學、民俗學等學科的學者。一些口述歷史的出版物已經受到讀者的青睞。除了全球性的共同原因，還有中國的特殊原因。

就研究者方面而言，單憑文獻研究20世紀的中國歷史，局限性很大。許多重要的事件，沒有留下文字記載；許多重要的檔案尚未開放，就是專業研究者也不得隨意查閱；從某種意義上説，研究20世紀的中國歷史，難度甚至大於研究19世紀以前的中國歷史。尋找歷史當事人進行口述採訪，便成為拓展史學空間，廓清歷史迷團的一條可行之路。

就讀者方面而言，要想感受20世紀歷史的豐富性，缺少可信的讀物。大量的出版物，往往按照統一的口徑進行了取捨，從中難以窺見

歷史細節的真面目。相比較而言，回憶錄、書信、日記等私人化文本和口述史學作品，較為貼近歷史的真相。

我們想通過這套叢書的編輯，體現這樣一些價值追求：

不是以既定的結論剪裁史實，而是以鮮活的史實刷新歷史的成見，填補史學記載的空白和盲點；

努力展示歷史人物性格的豐富性，不諡美，不隱惡；揭示歷史事件的複雜性，避免簡單化，臉譜化；

給予重要人物的歷史活動和平民百姓的歷史命運以同樣的重視，小人物的命運也可以反映大歷史的變遷；

重視細節的力量，讓細節突現歷史的真諦；

拓寬史學的視野，從政治史向經濟史、文化史、社會史等廣泛的領域延伸。

唐德剛先生把口述歷史研究態度分為鼓手、槍手和殺手。我們提倡的自然是後者。

有人會質疑口述歷史的可靠性。這的確是一個需要不斷解決的問題。編者意識到，除了故意的編造和掩飾外，個人的記憶也是有局限的，誤記，錯記是常有的事。同一件事，幾個當事人角度不同，回憶起來也會有很大差別。這種局限性並不影響口述歷史的存在意義。而且《口述歷史》是連續出版物，準備開闢爭鳴性的專欄，通過作者、編者、讀者之間的討論和交流，使明顯的記憶失誤得到訂正。

《口述歷史》出版之後，社會反響甚好。2004年底，鳳凰衛視決定創辦一個新欄目，名稱也叫《口述歷史》，馬立誠邀我參加策劃，並讓我推薦《炎黃春秋》和《百年潮》的人，我推薦了吳思和韓鋼。

這樣，我們四人就成了這個欄目的顧問。我建議他們採訪吳象先生，談農村改革和五個一號文件，成為這個欄目的第一次節目。以後，他們還接受我的建議，採訪了何方、何家棟、馮蘭瑞、王芝琛等。

　　說到何方，就不能不附帶談及我妻子邢小群的口述史工作。何方看對邢小群做的一些口述史，很願意由邢小群對他作一次生平採訪。從2004年春天開始，邢小群就開始和他談。前後談了20多次。其間我參加了兩次。何方夫人宋以敏，待人熱情誠懇，每次都請我們吃飯。邢小群整理出三十多萬字的初稿，何老在此基礎上又重新修訂，寫成五十萬字的《從延安一路走來的反思——何方自述》，2007年由香港明報出版社出版。

大學人文

我參加《大學人文讀本》的編輯，要從和夏中義的相識說起。

大約在2000年，我和《社會科學論壇》的主編趙虹、副主編韓方玉一起到上海組稿。在上海大學當教授的表弟袁進幫我組織了一次聚會。袁進和夏中義是華東師大中文系的老同學，他邀請了夏中義，使我們在飯桌上第一次相識。夏中義1980年代就在文學理論批評領域嶄露頭角。因1989年在《文學評論》上發表的一篇論文，被壓制了十年。直到1998年才評為副教授，兩年後又升為教授。但他那一篇引起大風波的文章很有才氣，給我印象很深。不久，他出版了一本題為《九謁先賢書》的文集，送我一讀。又過了一些時候，《書評週刊》約我評論此書，我就寫了一篇書評：

2002年五月，清華大學舉行九十年校慶。此前有人預計，其隆重程度，將超過北大百年校慶。我覺得這種估計是有道理的。

鳳凰衛視邀請的評論員將清華與北大作比較，談到清華兩點優勢，一是黨和國家領導人裏清華畢業生多，二是兩院院士多。這兩點比較很實在。大學以培養出政界領袖而自豪，中外皆如此，美國哈佛亦然。這可以稱為政治對學術的正面效應。院士出得多，更可以作為學術地位高的標誌。當今社會輿論更看重的，恐怕還是前者。清華大學原來是綜合大學，五十年代院系調整時被改造成工科院校，這幾年才向綜合大學回歸。在技術官員治國的歷史階段，清華畢業生比北大畢業生官員出得多，也是很正常的事。然而，清華九十年的歷史，並不只是工科院校的歷史。清華大學，還曾經是一所具有豐厚人文傳統的大學。政治對高等教育，特別是對學術研究，也不全然是正面效應。這方面的問題，恐怕在清華校慶活動中很難顧及。

我讀了上海學者夏中義所著《九謁先賢書》，此書係上海文化出版社2000年9月出版。作者採用書信體，通過梁啟超、王國維、陳寅恪、吳宓、胡適、吳晗、聞一多、馮友蘭、王瑤等九位與清華大學有淵源關係的人文學者個案，探討他們在二十世紀政治漩渦中的命運。此書寫作的初衷與清華校慶無關，但在清華校慶前夕一讀，卻有助我們加深對政治與學術關係的認識。

書中討論的九位教授，都有很高的學術成就，但他們的人生志趣又各不相同。有的是長於政治活動，而被甩出政壇，當了學者；有的是在政治和學術上都有志趣，輪番施展，各有成就；有的長於學術，不擅政務，偏偏棄學為官；有的是純粹的學人，面對政治壓力，不免表現出無奈與尷尬。作者是以學術為本位的，他在反思九位先哲為學為人的所得所失時，更多地強調的是政治對學術的負面效應。

　　作者承認梁啟超的才能和抱負首先在政治方面，理應「融入南海學堂、公車上書、戊戌變法、亡命東瀛等既大氣磅礴、又風波跌宕的歷史畫卷」，但又批評「與乾嘉學派的純正成果相比，則先生著述之未盡如人意亦或成史實。畢竟一心難以二用，每人皆有其限度，即使天才如先生者亦不能免。」作者對王國維的學術成就極為推重，但認為他應下臺皇帝所召，入值南齋進而參政，是政治沖昏了頭腦所誤，其自沉也與此相關。作者對胡適的人格懷有敬意，對他的思想啟蒙也表認同，但對他熱心於政治參與，以至於年青時寫的《中國哲學史大綱》和《白話中國文學史》都只寫了上卷，一生也沒有完成下卷，成了「半部先生」而深表遺憾，批評他「根子乃在學術底氣不厚，最終仍抵禦不了內心的政治衝動」。更讓作者遺憾的是吳晗、馮友蘭、王瑤幾位，吳晗因為書生當官不但犧牲了學術，而且在文革時被當作第一個祭品，丟掉了性命；馮友蘭欲為王者師卻在王者面前失去了自我；王瑤不但在盛年因政治原因而被放棄了學術長項轉攻短項，晚年又因為對政治的關心未能完成最後的學術計畫。作者最推重陳寅恪的選擇。他以學術為最高生命，任憑政治風暴的吹襲，既不受誘惑，也不畏壓力，一生保持學人本色。

　　二十世紀中國，政治鬥爭頻繁而嚴酷，學者遠離政治幾乎沒有任何可能。本來學者也是公民，不論從政、參政，還是議政，都是正當權利。但在變幻的政治風雲中，學者能否不被政治所扭曲，保持人格的獨立和思想的自由，卻成為一道不易給出圓滿答案的難題。尤其當政治系統出了毛病，學者要保持學術定力和人格定力是很難的。況且，政治家也是需要由人來做的。一個好的政治家對社會進步的貢獻

往往大於一個好的學者。本書所提供的，只是反思歷史的一種角度，也是研究清華大學傳統的一種角度。

以中國目前的情況而論，為官比為學更有誘惑力。且不說從政有種種實惠，權力與種種物質利益密切聯繫，就是學術本身的空間與資源，也往往受到行政權力的支配。由官入學、官學兼顧甚至官產學兼顧，往往比單純在書齋裏奮鬥的學者，更容易獲得學術資源、學術頭銜和學術榮譽，更容易獵取世俗的成功。今天，如果有哪個像能吳晗那樣以教授身份出任副市長，肯定被看成是學者有成的範例；如果有位哪學者像陳寅恪那樣為著堅守治學理念，拒絕出任國家研究所所長，則會被看作是冬烘的表現。學術界的主流又一次以新的方式與政治結合而從屬於政治。在這種環境下，讀一讀夏中義這本書，想一想作者提出的學統方面的問題，是發人深思的。

我的書評發表不久，夏中義就和廣西師大出版社談了一項協議，編寫《大學人文讀本》。他來電話問我是否願意參與，我表示樂於參加。這件事的緣起說來話長。上世紀末關於反思語文教育的討論中，錢理群和一群朋友動手編了一套《新語文讀本》中學卷，由廣西教育出版社推出，在教育界反響強烈，十分暢銷。於是同在廣西的另一家出版社——廣西師大出版社便向錢理群提出想再出版《大學語文讀本》。這時，錢理群被人告狀，高層點名，處境艱難，不便出面，於是向出版社推薦夏中義，他也是《新語文讀本》的參加者之一。廣西師大出版社與夏中義洽談之後，老夏提出，要編就編《大學人文讀本》。雙方一拍即合，簽了合同。2001年7月上旬，我到期蘇州和夏中義、李新宇、劉鋒杰，還有廣西師範大學出版社的趙明節，在一起

商談這套書的結構。夏中義提出，全書分三卷，分別是人與自我，人與國家，人與世界。我們都表贊同。他讓我主持第三卷人與世界。8月初，又在銀川召開了第一次編委會，同仁還有謝泳、邵建、王彬彬、富華，加上夏中義的博士生張蘊豔，一共九人。

2001年8月在蘇州討論大學人文讀本框架

我以前也編過一些書。但都是先有選好的文章，再用適當的方式編排起來。但這次編書不同，理念分卷，主詞立章，先有主題，再找相關的文字。文字又要有思想性，又要有可讀性。內容要互相呼應，還不能重複，篇幅又不能太長。說起來容易，做起來難。幾個編委都有這種感覺。

2001年和夏中義、李新宇、趙明節在周莊

這個編委會，都是夏中義請來的朋友。夏中義的專業是文學，主攻方向是文藝理論。他的朋友，大部分都是大學中文系的教師，專業不是文藝理論，就是中國現當代文學。只有我不在大學教書，謝泳當時也沒有調進大學。但我和謝泳熟悉的領域，偏重於中國現代文史方面。從專業的配置來說，這些

2001年，大學人文讀本全體編委攝於寧夏沙坡頭

人的知識結構是不完整的。好在李新宇、邵建、王彬彬等編委都是有公共關懷的知識份子，興趣並不限於所從事的專業，而是對文、史、哲、經、政都有所涉獵，關注中國的現實公共問題和思想界的脈搏。這樣，編選的主題即使涉及當代思想的各個領域，也能抵擋一陣。但是，在選文過程中，還是發生了不同價值取向的衝突。八十年代的文藝理論界，多從存在主義哲學、心理學、語言學等領域汲取新知，而九十年代的自由主義知識份子，則更主張回歸常識，而不喜歡玄學的思辨。其中王彬彬更是性情中人，鋒芒不肯稍減。對於那些不能直接切入現實，行文晦澀的文章，斷然不肯贊同。在幾次編委會上，大家唇槍舌劍，直言不諱，爭得不亦樂乎。用了八個月的時間，終於編成這套三卷集的《大學人文讀本》。在2002年夏天，《讀本》一投放市場，就贏得好評。前兩次印刷，市場都出現脫銷。出版社雖然前期投入了四十萬元，但很快收回成本，並且開始贏利。這都是始料不及。

這套書出版後，還在北京、上海、南京分別開了座談會。在北京的座談會上，我發表了這樣的感言：

「人文」和「語文」一字之差，內含卻十分不同。語文大體不超出文學和語言學的範圍。「人文」卻涵蓋整個「人何以為人」的問題，比我們通常所說的人文學科文、史、哲的面還要寬得多。人文讀本不能只是單純的美文薈萃，而是一幅以人為中心的全方位的思想寬銀幕。面向整個人文視野的大學課本，此前還從來沒有過。

六位高等院校的教師和兩名多年從事編輯工作的學者，以民間自由結合的方式，組成編委會。由於是自願結合，沒有行政隸屬關係，大家集思廣益，取長補短，充分爭鳴，通力合作。用八個多月的時

間，編成了這部書稿。出版社又用三個多月，趕印出來，歷時正好一年。

　　這套書的結構是夏中義提出來的，第一卷人與自我，第二卷人與國家，第三卷人與世界。每卷十章左右，卷與卷之間，章與章之間，形成一個內在的邏輯。編委會贊同這種編排方式，大家共同討論，確定了大約三十個主題，然後圍繞主題選文。經過反覆篩選，形成了現在的書稿，總篇幅100餘萬字，選文200餘篇，共分28章。先有主題再選文章，比先有文章再分類難度大得多。但這樣編選，畢竟有一些特色。

　　我們選文的作者大致有三類，一是外國思想家、科學家、文學家和政治家；二是已經去世的中國現代思想家和文學家；三是目前正活躍著的中國作家、學者，比重大約各占三分之一。我們通過這種安排，達到經典性、現實性和可讀性的平衡。

　　每章後面都有編委寫的旁白。叫旁白而不叫導讀，是想表明編委和大學生之間是一種平等切磋討論的關係，不是居高臨下地灌輸，不是以即定的結論約束讀者的思考。

　　我在和幾位編委一起工作的時候，經常沉浸在一種莊嚴的感覺中。我們覺得，自己是在為大學生架設一個思想平臺，請他們在這個平臺上感受人類文明脈搏的跳動；自己又是鋪設一條管道，為中國知識界、思想界和一代青年學子之間，進行精神的溝通。改革開放已經20多年了。20多年來，中國知識界思考了什麼問題？總結了什麼經驗教訓？從國外引進了哪些有益的思想資源？又從我們民族的歷史中發現了什麼有價值的精神遺產？我們都想在這套書中得到相對集中的體現，讓它成為一道豐盛的精神套餐，奉獻給年輕的朋友。

這項工作剛剛展開的時候，就遇到了「9．11事件」。當時出現了許多大學生幸災樂禍的現象。雖然，隨著事件的進程，許多大學生的看法有所調整，趨向理性。這種第一反應，也讓我們這群編委痛感當今中國教育的人文缺失。當今的教育，以及輿論宣傳，不乏國家主義的灌輸，不乏民族情緒的煽動，但有多少關於人性、人權、人的尊嚴、生命的可貴的內容？有多少關於和平、寬容、非暴力、反恐怖的內容？有多少關於民族和解、人類共處，化解仇恨、制止戰爭的內容？答案是讓人失望的。青年學者余杰說：「我們的高等教育沒有賦予受教育者以法理意義上的『公民素養』，倫理意義上的『道德底線』，文化意義上的『道德情懷』和心靈意義上的『愛的能力』。換言之，我們的高等教育僅僅解決了知識傳播的問題，而沒有告訴學生如何尋找『人何以為人』的答案。」余杰說得不錯。這件事，增強了我們編好這套書的使命感。

現在，中國就業競爭越來越激烈。中國大學教育工具化、實用化的傾向日甚一日。青年人接受高等教育，目的就是獲得較好的就業崗位，擠進社會強勢階層。家長供孩子上大學，也是出於同樣的目的。但是，回首中國20世紀上半葉，放眼發達國家，那些真正優秀的大學都不是單純的職業培訓所，而是一個民族的精神燈塔和思想發源地。一個合格的大學生，不僅要掌握專業知識，還應當具有知識份子的情懷，以祖國的前途、人類的命運為己任。現在的風氣，與此正好相反。我們知道，光靠這套書，扭轉不了中國大學教育工具化、實用化的傾向，承擔不了構築民族精神燈塔重大的使命。但我們想在力所能及的範圍內，表明自己的態度，做出一份努力，多少起一點作用。

　　為了讓大學人文成為一門課程，出版社和夏中義又提出編寫《大學人文教程》。原來的編委班子，知識結構偏於文學領域，撰寫教程就顯出某種缺陷。我建議蕭雪慧、趙誠參加編委。蕭雪慧的專業是哲學，趙誠的專業是國際政治。有他們參加，這個班子的專業構成就豐富起來。但是，教程的編寫，有很多不盡人意之處。大家在學理方面都傾注了不少力量，最後形成的稿子顯得過於艱深，與當今教師和大學生的接受能力有些脫節。所以教程在2003年出版之後，反響平平，但也重印了一次。

　　《大學人文讀本》和《大學人文教程》出版以後，先後有三、四十所大學開設大學人文課。最早開課者之一是我的大學同學徐方。她在山西大學工程學院任教。這是一所專業性很強的工科院校，所有專業都是為著培養電力工業方面的人才而設置的。人文類的課程自然處於邊緣位置。然而，徐方開設的大學人文課，卻成了該校所有課程中最有魅力、最受學生歡迎的課程。學生報名選修十分踴躍，以至於一部分學生為報不上名而苦惱。這種盛況，引起了中央和地方多家媒體的關注，派記者前來採訪。廣西師大出版社的編輯也寫了專題報導，拿到《光明日報》發表。這在地方院校，成了一件大事。於是校方把這門課列為重點，並表示要撥出專項經費支援。瞭解到這個情況，我就向徐方建議，利用這個機會，把講稿整理成書。廣西師大出版社編輯一看有三萬元專項經費包銷兩千冊書墊底，沒有市場風險，所以也願意出版徐方的講稿。2005年，徐方將她的講稿整理成《大學人文十四講》，讓我作序。我在序文中說：

大學人文課，涉及的都是價值理性方面的問題，而不是傳授工具理性方面的知識，也就是說，討論的都是怎樣做人的問題。在教育日趨功利化的今天，無用之用的學問還能如此強烈地吸引學生，其中必有原因。原因我想大致有三：

其一，徐方是一個有激情的教師。這門課，本身具有很強的現實性，需要教師本身具有很強的公共關懷。需要教師懷有理想精神，存有正氣。要想和學生討論精神成人，怎樣做一個好人，做一個合格的公民，首先要求諸自己，自己做人要堂堂正正。願意燃燒自己，才能溫暖別人。徐方是做到了這一點的。

其二，徐方有較寬的知識面。她生於書香門第，其父親徐雲就是一位富有人文情懷的大學教授，母親也是高級知識份子。我和徐方是山西大學歷史系77級的同學。在學生時代，她就興趣廣泛，好求新知。是女同學裏知識面最寬的一個。畢業後，到山西大學工程學院任教，先後開設過許多課程，效果都很好。然而，最能感受到教師人生意義和職業尊嚴的，還是大學人文課。夏中義說，開設大學人文課的都是志願者。對於已達天命之年的徐方來說，放下輕車熟路的舊課，進入這門新課，具有很大的挑戰性。這門課涉及的學科領域空前廣闊，逼著她大量讀書，更新自己的知識結構，充實自己的知識儲備，拓展自己的思維空間。為開設這門課，她已經閱讀了數百冊不同專業的新書，說起中國思想文化界的風雲人物，無不如數家珍。

其三，徐方努力貼近學生實際，走進學生心靈。如今的大學生，大多數年齡在二十歲上下。和徐方不是一代人，恰好和她的女兒是一代人。代溝，在某種意義上來說，是一種客觀存在。如何跨越代溝，達到兩代人之間無障礙的精神溝通？並不是一道容易回答的問題。在《大學人文讀本》問世以前，夏中義隨之主編了作為課程講義的《大學人文教程》。當時，是由十位學者合作撰稿，我也是其中之一，撰寫了兩章。平心而論，撰稿者的態度是十分認真的，在學理方面也下了不小的功夫。但出版之後，一些教師反映，部分內容過於艱深了一些，讓現在的大學生接受起來，有一定的障礙。一些教師都感到不便消化。徐方的講稿，在價值取向和整體框架上，和《讀本》、《教程》保持了方向的一致。但在內容上，卻大大地拉近了與學生的距離。不但提高了口語化程度，所舉例證也適合學生的興趣。我一向認為，不論是講課，還是寫文章，深入深出不算成功，深入淺出才是高手。徐方的講稿，迴避了過於艱深的學理思辨，力求生動活潑，經過幾輪授課的實踐檢驗，已經收到了良好的效果。我認為，作為公共課而非專業課的講義，應當側重學理中貼近常識的層面，徐方的選擇，也是明智而適宜的。

徐方的《大學人文十四講》出版以後，頗受歡迎。兩年的時間就印了三次，最近馬上就要印第四次。這大大出乎廣西師大出版社的預料。他們原先覺得徐方沒有名氣，出書只是一種沒有市場風險的互利

合作。一開始訂合同甚至沒有想到加印時要給作者版稅，經我提醒才加上這一條。然而，好書的問世，可以使無名作者有名，許多院校，乃至一些地方電視臺，都請徐方去講課。她說，通過上課出書，找回了身為大學教師的尊嚴，也激發了研究問題的興趣。責任編輯，也因此得了優秀圖書獎。

在編寫《大學人文讀本》的過程中，我和王彬彬、李新宇、謝泳每次相聚，都不免談起中國高等教育存在的種種問題。王彬彬、李新宇分別在南京大學、南開大學擔任教授，他們對當今大學體制的弊端有直接的痛感。謝泳多年前就對西南聯繫進行過專題研究，進而認真思考了上個世紀中國現代高等教育的命運和前途。當我提議將近年來國內知識界對中國大學的種種思考和議論選編成一本書時，他們都很贊成，並且拿出各自保存的資料，很快集中了一、二百篇相關文章。我們從中篩選了50餘篇，分為十個專題，形成了《大學沉思錄》一書，也由廣西師大出版社出版。

本書選文時有兩個想法。

其一是必須要有鮮明的問題意識，太平文章一概未收。對於中國的高等教育的現狀，可以說多數國人都不滿意。教師不滿，學生不滿，社會各界也不滿。這種不滿不是沒有根據的。上海交通大學21世紀發展研究所和高等教育研究所的一份報告指出，「中國名牌大學無論在原創性成果、師資素質、科研經費和國際化等方面，皆與國際一流大學相距甚遠。北京大學和清華大學應處在世界大學體系的200－300名之間，其他若干所名牌大學則處在300－500名之間。」我覺得這個判斷大體可信。名牌大學如此，其他大學的狀況更可想

而知了。本書不是一般地羅列各種不滿的聲音,而想立足夠現實,以中外大學的成功經驗為參照,集思廣益,探討改進中國大學體制的可能性。我認為,大學獨立,學術自由,教授治校,學生自治,通才教育,是支撐現代大學的幾根基本的支柱。中國人不是沒有能力辦出世界一流的大學。當這幾根支柱同時矗立的時候,中國大學的殿堂曾經擁有過自己的輝煌,在世界上的排位也不是如此令人汗顏。然而,經過上個世紀50年代初學習蘇聯模式,實施國家對大學的壟斷,並以行政的力量強行院系調整以後,大學的輝煌便被中止。同時進行的知識份子思想改造運動,使得大學教授普遍失去了精神的獨立和人格的尊嚴。現在,中國的大學正處在轉型的十字路口。蘇聯模式難以為繼,具有活力的新體制還沒有產生。因而不同層次的不合理現象觸目可見。制約中國高等教育發展的首要因素不是經費不足,而是體制滯後。現行體制雖然不合理,但體制的力量又是強大的,足以誘導身在其中的多數人熱衷於順應現行體制,從流行的遊戲規則中謀求個人的利益和發展空間。而另外一些人,不是處心積慮於從現有格局中謀求個人的好處,而是殫精竭慮於中國大學體制的革故鼎新。他們人數雖然不多,卻是推動中國大學再度輝煌的希望所在。本書力圖薈萃的就是這方面的意見和聲音。

其二是考慮到作者的廣泛性。本書篇幅有限,所以一個作者只選一到兩篇,有的作者還有精彩文章,我們只好割愛。對中國大學現狀和前途的思考,已經引起了知識界廣泛關注,大學內外,很多有識之士都發表過真知灼見。大學的改革,不只是大學本身的事,也是關係到我們國家和民族前途的事,所以,我們對於來自大學內部和外部的

聲音同樣予以關注。只有眾聲喧嘩，才能集思廣益。對有些問題出現針鋒相對的兩種意見乃至多種意見，都是正常的。這正顯示了中國大學改革的複雜性。即使有些文章的見解與編者並不相同，只要言之有物，自成一家，我們也予選入。

這本書出版以後，曾引起有關部門的不快。其實，中國大學的實際問題遠遠比我們的書中所說的嚴重。中國大學已經越來像官場和市場，而離真正意義上的大學越來越遠了。對此，官方仍然諱疾忌醫。

除了《大學人文讀本》，我還參與編輯了《中學人文讀本》。當時，《大學人文讀本》剛由廣西師大出版社出版，社會反響強烈，有人說是給大學生的精神成人提供了及時的思想營養。自然，不僅僅是大學生需要思想營養，中學生同樣需要。有一位已經在大學開設人文課程的老師告訴我：她教的大學一年年級學生說，上了人文課，讀了《大學人文讀本》，中學獲得的理念全都崩潰了！

這話說得當然有些嚴重。但目前的中學課程能不能給學生奠定一個與人類文明合拍的開放的價值觀，的確是個需要反省的問題。雖然人文教育的理念已經進入官方規定的課程標準，但今天的中學教學內容，並不能建立起一套符合人文精神的價值體系。尤其是公民教育方面的，存在著明顯的缺失。當《大學人文讀本》把自由、民主、公正、人權、憲政、和平、環境、全球化等一系列重大問題鮮明地提到學生面前時，才引起了剛剛告別中學校園的青年人的心靈震撼。

所以，把《大學人文讀本》提出的問題，提前向中學生滲透，應當完全必要的。

　　這套書最初是傅國湧建議，朱錦東投資，找我和謝泳設計。我們雖然都參加了《大學人文讀本》的編寫，但畢竟都沒有中學的教學經驗，對中學的情況也不瞭解。於是，我請了兩位有中學教學經驗的朋友一起合作。其中王麗曾經擔任中學語文教師二十年，對中學的情況相當熟悉。當今中學語文教育的弊端，就是她在《北京文學》的一篇文章最先提出並引起巨大社會反響的。我們用將近半年的時間，互相切磋，取長補短，編出這套《中學人文讀本》。

　　2003年秋天，《中學人文讀本》分《人與自然》、《人與社會》兩卷，由四川教育出版社出版。我請北京師大二附中的幾位老師和一個班的高中一年級學生閱讀。老師的反應是，書編得很好；學生的反應是，很喜歡讀。這就讓我心上懸著的石頭落了地。看來這套書，中學生是可以接受的。固然，讀這樣的書可能不像玩電子遊戲那麼容易上癮，但只要讀進去，對今後的成長一定有益。一些讀過的朋友覺得不錯。可惜發行工作不力，沒有產生預期的社會影響。

刊林客串

我還先後參與過幾個雜誌的編輯策劃。在山西，不讓我當《晉陽學刊》的編輯；到北京，我卻成了更多刊物的編輯。

參與的刊物之一，叫《華人文化世界》。這個雜誌的主辦單位是天津海外聯誼會，辦了幾年，經濟上虧了幾十萬，文化上也沒有影響，於是找到中華文學基金會要求合作。基金會裏有一個攤子，叫中國企業家大辭典編輯部，負責人姜詩元，原先是安徽的詩人。拿主意的還有一位是徐曉。她雖然在光明日報出版社供職，但對大辭典的運作貢獻很多，所以成了接手刊物的核心人物。徐曉的經歷很不一般，不到20歲就因一樁思想罪案關進大牢，平反後回北師大中文繫唸書，參辦過多種學生刊物和民間刊物。我最早讀徐曉的文字，還是70年代末。當時，我在山西大學唸書，她在北京師範大學唸書。她是大學生辦刊的活躍分子，我從一份學生刊物上第一次讀到她的作品。和她認識是

1994年，當時我剛開始研究文革期間的民間思想。徐曉通過趙振先找我，希望我能幫她搜集一些文革中的書信。我也想從她那裏尋找一些原始資料，於是見了面。當時，她這本書信集的絕大部分內容已經到位，也編得差不多了。我給她提供了幾個朋友的書信，由此而成為朋友。

姜詩元接手《華人文化世界》雜誌時，《東方》剛剛停刊。大家的想法是讓《華人文化世界》填補這個空白。但運轉起來，就發現不是那麼回事了。倒不是組不來一流的稿件，而是越是有思想力度的好文章，越不容易通過終審。我請謝泳寫了一篇圖文並茂的〈《觀察》50年〉，本來想再請劉自立搞一組〈回首《大公報》〉，結果第一組都沒發出去。我想搞一個文化名人的舊體詩專欄，結果只登了楊憲益、李慎之各一組就夭折了，其實，李銳、邵燕祥等先生的詩稿全組來了。我想連續推出中年一代的民間知識份子，先搞了一組王小波，一組郭路生，一組甘少誠，原想再組織有關遇羅克、一凡等專題，結果也沒搞成。因為資金跟不上，銷路一時又打不開，我們堅持了一年，只好放棄。

我參與過的另一個雜誌是《博覽群書》。前後也是一年左右。1997年底，常大林邀我幫他為《博覽群書》組組稿。80年代，他和胡績偉一起撰寫過一本《民主論》，在思想理論界活躍過一陣，後來休息了幾年。1997年，當了《博覽群書》的主編。他和我是師大一附中同學，雖然以前沒有打過交道，但聊起來思想上不少共識。我想，組稿在其次，主要是儘快進入思想文化界的語境。這幾年，北京以書評論為主題的聚會很多。書商投資出書，一般都要搞一個首發式或研討會，有些出版社出了有賣點的書，也願意開一個會，請一些學者評

議，同時請一些記者報導。三聯韜奮圖書中心和北京的幾家民營書店，比如風入松、國林風、席殊書屋，都經常開這樣的會。逢這樣的會，我就建議主辦人邀請常大林參加。這樣，他很快就與北京思想文化界的活躍人物建立了聯繫。資訊靈通了，號准了思想文化的脈搏，選題課，組稿子，都不是難事。中國人文知識份子，整體上還是缺少表達渠道。哪個雜誌言路比較開放，不愁找到好稿子。

和常大林（左一）參加新書座談會

我還參加過一個雜誌，名叫《競爭與謀略》。這本雜誌原先的定位是面向市場的實用性謀略文化刊物，講的多是商戰中的智謀。有意思的不是刊物的內容，而是刊物的運作方式。這個刊物雖說由勞動部主管，勞動出版社主辦，實際上是一份自負盈虧的同人刊物。刊物的執行主編叫李路陽，她請了幾位朋友，大家都是第二職業，一起來運作這份刊物。我參與之後，一方面努力爭取打開市場，一方面也力求讓這本雜誌有一些思想內

《競爭與謀略》編輯部在北戴河

涵和文化品味。眼看雜誌的訂數從幾千份上升到4萬份，但勞動部硬是要收回刊號，停掉了這份刊物。背後的直接原因雖然是人事糾紛，但透過這份刊物的遭遇，也可以反思中國的文化產業在市場經濟和文化管制之間的尷尬。

這份刊物雖然停掉了，但我卻從中學到一些讓刊物進入市場的經驗。後來，又有一家名叫《科技智囊》的雜誌，辦了幾年打不開市場，找李路陽幫他們運作，李路陽又把《競爭與謀略》的原班人馬聚集在一起，重打鑼鼓另開張。我也想過，為什麼這個攤子散不了，就是因為凝聚了幾個好編輯。古今中外都一樣。一個好編輯的無形資產就是他與第一流作者的聯繫與友誼。一方面，需要有建立在學識基礎上的見識，否則，沒有能力識別作者的價值。二是為人要誠懇可靠，盡力維護作者的正當權益。有一些編輯，用得著人笑臉朝前，什麼好話都會說；用不著人腦袋朝後，稿子通不過不做善後工作，文章登出來既不給樣刊，又不寄稿費，這就無

《科技智囊》部分編輯在山東榮城天盡頭

法建立自己的信譽。接辦《科技智囊》已經是1998年。如果説，1993年的中國期刊界，具有市場自覺者還是少數，到了1998年，已經成潮流。大家都想佔領文化市場的份額，競爭的激烈程度高了，站住腳的難度也就大了。加上整個經濟大環境處於低谷，1999年全國期刊訂數下降近四分之一，《科技智囊》要想在市場上站住腳，也不那麼容易。由於《科技智囊》的投資者拖欠稿費達半年以上，我們只好和他脱鉤。

　　還有一家地處鄭州的雜誌，叫《黃河黃土黃種人》，也找我幫他們策劃。當時，正好蕭夏林從一家報社退出來，在家閒著，我就推薦蕭給他們當駐京工作站。他們説，你們兩個都請。受人之託，忠人之事，一開始，我很認真地找了一些熟悉的一流作家學者約稿，誰知他們嫌品味太高，拒絕刊登。他們原先的思路是，通過當地計生委的渠道，用行政手段擴大訂數。同時，迎合通俗讀者的趣味，組織追星文章。對這種權宜之計，我雖然理解，但內心也很清楚，用行政手段壓訂戶，終究是靠不住。後來，該刊的主編到北京，我們幾個朋友一起幫她分析形勢，她當時接受了組織一些獨家的有份量的文章的意見。該刊地處河南。正好有一位作者多年研究信陽事件。我建議編一個專號。文章組來了，也發了稿，進入三校，這時來了一個什麼精神，主編又把稿子撤下來，退了稿。一份報刊的面貌，説到底是主編精神境界的外化。別人再怎麼使勁，也不會影響大局。現在，《黃河黃土黃種人》雜誌的老主編已經退休，新任主編盧麗麗又和我聯繫，商量能不能辦一份以「水與中國」為主題的有品味的雜誌。我說，只要資金到位，我願意參與，並且準備邀請綠家園志願者負責人汪永晨一起參加。

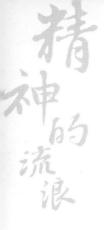

精神的流浪

四川教育出版社有一份雜誌叫《教師之友》，原來以刊登中小學教師總結教學經驗的論文為主，影響不太大。後來進了一個有想法的人，刊物的面貌就發生了很大的變化。這個人叫李玉龍，原來是部隊裏的一個少校。他覺得在軍隊機關工作比較刻板，於是要求轉業來編雜誌。他學的是軍事工程，卻對人文學科有濃厚的興趣。一介入雜誌，就與成都的人文學者蕭雪慧取得了聯繫。當時，我正把蕭雪慧的文集《獨釣寒江雪》編入中國工人出版社的《學燈文叢》。李玉龍來北京出差，蕭雪慧托李玉龍將書稿捎給我。這樣我就認識了李玉龍。和李玉龍見面後，我們談得很投機。又一起作了一次首都學者和一線教師的對話。那天，因為時間緊，參加對話的徐友漁連晚飯也沒顧上吃，餓著肚子和教師們談了一晚上。李玉龍很感動。當時，他想探討一些形而上的問題，我從辦普及性雜誌的角度，提出應當討論比較具體的問題，多説事，少説抽象的道理，思想要包含在敘事之中，

我和《教師之友》全體編輯與流沙河夫婦小聚

才能擴大刊物的讀者面。大概他覺得我說的有道理，回到成都，便建議雜誌社邀我參與策劃。這樣，8月中旬我去了成都，和他們就辦刊的各種問題進行了詳細討論。為這家雜誌也擔任了一年多的顧問。後來由於官方的文化禁錮，這本雜誌的改革也夭折了。

《社會科學論壇》編輯部和北京學者游趙州橋

　　我參與時間最長的是《社會科學論壇》雜誌。這本雜誌的主辦單位是河北省社會科學聯合會。主編趙虹很有能力。副主編張平很愛讀書，對國內思想文化界的動向十分關注。1999年秋天，他們先是通過張冠生認識了孫瑉，又通過孫瑉找到我，希望我能參與一下，提高雜誌的品味。當時，北京的《方法》剛被停刊整頓，有思想的學者們正苦於缺少園地。於是，我在北京安排他們和最活躍的老中青學者上百人建立了聯繫，又去上海安排他們和當地著名學者建立聯繫，還到山西與一些朋友建立聯繫。我的設想是，讓雜誌擺脫地方刊物的局限性，成為面向全國知識界的公共刊物；還要走出學報學刊的純學

《社會科學論壇》邀請蕭雪慧、秦暉、金雁、楊支柱等訪井徑於家石頭村

術格局，成為知識界交流思想的公共平臺。一開始，我組的稿子趙虹覺得很好，捨不得一期發完。我說，好稿子要先用。辦雜誌是店大欺客，客大欺店。你只有多發一流的稿子，使自己成為一流的雜誌，一流的作者才願意在你這裏發言。2000年，這份雜誌已經開始引起思想界的關注。但是，好景不長，雜誌的主管領導出國學習一年，換了一個主管領導，一定要趙虹面向本省。所謂面向本省，就是要多發省內的稿子，使得雜誌的質量急遽滑坡。原先每期在三聯韜奮圖書中心能銷到70多份，這下子一份也銷不出去了。雜誌的質量，好比是木桶，能盛多少水，由最短的一塊木板決定。發了質量太差的稿子，就不可能進入一流行列。好在又過了年，那位出國學習的領導又回來了，雜誌又想重新起步，但畢竟傷了元氣，想重振原來的名聲就不容易了。

現在，這份雜誌還在運行中，我也還在幫助他們組稿。讀者反應，雜誌不時有些好文章，但雜誌的整體質量還不到位，只能算省級雜誌裏的佼佼者。有個大學裏的朋友介入進來，想讓這本雜誌變成以學術批評為主的媒體。我認為，學術批評，學術打假的文章不是不可以登，但不能發得太多。因為這方面的問題，只有學院裏的一部分讀者關心，引不起知識界更多人的興趣。一本雜誌，要想成為大家關心的思想平臺，還是要討論關係國家前途、人類命運的大問題。文章要追求可讀性，要有靈氣，不要追求學院的八股氣。現在有一些學院派的論文，往往把簡單的問題複雜化。還有的文章是從概念到概念，不能切入現實問題。這類論文，即使出自知名教授之手，我也不主張多登。我把這些意見提供給趙虹。他也有他的難處。只能慢慢磨合。

　　2006年，我又參與了一本雜誌的創辦，雜誌名叫《學習博覽》。
社長尹偉中很有人文追求。他邀我和楊百揆擔任顧問。我介入了從招
考編輯，策劃欄目，直到每期雜誌選題、約稿的全過程。這是一份以
學習為主要內容的普及型雜誌，力求體現強烈的人文關懷，為推動中
國走向公民社會提供文化資源。辦刊一年多來，先後專訪劉蘇里、梁
曉燕、雷頤、鄭也夫、劉軍寧、張鳴、顧海兵等有個性的知識份子，
已經顯示出相當的思想活力。下一步的難點就是打開市場，走向經營
的良性迴圈。

轉益多師

我從青年到中年，一直在太原，雖然也注意向周圍的人們學習，但真正遇到高人，還是回北京以後。認識了一些飽經風霜的老一代知識份子。從他們身上感到了一種大家風範。無論做人做文，都受到很多教益。

1995年底，我認識了李銳先生。當時，《東方》雜誌要編一組關於顧准和《顧准文集》的專題，朱正琳來電話，問找誰組稿合適。我在一次會上聽柳萌先生發言，提到李銳向他推薦《顧准文集》，於是想到找李銳先生組稿。

李銳生於1917年，今年已滿90周歲。在中國爭取民主憲政的社會進程中，他至今發揮著無人替代的影響。中華民族有著源遠流長的皇權專制傳統。清朝末年，西風東漸，自由、平等、民主、人權、共和、憲政等思想觀念傳入中國。戊戌變法以來，民主憲政一直是中國志士仁人的政治理想。清朝統治者鎮壓了康梁，自己實施「新政」，又不願

意觸動皇室特權，導致辛亥革命。李銳
的父親李積芳就是支持這場革命的同盟
會員。清朝皇帝遜位後，孫中山等人制
訂了《中華民國臨時約法》，設計了系
統的憲政框架，但沒有來得及落實，便
被袁世凱取而代之。袁世凱稱帝失敗
後，民國的憲政架構呈搖搖欲墜之勢。
晚年孫中山的思想轉向以黨治國。他死
後，北伐成功的蔣介石開始實行一黨訓
政。李銳是在一二九運動中參加中國共
產黨的。反對蔣介石的一個黨，一個領
袖，一個主義，實行民主憲政，是他青
年時代的政治追求。但他沒想到，共產
黨推翻了國民黨的統治，卻沒有進入憲
政。毛澤東實際上還是訓政，所不同的
不過是換了一個訓政的主體。毛澤東主
持制定了中華人民共和國憲法，但並無
尊重憲法、依法治國的誠意。堂堂憲
法，隨時可以變成一紙空文。他所信奉
的秦始皇加史達林式的治國理念，造成
無數災難。一度受他賞識，並為他擔任
兼職秘書的李銳，也因為同情彭德懷
對大躍進的批評意見，在1959年的廬

和李銳（右二）、朱正（右三）、
邢小群合影

山被定為反黨集團成員，打入另冊二十年，其中八年在秦城監牢中度過。李銳重返領導崗位以後，不遺餘力地參與撥亂反正，義無反顧地疾呼政治改革，始終處於風口浪尖，直到離休也不肯稍事休息。進入新的千年，民主憲政仍然是中國人尚未完成的夢想。為此奮鬥的先行者們有的因為自然規律，凋謝了；有的因為各種原因，沉寂了。李銳就成為中國大陸為民主憲政奮鬥時間最長、資格最老、聲望最高的代表人物，是大家心目中的一面旗幟。

李老自己說，他是一個政治人物。關懷莫過朝中事，袖手難為壁上觀。這是他家客廳中掛的一幅對聯，也是他人生態度的寫照。他不同於一些離退休的政治人物，頤養天年，再不問政；也不是頤養為主，偶爾發言。他就是要始終不渝地想方設法啟動政治改革，生命不息，奮鬥不止。在中國官場普遍失去信仰，追逐私利，日趨腐敗；中國知識界主流精神矮化，畏於關懷公共事務的今天，李老尤其顯得可貴。他的晚年，參與政治生活主要有三種方式。

一是寫文章和詩詞，包括為別人的書籍寫序。他的新作，幾乎每月都有。然而，公開發表並不順利。國內黨報黨刊很少向他開門。一些言論比較開放的雜誌，為了自身的存在，發表李銳文章的時候，不免也要有所刪節，鈍化其鋒芒。

二是開會發言。中顧委解散以後，李銳感到在體制內發言的機會很少。一些民間的、學院的理論學術或文化藝術方面會議，就成為他發言的基本舞臺，每次發言他都很認真。

三是向中央領導遞奏摺。在他的一生中，有過奏摺起到正面作用的經驗。五十年代，他的奏摺曾經影響過毛澤東的決策，使大躍進

時代的毛澤東聽到了一些真話，沒有讓三峽工程在50年代倉促上馬；十三大前夕，他給鄧小平的奏摺也曾影響過高層的人事安排，當時趙紫陽說他立了一大功。但那這是由各種機緣湊在一起造成的。雖然，他直接參加了第三梯隊的選拔，直接考察過後來登上高位的胡錦濤等領導人，這些人對李銳的摺子，不論是否贊同他的意見，接還是要接的。但採納的情況就不樂觀了。比如，我曾經陪李昌平拜訪李銳，李老也看過李昌平究三農問題的文章，便鄭重其事地向中央推薦李昌平，希望能夠安排他當一任縣委書記。在我看來，李老的建議很認真，也很有道理。像李昌平這樣既有從政經驗（當過四任鄉黨委書記），又有理論水平（碩士，有轟動性著作），還有群眾威望的中青年幹部，在中國官員隊伍裏不是太多，而是太少。中國有兩千多個縣，拿出一個縣，讓李昌平這樣的名人當一把手，很可能成為一個執政為民的亮點。既使不成功，也不會影響大局。但他得到的答覆是，縣委書記這一級幹部不歸中組部管，所以推薦李昌平的事沒法辦。李老至今感到遺憾。

2004年夏天，蔣彥永醫生失去自由已經一月有餘。在那些日子裏，李老也十分焦慮。於是，他決定給出中央負責人寫信，坦然說明蔣醫生的信在發出自己是看過的，並為之代轉中央領導。他希望，儘快讓蔣醫生恢復正常生活。李老上書一周後，蔣醫生終於回家，奏摺是否起了作用，外人不得而知。八月，他又上書中央領導人，要求改變趙紫陽的處境，允許他和親朋好友正常交往。患難見真情，李老的為人，由此可見一斑。

有人會說，遞奏摺這種行為方式本身並不符合民主憲政的遊戲規則。這種質疑不無道理。在民主政體中，公民有不同於決策者的意

見，可以訴諸大眾傳媒，直接向公眾表達。而不必選擇遞摺子的方式。但是，中國現在不是民主憲政，報紙、雜誌、電臺、電視臺也不是開放的大眾傳媒，言論、出版、集會、結社自由雖然寫在中華人民共和國憲法上，但在實際生活中往往被具體法規和不成文的潛規則大大地打了折扣。李銳雖然德高望重，但他和普通知識份子一樣缺少公開表達意見的機會。近幾年，甚至在中國大陸出書都很困難。他是中華詩詞學會的名譽會長。該會組織了一套詩集共八本，結果出版了七本，只有他的一本通不過。他又不會電腦，不會上網。在缺少公開表達渠道的情況下，遞摺子也是一種退而求其次的辦法。李老遞奏摺，還有一層意思，就是為歷史存照。正確的主張，一時不能實現，等到日後實現，歷史還是不會忘記這種主張提出和傳播的過程。

李老是一個有強烈的歷史感的人。有些意見，即使一時不能被決策者接受，他自信能夠為歷史證明。他意識到，自己是個歷史人物。他曾對我說，《龍膽紫集》和《廬山會議實錄》是能夠傳下去的。寫耀邦那篇文章的價值和《廬山會議實錄》是一樣的。鍾叔河送他一聯「詩賦龍膽紫，文章太史公」。他對此聯很滿意，笑著對我說，我做的官比司馬遷還是大一些。不論中外學者都公認，要認識中國共產黨的歷史和中華人民共和國的歷史，《廬山會議實錄》是不能不看的。胡耀邦說李銳是有獨立人格的人，他無意中讓李銳見證了自己的遺言。趙紫陽也看出了李銳的史識和史德，在一些有爭議的問題上，他也選擇李銳為歷史作證。

李老一生飽經風霜。我很難用一個定義概括他是什麼「家」。可以說他是史學家，他有《廬山會議實錄》、《毛澤東的早年和晚年》

321

等力作；可以說他是水利學家，在三峽問題上他自成一派，寫了許多文章，集成《論三峽工程》；可以說他是詩人，他在秦城監獄中用紫藥水寫的《龍膽紫集》曾傳誦一時，連胡耀邦晚年都把自己的詩拿給他修改；可以說他是雜文家，從延安到五十年代，都是雜文圈聞名的高手。李老則說，「我是一個雜家。」但我更願意把他看作一位二十世紀中國革命的見證人。他先後擔任過高崗、陳雲、毛澤東的秘書，和胡耀邦、趙紫陽、江澤民、胡錦濤等領導人都有接觸。他的《廬山會議實錄》，不但是研究中國問題的必讀書，也是青年一代瞭解黨史、國史底蘊的入門書。他有詩云：「文章自古多奇獄，思想從來要自由。」前一句可以說是他的切身體驗，他就在延安「搶救運動」和文革中兩次坐牢；後一句則是他的畢生追求。

我和李老熟悉以後，曾經幫助他做口述自傳，整理日記，和他有過不少近距離接觸，對他的勤奮有很深的感觸。他每天不是閱讀，就是寫作。二十多年來，日記從不間斷。他讀書之快令人吃驚。去年七月五日，在和敬府賓館參加《長河孤旅——黃萬里九十年人生滄桑》首發式。吃晚飯時他說起，要弄清楚革命是怎麼回事。我說，張欽楠的《讀史箚記》對美國、法國、俄國、中國的革命談得不錯，不知您是否看了？第二天早上，他就讓秘書找出版社聯繫，要買10套書，送中央領導和老朋友們。我不禁驚歎：他吃完晚飯回家已經天黑，第二天早上已經讀完此書，而且決定鄭重推薦給當政者和他的老朋友們。李老的效率真是太高了！

李老對我最重要的啟發，是有一次邢小群和他說起我的遭遇，他只說了三個字：「要做事」。這三個字太重要了。人在一生中，遇到

各種坎坷是難免的。怨天尤人不行，等待順境再做事也不行。只有抓緊做事，才能在社會中站起來。李老這麼大年紀，每天筆耕不綴，寫的比我們後生晚輩還多。想起這些，對我永遠是人生的鞭策。

因為邢小群的一項寫作計畫，我還認識了蕭乾、鍾沛璋、李慎之、曾彥修、吳祖光、戴煌、朱正諸位先生。和這些坎坷半生的老右派們交談，聽他們述說自己的經歷，就會更加痛切地感到，二十世紀中國知識份子的命運，不是印在紙上的名詞，而是有血有肉的活生生的歷史和現實。現在回過頭來看，右派當年的情況也不可一概而論。有當時本來沒有什麼異端思想，打成右派純屬冤枉。有的則當時就觸及到體制的弊端，比如李慎之思考的還政於民，戴煌批評神化與特權，吳祖光批評的組織制度，都打中了要害。中國的思想解放，本來可以從那個時候開始。一場反右運動，使中國從此脫離了人類文明的軌道，向著專橫、野蠻、愚昧、黑暗的噩夢滑去。一覺醒來，已是二十多年之後，被人類文明的進程甩下一大截。這些老先生，飽嘗人生的苦難，反思都很徹底。

我第一次見蕭乾先生，是1996年6月4日，那天我寫的日記記錄了見面的經過——

　　朱正來京，住李銳家，余前去探訪，說及小群寫右派事，他說蕭乾可訪，我說不認識不便打擾。他說蕭就住附近21樓，可一同前去看望。

　　過了馬路，便是蕭宅，按鈴後，開門的正是蕭老，身著背心、短褲，把我們引入書房。書房中光線較暗，堆滿

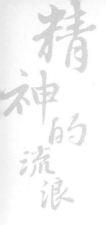

和邢小群拜訪蕭乾

各種中外文書刊。坐定後，蕭說剛寫了三篇文章，都是千字短文。我感謝他為《王蒙現象爭鳴錄》寫書評。他問我作什麼工作，我說在山西社會科學院，現居北京，研究20世紀中國知識份子問題。他說這個題目很好。我說，寫了一篇〈著名知識份子的晚年境界〉，談夏、巴、冰、蕭的晚年，蕭說，我不能和他們比。朱說我寫了〈逢場作戲的悲哀〉，談郭沫若，很尖銳。蕭笑著說，我要感謝郭沫若。48年他一篇文章，解放後我就成了右派，到文革中，右派是死老虎，後面受衝擊小些。吳晗、千家駒原來是左派，文革他們受衝擊更大。蕭說，還有一篇文章是談諷刺文學，諷刺文學是作家關心社會的一個尺度，也是檢驗政府是否開明的一個尺度。現在政權這麼穩固，何必害怕

諷刺。朱說，還是心虛。蕭說，四十年代知識份子發表不同政見是常事。不允許不同政見說明只有一種政見。他說，我也不願意亂，於是從涼臺鐵絲上取下一篇掛著的複印文章送我們看，原來是〈漸進民主論〉。他談到胡耀邦，說當時胡耀邦代表黨向知識份子承認錯誤，大家的氣也就消了，還是80年代初那一段最好。他問朱正來京何事，朱說參加民進的會。他說，民盟開會我是不去參加了，政協開會我也不去，去就是幹這個，（他比劃了一個舉手表決的動作，）有什麼意思。民盟有個雜誌叫《群言》，我原來就是搞言論的，現在有什麼群言。

以後和蕭乾先生就認識了。1988年春節，我去給蕭老拜年。蕭老住了北京醫院，家中無人，於是，我就把一本《和友人對話》留給他的鄰居，請代為轉送。第二天就接到他的電話，歡迎來醫院一敘。蕭老夫人文潔若還特地囑咐，來醫院談談即可，不要送水果鮮花。我去了之後，蕭老專門就知識份子問題談了一番系統的想法。又過了幾日，還寫了一篇書評，既是談我這本書，也是談他的思考——

讀丁東的《和友人對話》
——兼小議知識份子問題

蕭乾

這本書好像為我打開了一扇窗戶，吹進一股清新空氣。尤其觸動我的，是其中幾篇有關知識份子這個問題的剖析。作

者深知五七年被劃為右派者的下場，但他連體制這樣敏感的問題也不迴避。這確是一部有膽識之書。今天能這樣攤開來讀，書能出，人安然無恙，這無疑是九十年代中國的光彩。

多年來我早已習慣於當馴服工具了。五十年代陳毅在廣州宣佈知識份子也是工人階級一部分時，我聽到傳達，不勝雀躍。當時——以至今天，我一直屬於「能被政府所用就感激不盡了」的那種知識份子。

五十年代初，靠自己的一點外語能混跡宣傳部門，我十分慶幸。那時我埋頭業務，安於當一名技術幹部。那是個洋包子集中的單位，只有幾位是到過延安聖地的。當時我很知收斂。五七年整風時，黨報派記者六次來訪動員，我都婉言謝絕。單單在反擊的前夕，我寫了篇七成歌頌三成委婉批評的小文。結果，個人遭際不算，子女的檔案裏也寫進去了。我那時連胡同口賣白薯的都羨慕，求之不得同他掉換一下位置。這本書裏提到人類學家吳文藻和獨腿的潘光旦。不曉得多少像他們那樣的大學問家當時也落了難。所以就我這挨打挨怕了的人來看，這本書寫得是夠大膽的。書中居然還對《現代評論》那樣的同人刊物表示懷念。五七年那可是大目標！作者甚至還把藝術自身的尺度同官方政權的尺度分開來談，也令我這飽經批判風霜者咋舌。

時代畢竟在前進，並不滯留。

此書痛斥文革時期的「工具論」和那時的愚昧血腥（第178頁），並把「工具論」斥為現代的三綱五常，是「盡人皆

知的國民劣根性」（第149頁）。這真是一本砍斷鎖鏈之書。它大膽地指出「在中國這個向來只有群體而無個體的社會中，如果不以個人覺醒為基礎，不將『人民』從一個混沌的整體變成一個『自由人的聯合體』，任何群眾運動都有可能落入傳統的窠臼，少數野心家隨時都有可能打著『代表歷史』、『代表人民』、『領導人民』的旗號，將自己變成『民王』、『民之主』」（第165頁）。

想想林彪，這話講得真深刻，卓有遠見。

作者概括了八十年代的浮躁和九十年代的失語，認為現在是一種平和有度的表達。他慨歎異端的遇羅克還未碰撞出火花就進了牢房。作者把一九五七年的反右看作是一場「秋霜」（第166頁）。其實，豈止秋霜，簡直是場雹災。霜是夜間徐徐降落，而五七年則是大張旗鼓，棍棒繩索齊上，連枝帶葉大舉砍伐！

書中談到兩種愛國主義，很富啟發。一種是傳統的，光反侵略而不提改革，另一種則不護短，不避缺點，敢於揭瘡疤。我很嚮往後一種，然而對於像我這樣吃過苦頭的過來人，就有點裹足不前了。

趁著評論此書，我還想談談我對知識份子這個問題的一點看法。

有些人在「讀書人」和「知識份子」之間劃等號，認為凡是受過教育的，就都是知識份子。所以還有大、中、小之分。

我認為讀書人（包括專家學者）與知識份子不是同義語。文盲當然不可能是知識份子。知識份子必須讀過書。然而光

閉門讀書（或埋頭作試驗），不問世事，那僅是讀書人（或各科專家），但還不就是知識份子。

知識份子當然首先必須是讀書人。那樣，他才有條件看書，看報，瞭解世事。但是，他除了自己的專業之外，還必須關心國內外大事，並有自己的見解。有時，在一定場合，甚至還會表達出來。這就是他不同於讀書人之處。若把國家比作一條船，船上有眾多划船手。其中，作為知識份子就得一邊劃，一邊還高瞻遠矚，留意船的走向。

一個國家需要成億的讀書人（包括專家學者），他們當然是靠山，是骨幹。知識份子只能是其中的少數。而且由於好多言多語，還是掌舵者不大歡迎的少數。

以五十年代而論，從胡風到五七年的右派，就都是些不安於光當讀書人的生活干預者。知識份子雖然有時可能使當權者感到礙手礙腳，其實，從長遠看，對國家只會有好處。倘若依照林彪，都成了盲目的歌德派，沒有輿論，只有公告，國家勢必死氣沈沈，甚至走向滅亡。

百家爭鳴是盛世景象，一家獨鳴結局總不美妙。

1998年3月10日

蕭乾先生出生於1910年。他還是像當年參與《大公報》筆政時那樣，回應著國內和國際的風雲。他對思想動態的密切關注，超過許多比他年青幾代的作家。有關陳寅恪、顧准的書，他都看了，他還讓我找來王小波的幾本書給他看。他把醫院的病房當作書房，筆耕不止，

幾乎寫到生命的最後一息。從他身上，我看到那一代自由知識份子的脾性，到老也是變不了的。這本身就是對後來人的一種感召。

1999年2月8日晚上，文潔若老師來電話說：「蕭乾不行了，你來看看吧。」我聽了一驚。前幾天，從電視新聞上還看到慶祝蕭老九十壽辰的消息，怎麼突然就倒下了呢？

第二天，我趕到北京醫院，才知道，由於腎功能衰竭，蕭老已經昏迷四天了。我拿出作家出版社剛剛出版的《反思郭沫若》。蕭老的兒子是兩天前從美國趕回來的，他一看標題便說，我爸爸要是能看到這本書就好了。我也扼腕歎息，晚了一步，這本蕭老關照過的書，竟沒有讓他看上一眼，成為永遠無法彌補的遺憾。10日晚上，傅光明來電話告訴我：蕭老去世了。我雖然已經有了思想準備，但心裏還是思緒翻騰。他走了。20世紀也要走了。21世紀，中國知識份子應該是什麼樣子呢？

在我接觸的老人中，最具思想家氣質的，是王元化、李慎之、何家棟、何方、朱厚澤幾位。他們都擔任過高級幹部，但同時又都是學者。比起一輩子在書齋裏生活的學者教授，他們不是從書本到書本，從概念到概念，為學術而學術；從政的經驗使他們的思考更有一種社會的責任感和現實的穿透力，他們提出的問題，都是緊扣中國命運乃至人類命運的真問題，他們的觀點，一針見血，直接進入問題的實質和要害。這種思想能力，不論到哪國留學，都是學不來的。比起一般退下來的老幹部，包括那些二十年來站在思想解放前列，為改革開放鳴鑼開道，做出過重要貢獻的老幹部，他們又更有學者的氣質。現實的政治層面和形而上的學理層面同時在他們的視野中得到關注，不論

是中國古代的學問，還是西方現代的學問，都融會貫通，爛熟於心，為我所用，這就使他們的表達方式超越了官場的意識形態話語。而這種境界在領導幹部出身的老人中又是很難達到的。

我曾和高增德先生一起提出過「南王北李」的問題。那是1996年，我到太原，和高先生家談起學界有那些人受到尊敬，一番討論後，由我執筆寫了一篇小文章〈當今學界的南王北李〉。文章不長，只有一千字，文章說──

在當今文藝界，大師之類的高帽子滿天飛，實際上很多是廉價的吹捧，甚至自吹自擂。學術界雖然也有泡沫現象，但更多的是聽到一種憂患之聲：世無大家，遂使小品流行！我們以為：中國之大，沒有大家出現的慨歎，是以歷史為鏡，比如相對於五四時代而言。大家、大師，的確是時間長河淘洗的結晶。社會公認多在事後，而不在當時。

但面對現實，大家風範，還是有跡可循。所謂大家，一是自己博大精深，有俯瞰古今中外的文化視野，能在多學科領域自由出入，整合自如，學問超過同輩。二是開一代風氣，學術與思想打通，文品與人品一致，影響力輻射到各個年齡段。當然，一個時代有一個時代的人文環境，一個時代有一個時代的大家風範，不能用一個模子去套。

具體到90年代的中國學界，我們以為，「南王北李」值得注意。南王，上海王元化；北李，北京李慎之。兩位教授，一個曾是「胡風分子」，一個曾是「右派分子」；一個

精於國學，一個擅長西學；都是半生坎坷，一腔豪情猶在。尤其最近幾年，關注的問題頗為相近。觀其學術，縱橫捭闔；讀其文章，擲地有聲。不管論學論人，都如快刀破竹，有一種灼人的思想力量。而且，他們率先提出研究命題，帶動南北學界後生，影響所及之處，已是一片華章。

五四時代，有「南陳北李」之說。其實，陳獨秀、李大釗當時才三、四十歲。放在今天，乃是青年教授。他們之所以身孚眾望，無非一是「鐵肩擔道義」，二是「妙手著文章」。試看如今之域中，與五四時代狂飆突進的氣氛恰恰相反，犬儒之氣太重，可謂「文章妙手多，道義鐵肩少」。告別革命，躲避崇高，著書都為稻粱謀，則比較時髦。而王李二位，仍在倡導獨立之精神，自由之思想，為學不作媚時語，良心不泯天理聲，並屬言譴責插標賣首、俯仰隨人、阿諛取容、自誣賣友、見利忘義等諸種世象，這就使人如聞黃鍾大呂，感到卓爾不群。他們關注學術文化的發展，更關注中國知識份子的人格重建，中華民族的精神再造，無論對陳寅恪人品文品的推重，還是勉力於顧准精神的薪火相傳，都著眼於此。其實，他們都已年逾古稀。其心境，無非是風雨如晦，雞鳴不已。

20世紀已近尾聲。人們稱這個時段為世紀末。每個世紀都有開頭和結尾。可怕的不是進入曆法規定的世紀末，而是一個民族，特別是作為其靈魂的知識份子，沉湎於世紀末心態之中。南王北李，之所以在學界贏得敬重，就是他們不惜

精神的流浪

以老邁之軀，砥柱中流，與世紀末的頹風抗爭。這種精神，正如王元化先生鍾愛的一幅對聯：嘔血心事無成敗，拔地蒼松有遠聲。

當時與王元化先生還沒見過面，和李慎之先生也不熟。只是參加《顧准文集》討論會，和錢競等聊起來，感到思想界沒有帶頭的高人不行。王元化先生在上海學界中青年中頗有人望，李慎之先生在北京中青年學者中也頗受尊敬，於是模仿五四時代南陳北李的說法，提出南王北李。

後來，我因為編《顧准日記》和《顧准尋思錄》，到上海拜訪了王元化先生，交談數次，有一次長談了半天，受益非淺。真是聽君一席話，勝讀十年書。我最突出的感受是，王先生的反思非常徹底，不管是馬恩列斯，還是毛澤東、魯迅，他都要一一重新思考。他做事也不含含糊糊。我第一次見他，正趕上慶祝香港回歸。電視臺要採訪他，請

和王元化（中）、陳敏之合影

他發表感想，他說，不要採訪我，這件事上我談不出新的見解，而應景的話我是不說的。他還告訴我，80年代他剛擔任上海市委宣傳部長的時候，胡喬木對巴金在香港報紙發表隨筆反思文革很不高興，就通過上海市委讓他出面做工作，換掉巴金的上海市作協主席職務。他對市委書記說，你們代表市委作決定，我服從，但讓我先提出報告，我不能幹。王元化先生頂住了，巴老的作協主席也就沒有換掉。八十年代，有這麼一批有風骨的人走上領導崗位，才使得中國社會出現了一次中興景象。

李慎之先生原先有約法三章，不給報紙開專欄，不接受記者採訪。邢小群訪問他的右派經歷，他一開始也不同意，後來看了邢小群對別人的採訪，同意談一上午，整理出來，又不同意發表。湖北的《今日名流》想發，我又找他商量，他才答應破一次例。原先，他每年只寫三篇文章。1997年出訪德國期間中風一次，醫治及時，恢復得不錯，從此加快了寫作速度。很多思想界的影響有突破的書，都找他作序。他住協和醫院的時候，我請他為《顧准日記》作序，知道他寫作的態度極其認真，先讀原書，作卡片摘錄，然後打草稿。他說，我寫一篇文章，要用半個月。他在1998年，還為《北大傳統與近代中國》、《不再沈默》、《遊民文化與中國社會》以及未能出版的《哈威爾文集》中譯本等作序。這些序文，和他發表的其他言論，為九十年代中國自由主義的回歸奠定了思想座標。比如他為《哈威爾文集》中譯本所作的序言中說——

什麼是後極權主義？後極權主義就是極權主義的原始動力已經衰竭的時期。用二十多年前因車禍去世的蘇聯作家阿爾馬里克的話來

説，就是革命的「總發條已經鬆動了」的時期。權力者已經失去了前輩所擁有的原創力與嚴酷性。但是制度還是大體上照樣運轉，靠慣性或曰惰性運轉。權力者不能不比過去多講一點法制（注意：絕不是法治），浪費主義盛行，腐敗也愈益嚴重。不過社會仍然是同過去一樣的冷漠，一樣的非人性，「權力中心仍然是真理的中心。」

這個社會的最高原則是「穩定」。而且為了維持穩定，它賴以運轉的基本條件仍然是：恐懼和謊言。

彌漫的，無所不在的恐懼；造成了彌漫的，無所不在的謊言。

像這樣具有高度概括力和思想穿透力的文字，在李先生的筆底經常流出。所以一經發表，倍受有心的讀者關注。本來，他希望費孝通等更老一輩的自由主義者出來帶頭弘揚自由主義的傳統，未能如願。其實，他自己已經承擔了這樣的歷史責任。

我在一些公共場合，還多次聽到李先生的高論。印象最深的一次是在一個

和李慎之（左四）、張定（左一）、邢小群合影

關於民營經濟的小型座談會上，他對20世紀人類作了一個回顧。大意是說，社會主義無非是爭取平等，資本主義無非是保障自由。自由和平等都是人類基本的價值追求。但是，如果剝奪了自由，連追求平等的自由也沒有了，所以自由先於平等。這樣高度概括的思考，真是讓人茅塞頓開。此等高論，恐怕在中國任何大學也聽不到。

高增德先生原來就與王元化先生保持通信聯繫。王元化給高增德有信，不贊成「南王北李」的提法，理由是不宜著眼於立場。後來我見到李先生，李先生也和我說，不要再提「南王北李」了。於是，我和高增德都放棄了這個說法，而改用「二李」（李銳、李慎之）或「三李二何」（李銳、李普、李慎之、何方、何家棟）等說法來概括值得尊敬的一些老人。然而「南王北李」的說法還是在知識界流傳，要想收回，我和高增德就無能為力了。

知識界關於兩位先生之間有一些傳聞。2003年九月，我到上海瑞金醫院看望病中的王元化先生。他主動向我問起，「慎之身體好吧？」並讓我代話向李先生問好，還說看了慎之關於魯迅和胡適的文章，很贊成他的觀點。我和李先生走動並不多。但回北京不久還是出現了一次機會。當時有一個朋友有意為李先生在香港出版文集，想讓我引見；我參加編輯的《王申酉文集》剛剛出版，也想送給李先生一閱。於是我和那位朋友一起去了李先生潘家園的新居，就便轉達了王元化先生的意思。李先生當時說：「那就好。」

我們編的《大學人文讀本》選了李先生一篇文章〈重新點燃啟蒙的火炬〉。書印出來後，要在北京開一個座談會，李銳等先生都樂於參加。我和出版社責編商量，是否也請慎之先生與會。他向領導彙

報以後，領導有顧慮。我說，那就一起到李先生家送書吧。兩天以後，王毅給出我來了一個電話，問起此書哪裡有賣？原來李先生收到書後，向他推薦，說這是目前國內最好的公民讀本。後來我把這個看法告訴各位編委，大家都倍感鼓舞。李先生自己說過，如果有下一輩子，他想做一個中學公民教員。他還想為中學生編一套十二冊的中學公民課本，但心有餘而力不足。我們編的書，如果能對李先生的心願有所補償，也算是一種告慰。

和李慎之先生最後一次見面是2004年3月16日。那天李先生談鋒甚健，而且對於十幾年前只有一面之交的人也能清楚地記得。當時他問我，那個反戰聲明有你的簽名，是真還是假？我說是假的。他又問到錢理群，我說他的簽名可能是真的。聊到中午，大家請李先生一起出去吃飯。先生說，還是要陪老伴在家吃飯。

2004年4月中旬，我去重慶參加紀念盧作孚110周年學術會。17日上午，我準備返回北京，臨行前笑蜀告訴我，聽說李慎之先生病重，也許你回去還能見他一面。當天我返回北京，便向朋友們打電話詢問。他們說，慎之先生已經不能說話，大限恐怕就在這兩天了。去醫院也不能探視。接著，上海學者許紀霖代表世紀中國網站給我來電話，如果李先生去世，希望我能以最快的速度，組織幾篇悼文，在其網站發表。20日，我和段躍通電話，她說，先生的情況穩定一些了。正當我要把懸著的心放下來的時候，22日中午，接到了謝泳的電話：李慎之先生上午10點零5分已經與世長辭。

於是，我給幾位與李先生熟悉的朋友打電話，請他們在當天寫出紀念文章。晚上九點鐘以前，謝泳、崔衛平、雷頤、王焱、朱光烈、

余世存、徐友漁七人的文章已經通過電子郵件傳到了我的信箱。我加上自己寫的一篇，當即轉給許紀霖委託的網站編輯吳冠軍。第二天早上，我又收到秦暉、朱學勤各一篇，再次傳去。由於當時正是北京流行非典的高峰期，該網站沒有技術人員值班，文章直到傍晚才在網上公佈。當天，其他網站也出現了悼念李先生的文字。

完成了許紀霖的囑託後，其他朋友聞訊又紛紛將自己的紀念文章發進了我的信箱。此時，秋風的個人網站「思想評論」表現出更高的熱情。到24日，已經闢出專欄，將二十多篇悼念文字集中地展示出來，成為反應此事最集中最迅捷的媒體。

我意識到，慎公去世，很多人有話要說，有感情要表達。

非典肆虐，人心惶惶，北京幾乎所有的集會都取消了。李銳老提議，我們就寫點文章吧。然而，悼念文章發到一些報社，大多都被卡住。有一家報紙編輯組織了兩個版面，其中也包括我提供的文章，臨到開印時被撤了稿子。

於是，我萌生了一個想法：以民間自願集資、自願供稿、義務工作的方式，編印一本內部的紀念文集。先給徐友漁去了一個電話，他十分贊同。又給余世存去電話，問自費印刷幾百冊書需要多少錢。他說一萬元就差不多了。於是，我決定，邀請100位李先生的好友和認同他的人，每人出資100元，在一個月內完成文集的組稿，兩個月內印出文集《懷念李慎之》。

我把這個想法與戴煌、孫長江、資中筠、藍英年、許醫農、馬立誠、梁曉燕、段躍等在電話上溝通，他們都表示贊成，並答應幫助組稿。

在組稿過程中，秋風的網站發揮了極為重要的作用。一方面，他把我轉去的悼念文章每天及時地公佈出來，一方面，他在網頁上徵求稿件，並轉載其他媒體的相關文章。在李先生去世一個月的時候，他的網站已經彙萃了各種紀念文字140篇之多。

本書的絕大部分作者都欣然出資百元，有的還出資更多。錢滿素、楊團、湯一介、樂黛雲、鄭海天、程乃欣、王小魯、于奇、梁曉燕、李楊、余皓明、朱利國等先生沒有提交文章，都熱心捐資，襄助此事。特別需要一提的是龔育之先生，他歷任中宣部副部長、中央黨校副校長、中央黨史研究室主任等高官，在體制內一直有發言權。但他和李慎之先生也是好友，內心認同李先生的追求。他雖然沒有寫文章，也出資200元。燕京大學校友會的張定先生表示，需要為校友準備300冊紀念文集，校友會可預先墊付印刷費6000元。這樣，就保證了排版印刷文集的足夠費用。

資深編輯鄭海天先生，為本書的編校作了大量工作。段躍女士承擔了本書的所有美術設計工作。所有這些支持，使得本書能夠在較短的時間內印出。

5月11日，李先生生前供職的中國社會科學院，在八寶山革命公墓舉行了遺體告別儀式，參加者約四五十人。當時我在現場的感覺是，單位印發的介紹文字，與李先生的歷史作用是不相干的；活動的規模，與中國知識界的心情也是不對稱的。固然因為預防非典，縮小活動規模是不得已。但如果不再用其他方式彌補，我們將無法面對歷史的審視。

在中國，可以稱得上是思想家的知識份子是極少的。而李慎之先生卻是當之無愧的一位。他的去世，放在百年中國歷史的長河裏

考察，堪與上世紀30年代魯迅去世、40年代蔡元培去世、60年代胡適去世相比。魯迅、蔡元培、胡適去世的時候，後事辦得十分鄭重，無愧於先人，表明了彼時彼地中國人的文化自覺。如果我們不能在李先生去世的時候留下應有的聲音，而是像顧准那樣留給後人去重新發現，那將會給出當代中國知識界留下新的遺憾和恥辱。當然，這種擔心也是多餘的。這本懷念文集雖系內部交流，但作者卻彙集了中國思想文化界的幾代精英，上自望九之年的宿儒，下至二十出頭的在校學生，人員來自天南地北、四海五洲，專業遍及文、史、哲、經、政乃至自然科學，可謂群賢畢至。由此可見李慎之先生巨大的人格感召力，他的思想是不會被淹沒的！從中也可窺見中國當代知識份子的內心覺悟和人心所向，李慎之先生點燃的啟蒙火炬，是不會熄滅的！

《懷念李慎之》分上下兩卷，印出後反響強烈。後來香港一家出版社又找到我，從中選出同名文集一卷，正式出版，在香港投放市場。

認識何家棟先生是二十世紀末。他也是當代中國思想界的一位領軍人物。他的思想十分豐富。影響較大的觀點之一，就是提出重新確認二十世紀中國思想史上承先啟後的新道統，其主鏈應當是梁啟超——胡適——顧准——李慎之。當然，他也說過，中國思想史不只是這一個道統，還有其他的道統。但主張自由民主憲政思想的，就是這個道統。李慎之2003年去世後，這一道統如何延續？與李慎之同齡的何先生一方面寄希望於年青一代，一方面肩負起李慎之遺留的使命，繼續著他們這一代人的言說。

思想道統，要以文字為載體。梁啟超、胡適都是著作等身，近些年，他們的著作在中國大陸重新出版發行。顧准的著作生前發表甚

少，但去世後的二十幾年裏，陸續出版，四卷文存基本上體現了他的思想遺產。李慎之活著的時候有大量文章行世，身後也在香港出版了三卷文集。而何家棟則無書可傳。其實，何先生晚年的文章數量並不比李慎之少，思想分量亦可與李慎之比肩，我讀過其中一些，不但感受到巨大道義力量，同時感受到深刻的思想啟迪。將來人們研究世紀之交的中國思想史，何家棟肯定是一個繞不過去的座標。朋友徐曉研究當代書信，記得她曾問我有什麼精彩的書信可以推薦。我說，你知道顧准和陳敏之的通信的歷史份量。當今活著的人書信，我只見過何家棟寫給朋友的幾封信，有顧准之風。當然，讀過這些文字的人很少。即使是認識何家棟的人，往往只知道他是一位資深出版家，不瞭解他還是思想界的重鎮。何先生在1950年代初，就一手創辦了中國工人出版社。經他之手，不知有多少作者從默默無聞到名滿天下。但他自己卻沒有出版過一本個人的專著。勉強說有，只有前幾年

2004年和何家棟合影

南方日報出版社出版的李慎之何家棟文章合集《中國的道路》，算是有他的一半。晚年的何先生並不是不想出書。2000年以來，他多次和我談過出書的願望，也給過我《無妄齋隨筆》的列印稿，讓我聯繫出版。我甚至和一些出版社的編輯朋友說過這樣的話，一個編輯一生職業成就的標誌，就看他能不能至少出版一種傳世之作。何家棟先生的文集，就是傳世之作。這些編輯朋友不是不知道這個道理，也有人嘗試為之努力，但都沒有成功。

2006年6月初，我突然得知，醫院已經診斷何先生是肺癌晚期。我首先想到的就是，何家棟晚年的思想、著作和言論，是中國思想史上的寶貴財富，如果他不能在生前將自己的著作編成文集，將給中國思想史和學術史留下永遠的遺憾。歷史是我的專業，當代思想史是我關注的重點，儘量減少歷史的遺憾，是一個學者責無旁貸的使命。

於是，我去何先生家看望的時候，再次和他談起編輯出版文集的事。何先生最初並不清楚自己已患不治之症，醫生已經判定不久於人世。他說，自己滿意的文章還沒寫出來，寫出來再考慮文集不遲。夫人陳蓓知道他的病情，表示應當抓緊給老伴印個集子。後來，何先生也意識到自己病情的嚴重，於是請朋友和子女參與文集的整理定稿。最初他說，不必稱文集，稱評論集就可以了。我說，文集就是文章的彙集，青年人都可以把自己的書稱為文集，您都80多歲了，稱為文集有何不可。隨著他的病情惡化，往往痛苦得不能入睡，但還是強打精神，修訂文稿。他的一隻眼睛早已失明，另一隻眼睛也幾乎看不見了，只好讓女兒唸稿子，由他口授修改意見。他已經意識到，來日無多，所以對文集傾注了最後的全部心血。

何家棟先生也清楚，在目前環境下，他的文集在大陸任何一家出版社公開出版幾乎無望，於是決定，自費印刷，以非賣品的形式饋贈親友。他夫人說，這不能算出版物，只能算是印刷品。我想，就算是印刷品，只要能夠在他生前印出來，也算是對何先生的告慰。更重要的意義是，文稿一旦變成印刷品，哪怕只是少量印刷，分贈親友，中國思想史這一頁華章，就不會被歷史的風塵埋沒了！

在此過程中，一些認同何老的朋友，義務勞動，幫助何先生完成了編輯、設計等必要的工作。認同何老的知識界人士如邵燕祥、章詒和、徐友漁、王康、李大同、盧躍剛、秦暉、吳思、崔衛平也表示，願意捐資幫助何老實現最後的心願。然而，儘管朋友和親屬不事張揚，低調做事，何先生最後的心願，卻被警方無情地擊碎了。

2006年10月17日早上5點半，我還在睡夢之中，有人按響了我家的門鈴。我和妻子剛穿好衣服，就闖進來十五六個人，有的穿警服，有的穿便衣。其中一個穿警服的讓我出示身份證。我要求他出示工作證。他拿出國家安全部統一發放的證件。接著向我宣讀北京市國安局的傳喚令和搜查令，宣稱我涉嫌危害國家安全罪，要對我實行12小時傳喚，並且要搜查我家。我要求當著我面搜查，以免他們抄去完全不相干的物品。經過一番爭執，他們說，有我妻子在場，所以一定要我先走。

兩名警員把我夾在一輛黑色轎車後座中間，行駛一個多小時，進入北京郊區的一處機關審訊室，由一女二男兩名警員審問、記錄。他們除了問我個人的基本情況之外，整整一個白天，主要是圍繞有關編印《何家棟文集》的事對我反覆審問。所謂「涉嫌危害國家安全」，也就是這件事了。我當場表示，此事與危害國家安全罪根本不沾邊。

你們動用警力，使得何家棟沒能在生前看到自己的文集，我感到莫大悲哀！而且你們有罪推定，抄我的家，侵犯了公民的憲法權利。

何家棟先生是在前一天中午與世長辭的。聽他的女兒説，上午他神志清醒的時候，還在期待著看到原定上午就要送到的文集。然而，人們不知道的是，警方前一天已經對印刷廠動手了！

《中國青年報》「冰點事件」之後，曾經讀到葉廷芳先生在全國政協小組會議上的發言。他説：「中國是世界公認的思想大國，我們有過春秋時期思想家群星燦爛的時代，中華民族的國際聲譽相當程度上是由他們為我們奠定的。」「半個多世紀以來，我們在科學文化的非意識形態領域都出了一些世界頂尖級的奇才，如新近去世的發明家王選、體操王子李寧、鋼琴王子朗朗等，唯獨在思想領域沒有產生過一位有世界影響的思想家！沒有這樣的思想家就意味著我們還缺乏躋入世界強國之林的軟實力，沒有這樣的軟實力還將導致國內民族凝聚力的缺乏和民族智慧的衰退。」我完全贊成這種看法。光有鶯歌燕舞，沒有目光遠大、洞見古今的思想家，中國文化的復興是不可能的。

不論是顧准，還是李慎之、何家棟，他們都是特定時空的思想沙漠裏的先行者，放到當今世界思想格局之中，他們的思考不過是結合中國的情況説出了一些常識性的道理。然而，新思想要在這片土地上生長，新一代思想家要在這片土地上發育，只能從恢復常識起步。如果連表達常識的權利也被封殺，批判的武器總是遭遇武器的批判，中國重現思想大國的輝煌，將永遠成為夢想。

有意思的是，那天審訊筆錄完成之後，我坐在那裏等待他們的上級發話，讓我回家。一位參加審訊的警員居然和我閒聊起文字獄的

問題。他説不論古今中外，沒有一個國家政權不對言論和出版有所限制，才能維護國家安全。我告訴他，何家棟的文章，不但與危害國家安全風馬牛不相及，他所追求的，正是如何讓中國長治久安。我畢竟是學歷史出身，對歷史的知識比他們還是瞭解得多一些。我説，秦始皇焚書坑儒，不能説文字獄得不厲害，但秦朝不過存在了十幾年，二世而亡。我當時甚至想起了廖沫沙的名句：豈有文章傾社稷，從來奸佞覆乾坤。但我又想，和他們説這些又有什麼用呢？他還想教訓我：現在是以經濟建議為中心，我們不管這些事，不能保證社會穩定。我知道支配他們意志的就是這種邏輯。我告訴他，影響社會穩定，造成群體衝突的不是我們這些獨立思考的知識份子，而是那些貪得無厭的官員，弄得民不聊生。既然政府説要構建和諧社會，就不能不讓人説話。和者，有口要吃飯；諧者，大家要發言。吃飯問題固然重要，光解決吃飯問題是建不成和諧社會的。審訊了整整一個白天，我也累了，懶得和他們多説。

我一直研究當代中國的民間思想史。遇羅克、張志新、陸蘭秀、林昭、王申酉，這一樁樁血淋淋的文字獄，我都再熟悉不過。我不是勇士。早三十年，我既沒有這些思想先驅的覺悟，更缺乏他們的勇氣。我想做的事，不過是想在現有的格局下，讓我尊敬的長者思想不致失傳，讓我的一些朋友多少能夠享受一點公民言論出版方面的憲法權利。我並不指望中國在短期實現真正意義的言論自由、出版自由，我只希望能夠有所進步，起碼不要向毛澤東晚年倒退。如果因為做這點事，就要讓我嚐嚐文字獄的滋味，甚至讓我從民間思想的研究者變成民間思想史的當事人，我也沒有什麼好怕的。何況我相信，現在已

經不是遇羅克、張志新、陸蘭秀、林
昭、王申酉的時代。

　　我認識何方先生更晚一些。第一
次讀何方的文章，是2003年5月，當時
正在編《懷念李慎之》一書。美國研究
所的趙梅將何方的〈悼慎之〉轉給我。
從文章中，我知道何方與李慎之關係很
深，年齡比李慎之還大。那本書的作者
按年齡排序。我把何方的文章編入第
一組，作者都是八十歲以上。但因為
紀念文章有100多篇，所以我也沒有太
留心何方與別人有什麼不同。轉眼到
了年底，12月初的一天，我去拜訪何
家棟先生，他給了我複印的四篇何方的
黨史筆記，反思延安整風和搶救運動。
我讀了一遍，感到水平很不一般，稱得
上是大師級的人物。何方是搶救運動親
歷者。他提出，搶救運動是毛澤東親自
發動的，劉少奇、彭真、高崗都是積極
參加者。不能都推到康生一人頭上。康
只是積極執行者之一。他對黨史編纂學
的反思，對毛澤東挨整和整人程度的比
較，對三八式命運的思考，對延安整

2005年和何方合影

風前和整風後風氣的比較，對運動積極分子的分析，對劉少奇與柯慶施、林彪與賀龍、與陸定一，陶鑄與古大存關係的分析都頗有新意。轉年王建國從深圳來北京，我向他推薦了何方。他有意和我一起去拜訪，於是，我們一起打的來到何方家拜訪。何方住在位居順義的萬科城市花園，離市區很遠。一問才知，社科院給何方分的房子樓層很高，沒有電梯。何方夫人宋以敏的父親是臺灣會計界的泰斗，臨終前想送給女兒一套房子。於是他們就用老人的贈款買了這套房子。見到何方、宋以敏夫婦，他們對我很熱情。因為此前已有耳聞。何方說，李慎之比我活動能量大。一些人我先認識，介紹給李慎之，後來卻後了他的朋友。那天還說起口述歷史方面的事，何方看對邢小群做的一些口述史，並和他談妥由邢小群對他作口述採訪。

何方先生十幾歲到延安參加中共。在搶救運動中挨過整。中華人民共和國成立後長期擔任張聞天的助手，協助張聞天辦外交。1959年張聞天在廬山會議上倒了楣，何方在外交部也成了右傾機會主義分子。改革開放以後，何方復出，曾任中國社會科學院日本研究所所長、國務院國際問題研究中心副總幹事等職。他曾與李一氓堅持向鄧小平建言，改變中共對時代的判斷，從帝國主義與無產階級革命的時代變為和平與發展的時代，對外交內政產生深遠影響。李慎之知道他對中共黨史有獨到見解，建議他的研究重點從國際問題轉入中共黨史。他自己談到為什麼在耄耋之年告別了五十多年的國際問題研究，而改行研究中共黨史時說：「有一個重要原因，就是不贊成在歷史和現實中的造神造假。許多親身經歷和有目共睹的事竟被掩蓋或弄得面目全非。這就使人感到，講了六七十年的實事求是，至今仍然只是個

口頭禪，說的和做的，內部談的和對外講的，往往不一致。到了大躍進、廬山會議、三年困難時期，已發展成全黨全國都在和都得說假話，而且到現在並沒有完全糾正過來，還要掩蓋一些重大事實，重複一些假話。這是個人崇拜的意識形態、黨的一元化領導體制、嚴格的輿論控制必然產生的結果。而尋根究底，還得回到延安整風。因為正是延安整風，為中國規劃出了這一行之百年有效的管理模式。現在的政治體制和輿論一律，以及委任制、等級制、保密制等配套措施，並不比延安整風時遜色。那時還有個『三三制』，現在已完全一元化了。所以，正本清源，要談建立民主法治社會，保障新聞出版自由，使中國成為真正和全面的現代化國家，就必須認真反思延安整風，徹底批判個人崇拜。」在何方之前，已經有高華、王若水等人對延安整風進行獨立研究，打破了流行多年的神話。《紅太陽是怎樣升起的》等書受到大陸知識界的好評。但這幾位作者畢竟沒有親歷延安整風。在何方看來，某些方面仍有局限。何方既是嚴謹的學者，又是歷史的親歷者和大徹大悟的思想家，所以他的書不但史料紮實，邏輯周密，而且在恢復歷史真相方面有大面積突破，讓人耳目一新的見解觸目可見，使傳統的中共黨編纂學體系土崩瓦解。所以他的著作一出手，就征服了所有讀者。就連那些在中央黨史研究室、中央文獻研究室供職的官方學者，私下裏也不能不對何方表示：佩服，佩服！

　　我和朱厚澤先生也有接觸。他曾任中宣部長，雖然時間很短，但他提出的「三寬」至今給中國知識界留下美好而深刻的印象，並且給未來的文化管理者樹立了一個正面的風範。我第一次拜訪他是1998年夏天。他當時幽默地說，我現在是東張西望，看一些書；東遊西逛，

有時間到各地轉一轉；人家叫我説，我就東拉西扯。最近北大百年校慶。大學是什麼，大學應當是不斷冒出思想火花的地方。路甬祥在《自然辯證法通訊》上寫了一篇文章，説科學發展的第一個條件就是好奇心。沒有自由思想的空間，還作什麼學術研究？只注釋經典，就成了經學。沒有多樣化，世界就不成為世界。多樣化是世界的本源，單一才是製造出來的。所以，我主張對不同的意見寬容一點，對持有不同意見的人寬厚一點，把環境搞得寬鬆一點。完全剛性的東西不耐衝擊，無論自然還是社會，衝擊都是隨時可能發生的，保持一點柔性，保持一點彈性，有利於抗衝擊，有利於社會的發展。三寬也不是我一個人提出來的，大家都在講，我不過講得集中一點。理論是理論家的創造，文藝是文藝家的創造，黨和政府無非是創造一個好的環境，讓他們創造，替代是不行的，也不是當裁判官。項南生前參加十五大，原先中顧委的那些老將軍還談到贊成三寬。

和朱厚澤（右二）、楊繼繩
（右一）、邢小群合影

　　朱厚澤先生還從生態意識的認識論意義和方法論意義的角度來深化這個基本思想。他說，世界上許多事物，並不是可以簡單地按照人的圖紙，衝壓、鍛壓、「引進」、「裝配」得到的。它只能在一定的環境條件下，培育、發育、萌發、成長出來。結構與功能是一對很重要的哲學範疇，過去限制在自然辯證法裏，其實在社會領域、思維領域，也是很重要的範疇。現在人們喜歡說調整結構，但結構不完全是調整出來的。它是發育出來的。你真想得到她嗎？那就著力營造她所賴以萌發生長的環境吧。自然生態如此，社會生態，學術生態，文化生態也如此。科學是自由思想開出的花朵，技術的不斷進步則是市場經濟競爭強化的產物。這並不妨礙在特定的歷史條件下，科學可以是絞刑架前自由思想的花朵；而技術的飛躍進步，不是市場而是戰場、不是競爭而是戰爭強迫推動的產物。你真想讓科學發達、技術不斷進步，那就著力營造自由開放的學術生態和社會文化環境吧，那就切實推進平等競爭的市場經濟體制的形成吧。否則，即令是花大本錢引進最新技術，也落不了土，紮不下根，難免枯萎老化。

　　世界不能用科學概括一切，除了科學理性還要有人文精神。作為人的精神生活，不能光有科學，還要有藝術。宗教也是人文精神的一種表達，但人文精神不只是宗教，還有藝術、文學。在古代，藝術和科學與物質生產是相分離、相對立的，大部人從事勞苦的作業，才能騰出一部分人從事藝術和科學。這就決定了只有官方才能享受、佔有藝術和科學，所以中國古代不提倡創造的藝術，只提倡工藝、提倡匠心。這也是我們文化傳統的一種缺失。人文精神，是以人為本，是多元、開放、和諧。多元是對一元說的，開放是對封閉說的，和諧

是對鬥爭說的。這裏既有人際的和諧，社會的和諧，也有人與自然的和諧。不要再搞一個吃掉一個。什麼人定勝天，不要輕信這些豪言壯語，我們都輕信過。什麼叫科學？科學是對真理永無止境的追求和探索。它始終處在不斷的探索實踐、檢驗、批判之中，揚棄舊的，發現新的，永無終止，永無止息。信仰則是人們對自然的心靈仰慕，對人生的感情寄託；對惡性循環的揚棄，對善的虔誠；是善良的人們一種內心的追求和一種感情的寄託。多年來，我們在對待科學和信仰的問題上，卻反其道而行之。把科學變成了信仰，既不存疑，又不檢驗，提倡「理解的要執行，不理解的也要執行」，甚至公開宣揚要「相信到迷信的程度」；同時，我們又用科學去對待別人的信仰，批判別人的信仰「不科學」。這麼一來，既毀壞了科學，堵塞了自己通向真理的道路；又毀壞了別人善良、虔誠的內心信仰，兩樣東西都給毀壞了。

我們這一代人，是在一元的專橫的政治環境中進入社會的，是在目的論哲學的氛圍中開始思考問題的，思想深處一直是受意圖倫理支配的。生態意識的認識論和方法論，對於我們來說，的確是一劑良藥。

我接觸的老一代知識份子各有各的性格，比如周有光先生的睿智儒雅，何兆武先生的平易近人，戴煌先生的正直無私，朱正先生的執著認真，邵燕祥先生的從容不迫，袁偉時先生的敏銳風趣，都讓我在潛移默化中受益良多。正如古人所說，轉益多師是吾師。

公共關懷

從北京，到山西，再回北京，半生已經過去了。頭上生出了白髮，心卻不甘老去。有人說我們這一代人青春期特別長。這話有一定道理。我們似乎總在尋找，總在追求，總覺得前面有更美好的希望。也許，我這一生註定要在精神的流浪中度過。哪怕到了六十歲、七十歲，八十歲，也無法停步駐足。其實，國外的一些知識份子，也具有這樣的特點。他們總是不滿足現狀，總要對社會發出獨立的批判的聲音。當然，我也有一些朋友，不在知識界，他見我整天忙乎，也沒有立竿見影的效果，便問：你們寫這些、說這些有什麼用？的確，知識界的日常功能是言，而不是行。有能力直接改變社會的是政治家、企業家和技術發明家。就算知識份子說得對，政治家不接受，也還是不能變成社會實踐。馬寅初主張控制人口，毛澤東不贊成，中國的人口就得不到控制。等到中國的領導人意識到人口非控制不可了，法律的、

行政的、經濟的、輿論的手段才可能出臺。但這並不等於馬寅初的努力沒有意義。即便如遇羅克、王申西那樣為說真話付出生命的代價，也不能說沒有意義。如果哥白尼、布魯諾們都不說話，我們可能至今也弄不清太陽和地球誰圍著誰轉。知識界也有朋友覺得說了也白說，於是乾脆萬念俱灰，懶得關心社會。我覺得，光發牢騷沒有用，還是要從自己做起，從現實做起，從腳下做起，一點一滴地做實事。環境是由人來創造的。新的思想是靠人來表達和傳播的。如果有一大批知識份子堅持獨立之思想，自由之精神，並且把這種思想和精神通過言論和作品向擴散出去，就會影響媒體和輿論，進而影響整個社會的價值觀和是非標準。這種影響可能不像振臂一呼，應者雲集那麼痛快，可能只是「隨風潛入夜，潤物細無聲」，但人類文明通常就是在潛移默化中漸進的。寧可十年不將軍，不可一日不拱卒。現在需要的就是一步一步前進的拱卒精神。況且，現在社會有了緩慢的進步，知識份子提出的合理意見，有一部分已經進入傳媒，同時面對決策層和社會公眾。雖然不能做到一言可以興邦，但眾聲喧嘩，總對社會的價值觀和發展趨向，有所影響。我今生可能註定成不了一個專業知識分子。但我願作為公共知識份子的一員，為思想文化的開放，為社會的公道進步，發出自己的聲音，做出自己的貢獻。

公共知識份子問題，在2004年成為熱門話題。起因是這年九月，新創刊的《南方人物週刊》做了一期專題：〈影響中國公共知識份子50人〉。該刊以幾乎整本的篇幅，向讀者推薦經濟學家茅於軾、吳敬璉、溫鐵軍、張五常、郎咸平、汪丁丁，法學家和律師張思之、江平、賀衛方，歷史學家袁偉時、朱學勤、秦暉、吳思、許紀霖、謝

泳，哲學史家杜維明、徐友漁，政治學家劉軍寧，社會學家李銀河、鄭也夫、楊東平，作家和藝術家邵燕祥、北島、李敖、龍應台、王朔、林達夫婦、廖冰兄、陳丹青、崔健、羅大佑、侯孝賢，科學家鄒承魯，公眾人物華新民、王選、高耀潔、阮儀三、梁從誡、方舟子、袁岳，新聞記者和專欄作家金庸、戴煌、盧躍剛、胡舒立、林行止、楊錦麟、鄢烈山、薛湧、王怡。承蒙該刊厚愛，我的名字也忝列其間。他們同時還推薦了以及已經去世的殷海光、顧准、黃萬里、王若水、王小波、楊小凱。由於所涉及的多是近年為公眾關心的知識界人物，這本刊物一出版，便激起了多方面的回應。先是方舟子在網路上發表文章，表示不願意與名單中一些人為伍，請辭這一稱號；接著，一些人質疑名單中的一些人是否夠格；還有人提出，名單不夠全面，有些重要的人選被遺漏。《博覽群書》、《新聞週刊》、《南風窗》等雜誌也發表文章，討論何為公共知識份子，他們在中國是否真的具有影響力。一個現實性很強又饒有趣味的話題，在中國大陸的報刊和網路上熱烈展開。

　　然而，這種自由討論沒有開展多久，官方便出來干預。先是內部打招呼，不許報刊繼續討論這個問題。一些報刊不得己，只好撤稿刪稿，涉及公共知識份子這一辭彙的稿件一律刪掉。接著，一個屬名吉方平的，在2004年11月15日的上海《解放日報》發表了一篇定調子的文章〈透過現象看本質——析公共知識份子〉，並在11月25日由《人民日報》轉載。文章重申毛澤東對知識份子的「皮毛論」——「皮之不存，毛將焉附」，他上綱上線，認為提出「公共知識份子」的概念，其實質是離間知識份子與黨的關係、和人民大眾的關係。「公共

知識份子」概念的舶來者和拋出者，把「公共知識份子」描繪成「公共意識和公共利益的看門人」、「社會正義和世道良知的守護人」、「沈默的大多數的代言人」；同時又把我們的社會說成是「萬馬齊喑」，廣大人民群眾只是「普遍失語的沈默羔羊」，唯有他們才是「眾醉獨醒」，唯有乞憐他們才能「代言」。這不僅是對當今中國社會民主進程和輿論現狀的武斷錯判，而且是一種新的「英雄史觀」、「精英史觀」，在一筆抹煞人民群眾的歷史主體地位的同時，試圖由幾個「公共知識份子」掌握「話語霸權」，造成新的「一言堂」、「一錘定音」。這樣的「公共知識份子」論，無疑是要把知識份子引上邪路。最後，文章把這個話題判定為「噪音」。

官方對公共知識份子話題的打壓，不是因為他們的理論興趣。實在是因為有人把一批敢言之士集中在一起，加以宣傳，他們心存畏懼。吏制腐敗，官員威信掃地。知識份子仗義直言，主持公道，威信大增，這是官方最不願意看到的。所以趕快採取緊急措施，消除噪音。

在我看來，毛澤東去世以後，中國進入了又一次社會制度轉型期。轉型應當包括三個層面。第一個是經濟體制層面，從強制性的計劃經濟到市場經濟；第二個是政治體制層面，從全面專政到民主憲政；第三個是社會層面，從臣民社會到公民社會。於這個轉型過程，是由現政權啟動並掌控的，這三個層面的轉型和當政者的利益關係有別，和領導人的個人選擇相關，所以三個層面的進展極不平衡。因為強勢人物鄧小平主張市場取向，所以二十多年來經濟體制變化很大。因為執政黨謀求長期獨佔權力，所以政治體制變化很小。當今的中國

已經演變為專政政治和市場經濟的集合體，其突出特徵為權貴資本主義。在社會層面，呈現出複雜的局面。市場經濟要求公民社會或稱市民社會的發育，而專政政治則力圖保持國家對社會生活的壟斷與控制。官權和民權的博弈，使社會出現了新舊並存、紛繁複雜的局面。從整個趨勢看，公民社會還在繼續發育。

在這樣一個漫長的轉型過程中，是否存在公共知識份子參與的可能？如果存在，他們能夠發揮什麼作用，的確是個值得思考的問題。何謂公共知識份子？就是對公共事務有言論或行動的知識份子。知識份子在其出現的兩個源頭：19世紀後期的法國和俄羅斯，都具有鮮明的公共性，無須再冠以公共的修飾。只是到20世紀中期，「自從第二次世界大戰，全球教育體系擴張，原來散在民間以先民立命的『知識份子』開始被體制收編。『良心知識份子』開始退位，『政策取向的知識份子』，則在專業化的名目下，成為新的主流。他們不再對政治或社會的任何事物提出不同的願景，而只會從事各種小事的思考與鑽研。」[註1]在中國，毛澤東時代的知識份子是受過一定文化教育的專業人員的代稱。在全面專政的體制下，不論有無知識，都是國家機器的零部件，個人幾乎沒有發揮公共性的機會。少數人保持知識份子的品格，不甘沈默，幾乎都遭到整肅。毛澤東去世以後，特別80年代，知識份子角色重新在中國浮出。1980年代中國知識界的主流是支持政權內部的開明力量，參與體制，推動轉型。隨著胡耀邦、趙紫陽在此80年代末相繼被廢黜，原來的路已經走不通。高壓之下，中國知識界急遽分化，一部分選擇依附政權，一部分下海經商，一部分退守專業。趨利避害的結果，導致堅持獨立的立場，關注公共問題的知識份子成

為少數。但他們堅持發出自己的聲音，在社會輿論中還是產生了一定的影響力和公信力。

以2003年中國發生的幾件大事為例，蔣彥永醫生通過國際媒體揭露了薩斯在中國流行的真相，使得中國政府緊急調整應對政策，渡過了一場人類災難。艾曉明等人文知識份子和賀衛方、許志永等法學知識份子以及南方都市報等機構的媒體知識份子，從孫志剛事件入手，以不同形式對輿論、政府和人大發表負責的意見，推動了收容制度的廢除，改善了農民工的人權狀況。這些個案都表明了公共知識份子的存在，表明他們對當政者產生了某種制衡作用。

《南方人物週刊》推出影響中國的50位公共知識份子專題，使公共知識份子問題一度成為思想文化領域的熱點，但很快被官方封殺。從此，公共知識份子的概念從大陸紙質傳媒上消失。然後，不許說不等於不存在。公共知識份子與中國社會制度轉型的關係，仍然是一個迴避不了的現實問題。應當説，二十多年來，中國社會轉型中的先進理念，都是公共知識份子首先提出的。具有諷刺意味的是，這些理念在表達之初往往被官方視為異端，但若干年後，卻被官方智囊機構直接或變相地吸收為政策理念。

公共知識份子在中國不同的領域活動分佈不一，最近幾年，公共知識份子較為活躍的是新聞界、律師界和非政府組織。律師和記者，經常直接面對不斷發生的公共事務，處在社會衝突的第一線，而難以躲進書齋，迴避現實。

雖然，中國的新聞機構都是官辦的，主旋律加市場化是當今中國大陸各種報紙的一般特徵。黨報側重於宣傳意識形態的主旋律，都市

報或其他小報側重於市場化，在不違反官方宣傳口徑的前提下以經濟
利益最大化為目標。有償新聞乃至有償不新聞（寫出負面報導向被批評
單位要錢，給錢就不發表）司空見慣。但是總有少數編輯記者，堅守報
界應有的道德底線，保持著新聞記者和編輯的良知、榮譽感和職業精
神。他們之中有老一代的戴煌，有中年一代的李大同、盧躍剛、江藝
平、胡舒立等，年輕一代裏也湧現出一批優秀報人。新聞界的公共知
識份子一般的特點是從個案入手，揭示真相，警示社會。但這些個案
背後往往通向體制弊端的核心。所以他們的努力也會遭到官方強烈的
反彈和報復。有的被撤職和調離，有的甚至蒙冤入獄，如喻華峰、高
勤榮。

　　和報紙相近的一個領域是雜誌。從90年代到現仕，一些公共知
識份子為把公開的新聞、文化、學術思想雜誌打造成討論公共事務的
平臺的努力一直不曾中斷，官方動用行政力量對具有公共關懷的媒體
實行打壓和改造同樣不曾中斷。十年來，先後被官方以停刊和撤換主
編的方式整頓過的雜誌有：《東方》、《焦點》、《方法》、《書
屋》、《今日名流》、《同舟共進》、《戰略與管理》等等。使得受
到讀者歡迎的公共媒體難以做大。

　　和報紙相近的另一個領域是網站。互聯網在1990年代後期進入
中國以後，知識份子很快就選擇了這一新型傳媒，建立網站，就公共
事務發表意見。這引起了官方的警惕，先後有思想的境界、學而思、
改造與建設、燕南網等產生了一定影響力的學術思想網站被關閉。活
著的在一定程度上能夠傳播獨立聲音的網站，也不得不小心自律。可
以說，官方已經找到了從最大限度上限制互聯網對自身不利影響的方

式。正如程映虹所言：在當代專制主義社會，國家所掌握的技術資源遠遠超出任何個人或非政府組織所能掌握的資源，而互聯網和對互聯網的控制就純粹是建立在這樣的技術和資源基礎上的。[註2]

中國律師在1979年代恢復活動，開始依附於政府的司法行政部門，1988年由官辦改為合作制，1993年又改為合夥制，不依附於官方獨立執業。在目前的社會環境中，多數律師以經濟利益為主要追求。但挑戰權力、制約權力、維護社會正義，本來是律師的存在的基本理由。律師是制衡國家權力的民間角色，所以，從律師中出現一批公共知識份子，是中國社會轉型中不可避免的趨勢。目前，具有這種追求的律師，已經出現了從少到多，前赴後繼的態勢。他們不但在一些案件的辯護中表現了對正義的追求，而且參與立法、公益訴訟、公民維權等公共事務。十年前，張思之等律師還在孤軍奮戰，現在，維權律師在中國大陸已經出現了一批。律師在中國介入公共事務，其風險也有中國特色，鄭恩寵、張建中甚至被判刑。

中國的社會團體並不少，但在毛澤東時代成立的社會團體，並不是真正的非政府組織，而是官辦團體，比如文聯、婦聯、作協、科協，這些團體實際是中共組織部管理下的機構，他們有行政級別，由政府財政撥款。1980年代到1990年代，有一些社會團體雖然也有官方背景，但經費自籌，於是在某種程度上向非政府組織的本來意義上靠攏。以文化部管理的社會團體為例，該部主管的全國性社團近200家，大部分由在位或退休的高官擔任領導。但也有炎黃文化研究會這樣的社團，它履行了一切官辦社團的組織程式。但它主辦的《炎黃春秋》雜誌被稱為黨內民主派的喉舌，是中國大陸倡導民主憲政最執著

最有影響的公開期刊。中國文化書院，性質和炎黃文化研究會研究會一樣，也是體制內比較有活力社團組織，它下屬的自然之友，是影響最大的環保NGO。

　　與這些從官辦組織中發育出來的具有民間性質的NGO相比，完全是民間發起的社團，則處境艱難。天則經濟研究所是由一批在中國大陸頗有名望的經濟學家發起的民辦學術機構，已經活動十年，在國內外產生了廣泛影響，但到了2005年，官方還是不予登記。由吳敬璉、江平等知名經濟學家、法學家發起的上海經濟研究所，2003年也曾舉行過獨立的修憲討論會，去年遇到登記困難，不准許叫經濟研究所，也不准許叫經濟研究中心，只能叫經濟諮詢中心。

　　現在官方容易接受的是娛樂休閒性的非政府組織，比如垂釣協會之類，或者是經濟、文化性質的。有關公民權利的非政府組織，至多只能在環境、教育、扶貧、三農、婦女兒童保護等領域活動，而且受到監控。在毛澤東時代，國家是全能的，一直控制到個人。市場經濟的發育，必然引起市民社會的發育和民間的結社要求。官方只願意自己有組織，不情願自己以外有組織，甚至把社會發育看作和平演變的土壤，把非政府組織看成顏色革命的隱患，但民間社會還在進一步的發育之中。

　　本來，大學是知識界的重鎮，大學教授，應當是較多產生公共知識份子的地方。但當今的中國大學裏，可稱之為公共知識份子的教授並不多，而且他們在學校裏往往被邊緣化。官方限制大學產生公共知識份子的對策有兩個方面，一是對教授中已經產生影響公共知識份子運用停課、解聘、降低待遇等經濟或行政的手段加以打壓，對其他

人形成寒蟬效應，更主要的是引誘多數教師按照官方的導向進行科研和教學，用優厚的物質利益引導大學教授放棄公共關懷和追求。在行政權力主導的大學體制下，一些有追求的教授十分無奈，以至於陳丹青、賀衛方等只好以辭職和罷招碩士生的方式表明自己的抗爭。

法國的知識份子傳統始於左拉，作家本來應當是公共知識份子行列中的重要角色。但當今中國的主流文學界，是知識界最缺少公共關懷的一部分。就是被國際文學界看好的先鋒作家，也不關心公共事務。當然，也有少數以非虛構寫作為主要方式的作家，表現了強烈的公共關懷。

縱觀現實，展望未來，中國公共知識份子參與社會轉型的前景並不樂觀。

在經濟領域，自1990年代中期以來，權力資本化惡果突顯，在中國發育起來的不是好的市場經濟，而是壞的市場經濟。一部分經濟學家主張堅持市場取向，繼續要求政治權力從壟斷行業退出，反對權力尋租，為民營經濟爭取更大的空間。另一部分經濟學家，則提出批新自由主義，受到官方支持。在經濟領域，不論左派、右派、還是直接效力於官方的主流經濟學家，都有較大的言說空間，並且形成了程度不等的政策影響力。但經濟學界的知識份子除少數人以外，大多公信力下降。

政治領域，是當局獨佔權力的核心部分。公共知識份子參與的難度最大。在國體層面，公共知識份子基本上沒有發言的可能。2003年，曹思源在青島召開民間修憲討論會，直接批評專政體制，提出憲政訴求，引起當局震怒，事後一直對曹監控跟蹤，直到現在也未解除。

追溯中國人100多年來追求民主憲政的歷史，傳播人類的民主憲政理念，要求維護行使憲法規定的公民權利，限制政府的權力和官員的特權，這些聲音在學術研究和大眾傳播中並沒有中斷。官方堅守鄧小平設置的防線，不准主張三權分立。任仲夷活著的時候對記者表達了這種主張，《同舟共進》發表出來，主編為此被撤職。但另外一些媒體把任仲夷的意思改成立法、司法和行政相互制衡，就過去了。吏制腐敗和司法腐敗愈演愈烈，許多官員私下也承認沒有權力制衡和輿論監督，腐敗不可逆轉。

在具體的法律、政策和行政層面，有一定的言說空間和博弈空間。90年代以來的改革，已經不同於80年代的放權讓利，而是收權搶利，註3設置尋租門檻。將公共權力部門化，部門權力利益化，部門利益政策化甚至法律化。註4對這些具體部門和具體政策的批評，並不直接觸及四項基本原則，從現行的憲法和法律裏也能找到依據，有一定的言說的空間，公共知識份子可以通過論壇、時評等方式，就司法、財政、稅收、教育、醫療、市政、環保等領域的體制問題，表達批評和建議。

社會領域，是一個與政治經濟相關的廣闊地帶。也是公共知識份子今後可能擴大自身作為的領域。各種不同的社會群體為自身的利益與權力博弈，已經成為當今轉型時期中國社會的常態。比如農民工、農民工子女、失地農民、下崗職工、轉業軍人、拆遷戶、消費者、物業業主、股民、上訪者、宗教信徒、甚至肝炎小三陽攜帶者，每一種公民利益受到損害和歧視的社會角色，都有可能為著自身的基本權利，以群體的方式展開維權活動。這些維權活動，需要輿論的支援和

法律的援助，需要記者和律師的介入，需要非政府組織的介入。一些公共知識份子也有程度不等的參與。社會領域的博弈已經常態化。有一種看法認為群體事件的增多表明中國很快會進入動盪。我認為這種判斷並不準確。這只不過表明，在中國大陸，公民權利意識的覺醒已經是一個不可逆轉的趨勢。

最近幾年，面對貧富、城鄉、東西分化加劇，政府提出科學發展觀，出臺了一系列對策，力圖調整社會關係。官方的調整只容許政府主導，輿論跟進讚美。不容許民間主動。太石村事件，本來是一個是非很分明的個案，官方就是要顛倒黑白，無中生有，把這件事說成是外來黑手挑動，背後有國際敵對勢力。實際上是害怕民間主導的維權個案引起連鎖反應。然而，中國的執政集團早已從革命信仰的共同體演變為特殊利益的共同體。權錢交換、以權謀私，成為官場的常態。中央政府主導的社會利益調整，在執行過程必然朝著有利於部門和官員，不利於弱勢群體的方向變形。公共輿論、非政府組織和公共知識份子的介入，本來有利於社會以改良和漸進的方式調整。但執政者的心態是，臥榻之下，豈容他人鼾睡。通常難以和民間達成互信和互動。官方往往寧願選擇高壓手段，也不願意事態在公共知識份子的參政達到圓滿的解決。

三十年來，中國大陸在政治體制不變的格局下，基本上完成了從計劃經濟向市場經濟體制的轉型。雖然，這個市場經濟不是好的市場經濟，而是壞的市場經濟。然而，它畢竟刺激了中國經濟持續高速增長。在今後的一段時期，如果沒有特殊的國際和國內突發事件，中國經濟高速發展的態勢還會繼續保持，沒有減速和崩盤的跡向。這種

態勢，將支撐中國當政者繼續維持現有的政治體制，對內拒絕普世價值，對外虛與委蛇。而國際社會面對以國力繼續增長為依託的中國當局，在博弈中並無優勢，一些西方大國向中國的潛規則妥協。普世價值是否能夠引導今後中國社會的轉型，還是轉型中的中國會挑戰普世價值的適用性？這成為一個新的問題。

　　路漫漫其修遠兮，吾將上下而求索。

1998年12月初稿

2005年6月二稿

2007年11月三稿

【注釋】

註1：南方朔〈從污名化裏找回利齒〉，轉引自廣西師大出版社《大明王朝的
　　　七張面孔》章詒和序。

註2：程映虹：開放網路與封閉體制：威權政體下的互聯網《當代中國研究》
　　　2005年第四期

註3：楊鵬：沒有民主就沒有良性改革，鳳凰週刊2005年32期

註4：孫立平：部門利益的社會觀察，學習時報2005年9月19日

世紀映像叢書

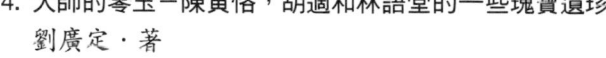

世紀映像叢書

世紀映像叢書

國家圖書館出版品預行編目

精神的流浪——丁東自述 / 丁東著.--一版.--
臺北市：秀威資訊科技, 2008.02
　　面；　公分.--（史地傳記；PC0039）
含參考書目
ISBN 978-986-6732-74-4（平裝）

　　1.丁東　2.傳記

782.886　　　　　　　　　　　　　97001531

 史地傳記　PC0039

精神的流浪──丁東自述

作　　者 / 丁東
主　　編 / 蔡登山
發 行 人 / 宋政坤
執行編輯 / 賴敬暉
圖文排版 / 陳湘陵
封面設計 / 莊芯媚
數位轉譯 / 徐真玉、沈裕閔
圖書銷售 / 林怡君
法律顧問 / 毛國樑　律師
出版印製 / 秀威資訊科技股份有限公司
　　　　　　台北市內湖區瑞光路583巷25號1樓
　　　　　　電話：02-2657-9211　傳真：02-2657-9106
　　　　　　E-mail：service@showwe.com.tw
經 銷 商 / 紅螞蟻圖書有限公司
　　　　　　台北市內湖區舊宗路二段121巷28、32號4樓
　　　　　　電話：02-2795-3656　傳真：02-2795-4100
　　　　　　http://www.e-redant.com

2008 年 2 月　BOD 一版
定價：　440 元

讀 者 回 函 卡

感謝您購買本書，為提升服務品質，煩請填寫以下問卷，收到您的寶貴意見後，我們會仔細收藏記錄並回贈紀念品，謝謝！

1. 您購買的書名：＿＿＿＿＿＿＿＿＿＿＿＿＿＿＿＿＿＿

2. 您從何得知本書的消息？

　　□網路書店　　□部落格　　□資料庫搜尋　　□書訊　　□電子報　　□書店

　　□平面媒體　　□ 朋友推薦　　□網站推薦　□其他＿＿＿＿＿＿

3. 您對本書的評價：(請填代號　1.非常滿意 2.滿意 3.尚可 4.再改進)

　　封面設計＿＿＿　版面編排＿＿＿　內容＿＿＿　文/譯筆＿＿＿　價格＿

4. 讀完書後您覺得：

　　□很有收獲　　□有收獲　　□收獲不多　　□沒收獲

5. 您會推薦本書給朋友嗎？

　　□會　□不會，為什麼？＿＿＿＿＿＿　＿＿＿＿＿＿＿＿

6. 其他寶貴的意見：＿＿＿＿＿＿＿＿＿＿＿＿＿＿＿＿＿＿

　　＿＿＿＿＿＿＿＿＿＿＿＿＿＿＿＿＿＿＿＿＿＿＿＿＿＿

　　＿＿＿＿＿＿＿＿＿＿＿＿＿＿＿＿＿＿＿＿＿＿＿＿＿＿

　　＿＿＿＿＿＿＿＿＿＿＿＿＿＿＿＿＿＿＿＿＿＿＿＿＿＿

讀者基本資料

姓名：＿＿＿＿＿＿＿＿＿　年齡：＿＿＿＿　性別：□女 □男

聯絡電話：＿＿＿＿＿＿＿　E-mail：＿＿＿＿＿＿＿＿＿

地址：＿＿＿＿＿＿＿＿＿＿＿＿＿＿＿＿＿＿＿＿＿＿＿

學歷：□高中(含)以下　　□高中　　□專科學校　　□大學

　　　□研究所(含)以上　□其他＿＿＿＿＿＿＿＿

職業：□製造業 □金融業 □資訊業 □軍警 □傳播業 □自由業

　　　□服務業 □公務員 □教職　　□學生 □其他＿＿＿＿＿

(請沿線對摺寄回,謝謝!)

秀威與 BOD

BOD（Books On Demand）是數位出版的大趨勢，秀威資訊率先運用 POD 數位印刷設備來生產書籍，並提供作者全程數位出版服務，致使書籍產銷零庫存，知識傳承不絕版，目前已開闢以下書系：

一、BOD 學術著作—專業論述的閱讀延伸
二、BOD 個人著作—分享生命的心路歷程
三、BOD 旅遊著作—個人深度旅遊文學創作
四、BOD 大陸學者—大陸專業學者學術出版
五、POD 獨家經銷—數位產製的代發行書籍

BOD 秀威網路書店：www.showwe.com.tw
政府出版品網路書店：www.govbooks.com.tw

永不絕版的故事·自己寫·永不休止的音符·自己唱